영국 문학과 번역

영국 문학과 번역

김명균 지음

한국학술정보

◆ 머리말 ◆

　이 책『영국 문학과 번역』은 19세기 영국 소설의 주요 작가들과 작품들에 대한 소개와 관련 작가들의 대표 작품을 소재별로 접근했다. 영문학과 학생들이 가장 많이 접하는 작가들로 중심을 이루었고 그 작가들의 작품세계를 분석했다.

　19세기 영국 소설의 전성기는 바로 빅토리아 여왕 시대이며 그 당시 영국의 문학은 찬란하게 꽃을 피웠다. 영국 문학사에서 19세기는 -좀 더 구체적으로 말해서 빅토리아 왕조 시대는- 소설의 시대라 할 만하다. 당시의 위대한 소설가인 월터 스콧 경(Sir Walter Scott), 제인 오스틴(Jane Austen)을 필두로 이 시대에는 훌륭한 소설가들이 계속해서 배출되었다. 메리 셸리(Mary Shelley), 찰스 디킨스(Charles Dickens), 샬럿 브론테(Charlotte Bronte), 에밀리 브론테(Emily Bronte), 조지 엘리엇(George Eliot), 토머스 하디(Thomas Hardy), 루이스 캐럴(Lewis Carroll) 등등 그 유례를 찾기 힘든 인상적인 명단을 작성할 수 있다. 이들 작가는 그 시대를 대표하면서 많은 문학작품을 탄생시켰으며 현대까지도 그들의 작품들은 영화, 연극 또는 뮤지컬로 각색이 되어 전 세계 문학을 사랑하는 많은 독자들에게 전해지고 있다.

'영국 문학사에서 19세기의 소설을 빼면 무엇이 남을까'라고 할 정도로 19세기 영국 문학이 차지하고 있는 문학사적 비중은 지대하다. 이 책에서는 19세기의 영국 문학가 중에 몇 작가들을 중심으로 분석하였으며, 때로는 유사한 소재를 중심으로 중국 작품과도 평행이론으로 비교하여 분석했다. 특히, 19세기는 여성 작가들이 많은 것도 특징이다. 당시 여성들은 남성들과는 전혀 다른 사회의 구성원이었으며, 차별을 받는 대표적인 신분이었다. 영국 역사상 여성의 권리가 본격적인 사회문제로 나타나기 시작한 것(women's rights began to emerge as a serious social issue)은 빅토리아 시대 중·후반기부터였다. 빅토리아 시대 초기까지만 해도 사회적 업무는 주로 남성의 역할이었던 반면에 여성들은 가정 내의 문제에 전념함으로써 이들의 영역은 사적이고 개별적일 수밖에 없었다. 비록 사회적인 상황에서는 지대한 영향을 갖지 못한 여성들이지만 문학세계에서는 때론 필명으로 본인의 신분을 감추면서 위대한 작품을 탄생시켰다. 이 책에서는 19세기 작가이자 위대한 작품을 탄생시킨 여성 작가들 중심으로 분석했다. 이러한 여성들의 문학 활동을 통해서 영국 사회는 조금씩 변화하게 되었다.

문학작품 분석과 더불어 이 19세기 문학가들의 작품들이 어떻게 번역되어 우리 독자들에게 전달되었는지를 번역 이론을 바탕으로 분석했다. 번역 편에서는 문학번역의 이론적 특성이 번역 작품을 읽는 독자들을 위해 어떠한 방법으로 번역되었는지 접근했다. 번역가가 아무리 훌륭한 작품을 번역하더라도 번역 작품을 읽는 독자들을 위한 충실성 또는 가독성을 고려하지 않는다면 그 번역 작품은 결국 독자들에게서 외면당할 수 있기 때문이다. 그리고 번역가는 원문 텍스트가 전달하고자 하는 의미를 넘어선 번역으로 번역가 자신의 의미를 포함해서 독자에게 전달하는 것 또한 경계해야 한다. 번역은 번역가 자신의 개념이 개입된 번역문 텍스트가 아닌 원문 텍스트에 함유되어 있는 원저자의 의미를 대상 독자에게 전달하는 것이기 때문이다. 특히 문학적 성격을 텍스트 전체에 포함하고 있는 문학작품에 대한 번역은 정보전달이 중심인 텍스트와는 다르다. 문학작품 번역은 원문과 번역문 간에 존재하는 언어적 차이뿐만 아니라 의사소통적인 요소 등 여러 가지 상이한 점들로 인하여 번역문을 읽는 독자들에게 텍스트의 모습을 선명하게 드러내기가 더욱더 어렵다. 이러한 이유로 문학작품을 번역하는 것은 한 편의 소설을 쓰는 것과 같이 어렵다고 한다. 이 책은 문학작품을 번역할 때 발생하는 이러한 어려운 점을 번역 작품을 읽는 대상 독자들을 중심으로 분석했다. 영문학과 번역을 공부하는 이들에게 조그마한 도움이 되고자 한다.

끝으로 이 책자를 맡아 출판해주신 한국학술정보(주) 출판사 사장님을 비롯하여 편집 선생님들과 그 밖의 관계자 여러분과 항상 따뜻한 관심을 보여준 내 사랑하는 가족에게 고마운 마음을 전하고 싶다.

2019년 3월
김명균

◆ 목차 ◆

제 5 장 문학번역의 연구

제 1 장

19세기
영국 소설의 소개

◆ ◆ ◆

영국 소설의 전성기는 바로 빅토리아 여왕 시대이며 그 당시의
영국의 문학은 찬란하게 꽃을 피웠다. 영국 문학사에서 19세기는 -
좀 더 구체적으로 말해서 빅토리아 시대는- 소설의 시대라 할 만하
다. 왕정복고 시대의 문학 하면 연극이고, 낭만주의 시대 하면 시인
것과 마찬가지로 빅토리아 시대 하면 소설을 자연스럽게 연상하게
된다. 월터 스콧 경(Sir Walter Scott), 제인 오스틴(Jane Austen)을
필두로 이 시대에는 훌륭한 소설가들이 꾸준히 배출되었다. 대표적
인 이름을 열거하면 찰스 디킨스(Charles Dickens),[1] 윌리엄 새커리
(William Thackeray), 샬럿 브론테(Charlotte Bronte), 에밀리 브론테

[1] Charles Dickens(1812-1870), English Victorian era author wrote numerous highly acclaimed
novels including his most autobiographical David Copperfield(1848-1850). Charles John
Huffman Dickens was born on 7 February, 1812 in Portsmouth, Hampshire, England (now
the Dickens Birthplace Museum) the son of Elizabeth née Barrow (1789-1863) and John
Dickens (c.1785-1851) a clerk in the Navy Pay Office. John was a congenial man,
hospitable and generous to a fault which caused him financial difficulties throughout his life.
He inspired the character Mr. Micawber in David Copperfield(1849-1850). Most of his
novels were first serialised in monthly magazines as was a common practice of the time.
Oliver Twist between 1837 and 1839 was followed by Nicholas Nickleby(1838-1839), The
Old Curiosity Shop (1840-1841), and Barnaby Rudge(1841). Dickens' series of five
Christmas Books were soon to follow; A Christmas Carol(1843), The Chimes(1844), The
Cricket on the Hearth(1845), The Battle of Life(1846), and The Haunted Man(1848).
Dickens had found a readership who eagerly anticipated his next installments. By now
Dickens was widely read in Europe and in 1858 he set off on a tour of public readings. A
year later he founded his second weekly journal All the Year Round, the same year A Tale
of Two Cities(1859) was first serialised. Great Expectations(1860-1861) was followed by Our
Mutual Friend(1864-1865). (http://www.online-literature.com/dickens/)

(Emily Bronte), 조지 엘리엇(George Eliot), 토머스 하디(Thomas Hardy) 등등 그 유례를 찾기 힘든 인상적인 명단을 작성할 수 있다. 이들 작가는 그 시대를 대표하면서 많은 문학작품을 탄생시켰으며 그들의 작품들은 현대까지도 숨 쉬고 있다.[2] 19세기에 탄생한 작품들은 지금도 전 세계 사람들에게 많이 읽히고 있으며 영문학사에서는 빼놓을 수 없는 작품들이다. 19세기야말로 영국 문학의 황금시대였다.

소설의 이런 엄청난 인기의 원인을 바로 이것이라고 말할 수는 없다. 그런데도 당시의 문학작품이 우리가 살아가고 있는 현대에도 각색이 되어 영화로 뮤지컬로 나오고 있으니 그 인기는 끝이 없다. 디킨스나 브론테 자매의 소설처럼 재미도 있고 삶에 대한 뛰어난 통찰이 담긴 걸작들이어서 오늘날까지도 인기를 누리는 작품이 있을 수도 있겠다. 그렇다면 어떤 작품이 걸작이냐 하는 흥미로운 질문이 남는다. 19세기 작가들에게 주요한 영향을 끼친 셰익스피어와 워즈워스 같은 시인이 빅토리아의 군소 작가들보다 더욱 많이 읽히느냐 하면 그렇지도 않고, 읽히는 까닭도 같지 않다. 물론 드라마나 시보다는 소설이 훨씬 대중적인 장르라는 말은 설득력이 있다. 19세기 소설의 특징은 사랑, 결혼, 가난, 배신, 농촌의 풍경, 생명공학 등 현대인의 의식에 관련된 중요 관심사를 드러내놓고 사실적으로 다룬 최초의 예술 형식이라는 점이다. 그러나 이들 소설의 특성은 무엇보다도, 앞선 어느 시대에 비해서 산업화의 영향으로 대대적인 변혁을 겪던 사회의 산물이라는 데서 찾아야 할 것 같다.[3]

특히, 19세기는 여성 작가들이 많은 것도 특징이다. 당시 여성들은 남성들과는 전혀 다른 사회 구성원이었으며, 차별을 받는 대표적

---

2) 근대 영미소설학회, 『19세기 영국소설 강의』(서울: 신아사), 1999, p.8.
3) 근대 영미소설학회, 『19세기 영국소설 강의』(서울: 신아사), 1999, pp.8-9.

인 신분이었다. 영국 역사상 여성의 권리가 본격적인 사회문제로 나타나기 시작한 것(women's rights began to emerge as a serious social issue)은 빅토리아 시대 중·후반기부터였다.

빅토리아 시대 초기까지만 해도 사회적 업무는 주로 남성의 역할이었던 반면에 여성들은 가정 내의 문제에 전념하게 됨으로써 여성들의 영역은 사적이고 개별적일 수밖에 없었다.[4] 1850년경부터 여성의 권리를 위한 사회운동이 점진적으로 확대되기 시작했고, 1882년에 이르러서는 법률에 따라 기혼 여성이 재산을 소유할 수 있게 되었다. 1928년에는 국민 법령으로 여성에게 선거 참정권이 주어졌으며, 이것은 사회에서의 여성 권리 회복을 현실적으로 나타내주는 일이었다. 그전까지 여성에게는 투표할 권리는 물론 가정에서도 그 어떤 법적 권리를 가질 수 없었다.

법적으로 여성들은 자신의 재산을 소유할 수 없었고, 자녀에 대한 법적 권한이나 남편으로부터 재산 분할을 요구할 권리도 없었다. 결혼한 여성들은 남편의 일부분으로 여겨질 뿐이었고, 결혼은 법적으로나 계율적으로나 남편과 연합하는 하나의 피난처에 불과했다.[5] 가정에서 여성은 집안 문제에 국한하여 권위를 행사할 수 있는 위치였고, 집안 살림만을 책임져야 한다고 여겨졌다. 여성은 하나의 인간으로 존재하기보다는 남성들이 사회에서 그들의 역할을 수행해 나가는 데 필요한 부속물과 같은 존재였다.

이러한 사회 속 여성의 모습과 남녀관계가 여성 작가들의 소설 속에 나타나기 시작하면서 빅토리아 시대의 성 이데올로기와 여성

---

4) Patricia Stubbs, *Women and Fiction: Feminism and the Novel 1880-1920* (London: The Harvester Press, 1979), pp.3-5.

5) Patricia Ingham, *The Brontës: Authors in Context* (Oxford: Oxford UP, 2006), p.54.

의식이 본격적으로 나타나기 시작했다. 많은 여성 작가가 이 중요한 시기에 나타나기 시작했고, 또한 여성들의 권리를 청원하기 시작했다. 이들의 작품은 여성이 권리를 획득하고 남성에게 복종하던 굴레에서 벗어나 자신의 존재가 무엇인가를 새롭게 확인하는 계기가 되었다. 이러한 의미에서 빅토리아 시대의 여러 작가들 중에서도 브론테 자매, 게스켈 부인(Mrs. Gaskell), 조지 엘리엇(George Eliot)을 가장 위대한 여성 작가들로 꼽을 수 있겠다.[6]

가정교사는 빅토리아 시대 사람들에게 새로운 성의 개념을 제시한 것으로 보인다. 이것은 중산계급의 남성들이 가정교사들에게 휘두르는 보다 명백한 성적인 위협에 근거한 것이다. 가정교사는 중산계급의 여성성의 개념에 바탕을 두었다는 특성으로 인해 남성들의 욕망을 불러일으켰다. 가정교사의 사회적 지위란 거의 없었고 사회적 멸시의 대상이기도 했다. 권리와 능력은 무시되었고 사실상 정신적 하인과 같은 취급을 받아야 했다.[7] 그들은 중산층 사회 안에 있으면서 동시에 밖에 위치했다. 이들 노동계층의 여성이 중산계급의 여성성을 흉내 내는 것은 기존의 여성의 정체성을 따르면서 또한 따르지 않는 것이다. 다시 말해 가정교사는 당시 사회에서 여성들의 계급과 성의 불확실성을 극명하게 잘 드러내는 직업이었다.

> Thus the governess acted as a marker of established class position, and was also expected to provide a newly wealthy family with the necessary symbolic and pedagogical credentials: her presence indicated the leisure of the woman of the house,

---

6) Patricia Stubbs, p.27.

7) Sally Mitchell, Ed. *Victorian Brian* (New York: Garland Inc.,1988), p.187.

and her primary job was to train the daughters of the family to be ladies.[8]

가정교사는 자신이 수행하는 일에 있어서는 중산층 어머니와 같지만, 받는 월급에 있어서는 노동계층의 남성과 같았다. 그들은 성적 영역과 경제적 영역 사이에 위치한 애매한 존재였다. 가정교사는 중산층 아이들의 보호자로서 중요한 영향력을 행사했다. 이상적인 가정교사가 갖춰야 할 가장 중요한 자질은 자신의 존재를 알아채지 못하게 하면서 부모가 끼칠 영향력을 아이들에게 대신 미치게 하는 것이다.[9]

당시 배운 여성이며 교양 있는 여성의 대표인 가정교사들이 경제적인 부분에서 일한 만큼 받는 여성이 아닌 남성 노동자와 동일하게 대우를 받았다는 것을 통해 여성에 대한 사회적인 시각이 상상할 수 없을 정도로 낮은 상황이었으며 가장 열악한 계층이었다는 것을 알 수가 있다. 당시의 여성 작가들이 그들의 정신세계를 작품 속에 투영했다는 것은 하나도 이상할 것이 없었다. 뛰어난 작품을 쓰면서도 당시에 인정받은 작가는 드물고 때로는 자신의 실명조차도 밝힐 수 없는 것 또한 현실이었다.

19세기의 소설은 작가나 독자에게 있어서 여성이 중요한 역할을 수행했다. 여성들이 주요 독자층을 구성했을 뿐 아니라, 지난 시대와는 달리 중요한 작가로서 생산자이기도 했다. 여성 작가들은 위대한 작가군에 끼어 남성들과 대등한 위치를 차지했으며, 위대한 작품들도

---

8) Dara Rossman Regaignon, "Instructive Sufficiency: Re-Reading the Governess through *Agnes Grey*", *Victorian Literature and Culture* (2001), p.88.

9) Mary Poovey, 1977, pp.135-140.

많이 썼다. 우리가 이 책에서 다루고자 하는 작가인 메리 셸리(Mary Shelley)의 『프랑켄슈타인: 현대의 프로메테우스(Frankenstein: or The Modern Prometheus)』(1817)는 생명공학의 문제점을 부각시켰던 고딕 액자소설의 결정판이었다. 그리고 제인 오스틴(Jane Austen),[10] 샬럿 브론테(Charlotte Bronte), 에밀리 브론테(Emily Bronte), 조지 엘리엇(George Eliot) 등이 활동했다. 더구나 당시의 소설이 즐겨 다룬 이야기는 여성의 영역에 관련된 것이 많았는데, 일차적으로 여성의 영역과 관련이 없는 경우에도, 가정과 가정생활에 관련된 주제가 단골메뉴였고 구애와 결혼이 이야기의 뼈대를 이루었다. 조지 엘리엇이 지적한 대로, 소설은 그 어느 다른 예술 형식보다도 여성에게 사회에서 자신을 실현할 기회를 주었다. 그만큼 예술 형식으로서의 소설은 다른 장르보다 제약이 별로 없는 자유분방한 토론의 장이었던 셈이다. 여성이 남성과 동등한 지위를 얻을 수 있었던 최초의 예술 형식, 그것이 바로 19세기의 영국 소설이었다.[11]

---

10) Jane Austen(1775-1817), English author wrote numerous influential works contributing to the Western literary canon including Pride and Prejudice(1813). Jane had started writing at an early age and her family were highly supportive, though as was done at the time her works were published anonymously. Her combination of irony, humour, and sophisticated observations of the societal and cultural machinations between the classes epitomise the often absurd problems of inheritance, courtship, morals, and marriage in Regency England. Modestly successful during her life, her works have gone on to inspire adaptations to the stage and film and have endured the test of time even into the 21st century.
Born on 16 December, 1775 Jane Austen was the daughter of Cassandra (née Leigh)(1739–1827) and the reverend George Austen(1731–1805). The Austens were a very close-knit family; Jane had six brothers and one sister, Cassandra, who would later draw a famous portrait of Jane. They lived in the village of Steventon in Hampshire county, England, where George was rector. Young Jane was tutored at home and attended the Abbey School in Reading, Berkshire. (http://www.online-literature.com/austen/)

11) 근대 영미소설학회, 『19세기 영국소설 강의』(서울: 신아사), 1999, p.10.

제 2 장

19세기
작가의 소개

메리 셸리

메리 셸리(Mary Shelley, 1797-1851)는 1797년 8월 30일 영국 런던에서 태어났다. 아버지는 무정부주의의 선구자이자 급진 정치 사상가인 윌리엄 고드윈이었고, 어머니는 최초의 여성주의 이론서 『여성의 권리 옹호』의 저자 메리 울스턴크래프트이다. 그러나 어머니 메리 울스턴크래프트는 출산 직후 산욕열로 사망했다. 작가의 대표작인 『프랑켄슈타인: 현대의 프로메테우스(Frankenstein: or The Modern Prometheus)』[1]는 작가가 21세 때에 집필한 허구적인 소재를 바탕으로 한 과학 소설이다. 당시에 이런 종류의 소설이 출간되었다는 사실이 문학계에선 큰 반향을 불러일으켰지만 무엇보다도 이러한 작품을 여성 작가가 발표했다는 사실이 더 큰 관심거리였다.

---

1) Mary Wollstonecraft Godwin was born on 30 August 1797 in London, England, the second daughter of Mary Wollstonecraft(1759-1797), feminist and author of A Vindication of the Rights of Women(1792) and William Godwin(1756-1836) father of philosophical anarchism and author of An Inquiry Concerning Political Justice(1793). Mary's mother died soon after her birth and she and her half sister Fanny gained a stepsister, Claire, when her father remarried Mary Jane Clairmont. Claire and Mary would remain very close for the rest of their lives. Started as a ghost story and inspired by a conversation Shelley had overheard between her husband Percy Bysshe Shelly and Lord George Gordon Byron talking about galvanism, it soon became one of the first best selling works by a female author. Sir Walter Scott mistakenly thought it had been written by Percy, and it received mixed reviews, but today it is still widely read and has inspired various adaptations to the stage and screen. (http://www.online-literature.com/shelley_mary/)

이 작품은 1818년에 초판이 발표되었고 1831년 개작하여 출간되었다. 메리 셸리가 『프랑켄슈타인』을 출간한 시기는 16세기부터 발달해온 자연과학이 근대국가의 지식체계를 구축한 시기이나 이러한 과학소설이 문학작품으로 형성된 시기는 아니었다. 작가 메리는 이 공포를 느끼는 이야기를 쓴 계기가 남편과 바이런 사이의 오고 가는 대화 속에서 영감을 얻어서 집필했다고 이야기한다. 메리는 이렇게 얻은 영감으로 당시에는 상상할 수 없는 이야기를 전개했다.

작가 메리 셸리는 작품에서 "이 여관에서 나는 우연히 코르넬리우스 아그리파(Cornelius Agrippa)[2]의 저술을 묶은 선집을 한 권 찾아냈다. 나는 무관심하게 책을 펼쳤으나 그가 증명하려고 시도한 이론, 그가 언급하고 있는 경이로운 사실들이 곧 이러한 무관심을 열정으로 바꾸어놓았다."[3] "집에 돌아온 나는 이 저자의 모든 작품을 찾아보았고 그다음에는 파라셀수스(Paracelsus)[4]와 알베르투스 마그누스(Albertus Magnus)[5]의 책들을 모두 찾았다. 나는 이 저자들의 열정적인 공상을 즐겁게 읽고 연구했다"(22)라고 서술하였듯이 자연과학에 지대한 관심을 가지고 있었다. 특히, 작가는 어떠한 과학적인 프로세스를 거치면 인간의 생명을 창조할 수도 있다는 생각을 빅터 프랑켄슈타인(Victor Frankenstein)을 통해서 그려내고 있다. 이러한 소설적 영감이 21세기에서는 생명공학적인 부분으로 연구의 대상이 되어가고 있으니 참으로 이해할 수가 없으며, 작가의 이러한

---

2) 코르넬리우스 아그리파(Cornelius Agrippa, 1486-1535), 독일의 의사이자 연금술사.

3) Mary, Shelley. *Frankenstein*. Second Edition: Pearson Longman, 2007, pp.21-22. 앞으로 이 책으로부터의 인용은 페이지 숫자만 밝히기로 함.

4) 파라셀수스(Paracelsus, 1493-1541), 16세기 스위스의 의학자, 화학, 의학, 연금술에 대한 저작을 남겼으며, 그는 과학적인 프로세스로 인간을 창조할 수도 있다고 믿었다.

5) 알베르투스 마그누스(Albertus Magnus, 1193-1280), 13세기 독일의 스콜라 철학자이자 과학자.

예언적인 소설은 현시대를 살고 있는 우리들에게 경이감과 더불어 공포까지 전해준다.

이 소설이 출간된 당시 소설 전반에 나타난 이러한 자연과학 이야기들이 어떠한 사회적·문화적 담론을 만들었는가에 대한 연구가 비어(Gillian Beer)의 『다윈의 플롯』, 러빈(George Levine)의 『다윈과 소설가들』, 캐럴(Joseph Carroll)의 『문학적 다윈주의』에서 이루어졌으며, 그들은 특히 다윈(Charles Darwin)[6]의 진화론을 중심으로 한 폭넓은 논의를 전개했다. 이들 연구가에 의하면 과학의 문화적 특성을 잘 간파한 것이라 할 수 있다.[7] 다윈의 진화론은 이후 과학뿐만 아니라 모든 분야에 영향을 주었다. 그녀의 저서는 『프랑켄슈타인』(1818), 『발퍼가』(1823), 『최후의 인간』(1826), 소설 『로도어』(1835)와 『포크너』(1837)가 있다.

---

6) 찰스 로버트 다윈(Charles Robert Darwin, 1809년 2월 12일-1882년 4월 19일)은 영국의 생물학자이자 지질학자로서, 진화론에 기여가 가장 크다고 알려져 있다. 다윈은 생물의 모든 종이 공통의 조상으로부터 이어졌다고 보고, 앨프리드 러셀 월리스(Alfred Russel Wallace)와의 공동 논문에서 인위적인 선택인 선택적인 교배와 비슷한 현상이 생존경쟁을 거쳐 이루어지는 자연 선택(Natural Selection)을 소개했다. 박물학자 이래즈머스 다윈의 손자이다. 다윈은 종의 진화 개념 이전에의 과학의 거부반응을 극복하고 1859년에 저술한 종의 기원에 강력한 증거로 진화론을 발표했다. 1870년대에 과학계와 많은 대중이 진화를 사실로 받아들였다.
(https://ko.wikipedia.org/wiki/%EC%B0%B0%EC%8A%A4_%EB%8B%A4%EC%9C%88 참조)

7) 추재욱, p.544.

제인 오스틴

제인 오스틴(Jane Austen, 1775-1817)은 1775년 12월 16일 햄프셔(Hampshire)의 스티븐턴(Steventon) 교회에서 태어났다. 목사인 아버지 조지 오스틴(1731-1805)이 일찍 죽음을 맞이해 그녀는 9세 때 일찍이 고아가 되었지만, 큰아버지 프랜시스 오스틴의 도움으로 옥스퍼드 대학교에 들어갔다. 어머니 카산드라(1739-1827)는 제인 외에 7명의 형제자매를 두었다. 큰오빠 제임스는 아버지와 같이 옥스퍼드에 들어가 시를 발표하였고, 이것은 제인에게 큰 영향을 주었다. 둘째 오빠 조지에 대해서는 별로 전해지는 것이 없다. 셋째 오빠 에드워드는 유복한 집 양자로 들어갔고, 넷째 오빠 헨리도 옥스퍼드에 들어갔다. 다섯째 오빠 프랜시스와 남동생 찰스는 모두 해군에 입대하여 제독까지 승진했다. 언니 카산드라와는 생애를 통해 가장 친한 관계를 맺는다. 현존하는 편지의 대부분은 카산드라 앞으로 보내진 것이다. 제인의 초상화는 카산드라가 스케치한 것만이 전해지며, 런던의 내셔널 포트레이트 갤러리에 보관하고 있다. 또한 제인의 친족들이 소장한 반신의 채색화가 전해 내려오고 있는데, 이것은 10대의 제인을 그린 것으로 추측되고 있다. 1783년에 카산드라도 지인에게 부탁하여 단기간이지만 옥스퍼드 및 사우스 햄프턴에서 교육을 받았고, 1785년부터 다음 해까지 버크셔 리딩에 있는 리딩 수도원 여자기숙학교에서 배웠다. 당시 다른 일반 소녀보다 충실한 교육을 받아 많은 문학작품을 접하기 시작했는데, 이때 영어로 번역된 괴테의『젊은 베르테르의 슬픔』도 읽었다고 한다. 14세가 된 1789년에는 이미 소설을 습작하기 시작했는데, 친구나 가족에게 읽어주고, 들려주는 것을 좋아했기 때문이다. 소설은 세 권의 노트에 정리했는데, 이것들 중 두 권째에 있는『사랑과 우정(Love and Friendship)』등과 같이 벌써 특색이 있는 소설도 쓰이기 시작했다.

1796년 톰 러프로이라는 아일랜드 출신의 청년을 만났고 그와의 연애담이 최초의 낭만적 소문이었다. 그들은 서로에게 끌렸다. 제인이 카산드라에게 보낸 편지에서 '신사답고, 잘생기고, 유쾌한 청년'이라고 그를 표현한 데서 짐작할 수 있다. 톰 러프로이는 늙어서 자신의 조카에게 말하기를, 젊은 시절의 제인에게서 순수한 사랑을 느꼈었노라고 했다. 하지만 그들의 관계는 결실을 맺지 못했고, 러프로이가 아일랜드로 돌아간 뒤 서로 다시는 만나지 못했다. 그 후 제인은 1795년, 편지체 형식의『에리나와 메리안』을, 1796년 남자 쪽 집안의 반대로 결혼이 무산되는 아픔을 겪는 와중에『첫인상(First Impressions)』을 썼다.[8]『첫인상』은 1796년 10월에 시작하여 1797년 8월에 완성되었고 그녀의 아버지가 출판업자에게 출판을 의뢰했으나 성공하지 못했다. 이것이 곧『오만과 편견(Pride and Prejudice)』의 원본인데 지금은 남아 있지 않다.

그녀의 주요 작품으로는『이성과 감성(Sense and Sensibility)』(1811),『오만과 편견(Pride and Prejudice)』(1813),『맨스필드 파크

---

8) https://ko.wikipedia.org/wiki/%EC%A0%9C%EC%9D%B8_%EC%98%A4%EC%8A%A4%ED%8B%B4

(Mansfield Park)』(1814), 『엠마(Emma)』(1816), 『노생거 사원 (Northanger Abbey)』(1817), 『설득(Persuasion)』(1817)이 있다. 특히, 작품 중에서 『오만과 편견』은 사랑과 결혼이라는 주제로 이루어져 있으며 4쌍의 젊은 부부들에 관한 오만과 편견에 관련된 소설이다. 오스틴의 작품들이 영화와 연극 등으로 각색되어 많이 알려져 있으나 당시의 사회를 반영하고 현시대를 연결하는 사랑과 결혼이라는 주제가 작품 『오만과 편견』에서 극명하게 대립한다. 오스틴의 작품 속에는 사랑의 결실인 결혼이 있다. 그러나 제인 오스틴 소설의 성향은 많은 평자들 사이에서 논쟁을 불러일으킨다. 작가들 중에서 오스틴 소설의 주제가 하잘것없고 범위가 제한되어 있다고 생각한 사람들이 많았는데 작품 『제인 에어(Jane Eyre)』(1847)의 저자 샬럿 브론테(Charlotte Bronte)[9]가 그 대표적 인물이다. 그러나 오스틴 자신은 자신의 예술성은 극적 사건이나 "활기찬 스케치"에 의존하는 것이 아니고 그녀의 섬세한 붓놀림에 있다고 보았다. 다른 위대한 빅토리아조 소설가와는 달리 그녀는 자신의 소설을 과거에 세우지 않았으며 중요한 사회적 사건이나 정치적인 사건들을 다루지도 않았다. 그녀의 작품은 인간의 삶 속에서 살아 숨 쉬는 인간 사이의 갈등과 사랑을 다루었다. 이런 이유로 예술성이 너무 하잘것없다고 평가할 수 있을지 모르나 결코 그렇지 않다. 오스틴은 그녀의 "3-4 가족들"을 그들이 살고 있는 시골마을 안에서 엄격한 계급 제도 안에 설정했다. 귀족과 중상류 계급, 중상류 계급과 상업에 종사하는

---

9) Charlotte Bronte(1816-1855), English author and eldest of the famed Bronte sisters wrote Jane Eyre(1847). It is said that Charlotte was in love with the married Heger, this period inspiring her novels Villete and The Professor(1857), which she had submitted to publishers before Jane Eyre but did not see publication until after her death. Charlotte was writing her epic novel Shirley(1849) around this time of great loss and grief.

사람들 사이의 경계선이 희미해져 가던 시기에 그녀는 소설의 중심 인물들이 속한 계급으로 중류 계급을 택했다. 그 속에서 그녀는 출신, 돈, 토지에 의해 스스로 분명해진 전통적인 질서를 보여주는데 이 질서를 뒤엎으려면 위험을 각오해야 한다. 그녀는 가족과 사회 안에서의 전통적인 삶의 양식을 가르치는데 그것은, 즉 가족, 친구, 지인, 숭배자들, 윗사람들, 아랫사람들에 대해서 취해야 한다고 일반적으로 기대되는 행동의 양식을 말한다. 제인 오스틴이 쓴 6권의 소설에는 전편을 통해 흐르는 세대 간의 갈등, 사회적 행동 그리고 결혼 주제의 중요성 등 몇 가지의 공통된 주제가 있으며 이 주제들은 각각의 소설에서 전개, 발달되어 작가가 전달하고자 하는 것을 한결 뚜렷이 해주고 있다.[10]

---

10) 근대 영미소설학회, 『19세기 영국소설 강의』(서울: 신아사), 1999, pp.86-89.

루이스 캐럴

루이스 캐럴(Lewis Carroll, 1832-1898)[11]의 『Alice's adventure in Wonderland』는 빅토리아 시대의 환상문학으로, 앨리스가 토끼 굴로 뛰어들어 온갖 모험을 하는 동화의 구조를 가지고 있는 이야기이다. 『Alice's adventure in Wonderland』는 1862년 7월 4일 루이스 캐럴이 앨리스 자매들과의 뱃놀이에서 들려준 이야기를 바탕으로 수정·보완하여 이야기책으로 출판한 것이다. 캐럴은 앨리스 이야기책을 동화[12]라고 하였고, 따라서 이 작품들은 누구보다도 어린이

---

11) Lewis Carroll [pseudonym of Charles Lutwidge Dodgson](1832-1898), English author, mathematician, and Anglican clergyman wrote Alice's Adventures in Wonderland(1865). Charles Lutwidge Dodgson was born on 27 January 1832 at the parsonage in Daresbury, Cheshire County, England, the third child and eldest son born to Frances Jane Lutwidge(1804-1851) and Anglican Archdeacon Charles Dodgson(1800-1868). He also loved literature and studied such authors as John Bunyan, William Shakespeare and John Ruskin and went on to appreciate many others like Charles Dickens, George Eliot, Samuel Taylor Coleridge, Elizabeth Gaskell, and Lord Alfred Tennyson, who also became a friend. He expressed his creativity in writing poetry and short stories for his own magazines including The Rectory Umbrella which his siblings read to great amusement.

In 1881 Carroll resigned his lectureship at Oxford in order to focus on his writing. His first of many works on voting theory The Principles of Parliamentary Representation(1884) was followed by A Tangled Tale(1885) which combines mathematical puzzles 'knots', poems, and a narrative story. Other works to follow include Alice's Adventures Underground(1886), The Game of Logic(1887), The Nursery Alice(1889), Sylvie and Bruno(1889), Eight or Nine Wise Words about Letter Writing(1890), and Sylvie and Bruno Concluded(1893).

(http://www.online-literature.com/carroll/)

를 위한 것이다. 특히, 『Alice's adventure in Wonderland』는 꿈이나 형식적인 예의, 광기의 논리 등을 적절히 혼합함으로써 영국 빅토리아 시대의 사회상을 엿볼 수 있게 한다. 또한 『Alice's adventure in Wonderland』의 "누가 꿈을 꾸었는가"의 문제는 당시 빅토리아 시대에 만연했던 자아의 근원에 대한 물음과 일치한다.[13] 캐럴의 작품을 통해 당시 아동문학은 어떤지 그 특징을 살펴보는 것도 흥미로운 일이다. 요즘 영화로 각색해서 나오는 많은 판타지 영화의 근본은 아동문학적 요소를 지니고 있기 때문이다. 모든 사람들은 아동 시기를 거쳐 성인의 시기로 가기 때문에 아동 시기는 그만큼 중요한 것이다.

어린이들의 세계를 형상화하여 문학작품으로 구현한 아동문학은 어른들의 세계에선 이해할 수 없는 많은 신비로운 세계가 존재한다. 이러한 신비스럽고도 이상스러운 세계를 우리는 아동문학이라 일컫는다. 아동문학에는 넓이와 깊이라는 두 가지 측면이 존재한다. 넓이는 아동문학이 만들어내는 '신비한 세계'나 '이상한 세계'를 가리킨다. 이와 더불어 『내가 나인 것』이나 『클로디아의 비밀』처럼 '현실 세계'가 있다. 『한밤중 톰의 정원에서』나 『마루 밑 바로우어즈』의 '신비한 세계'는 판타지[14]라고 한다. 그리고 저 유명한 루이스 캐

---

12) 캐럴은 "거울 나라의 앨리스(Through the Looking Glass, 1872)"의 서문의 시에서 그의 이야기를 동화라고 한다. 너는 사랑이 넘치는 미소로 동화라는 사랑의 선물을 반기겠지 The loving smile will surely hail / The love gift of a fairy-tale.(103)

13) Alice in Wonderland. Nina Auerbach. p.336.

14) 우리는 환상성, 환상문학 더 나아가 우리 시대의 판타지문학을 이해하기 위한 첫걸음으로서 이제 서구문학에서 논의되었던 환상문학에 대한 담론들을 간략하게 서술하면 다음과 같다. 우리가 많이 언급하고 있는 판타지는 가상의 세계에 대한 이야기이며, 현실에선 도저히 일어날 수 없는 세계의 이야기를 일컫는다. 메츨러사전에서 "환상 Phantasie(그리스어로 phantasia= 상상 Vorstellung, 현상 Erscheinung)는 원래 그리스어에서 유래된 말로 현실에는 존재하지 않는 대상을 마음속에서 감각적으로 만들어내는 것을 의미했다. 예술이나 문학에서 이전에 감각적으로 지각했던 것들, 다시 말해서 내적 체험과 이미지들을 새롭고 현실과는 전혀 다른

럴(Lewis Carroll)[15]의 『이상한 나라의 앨리스(Alice's Adventures in Wonderland)』(1865)[16]나 『우리 마을』 같은 '이상한 세계'는 현실에

관계로 형상화할 수 있는 능력으로서의 상상력이다. 이렇게 새롭게 형상화된 세계는 매우 구체적이어서 추상적인 사변과는 구분된다. 이 환상의 상상력은 어린아이들의 모방력이나 신화에 나오는 자연종족들의 수동적인 상상력과 작가나 예술가들의 창조적인 상상력과는 구분된다"라고 기술했다. 야후 백과사전은 "환상문학이란 초자연적인 가공세계에서 일어난 사건이나 현실에 있을 수 없는 사건을 소재로 한 문학작품. 환상문학은 18, 19세기 유럽문학의 주류였다고 여겨지는 리얼리즘문학이 일단 고갈 점에 이르고, 그 이전의 환상성이 풍부한 문학이 재평가되면서 나타나기 시작했다. 1920년대에는 모더니즘문학 이후 기법상의 환상성과 인간의 세계인식의 상징적 허구에 대한 인식이 깊어짐에 따라 종래의 리얼리즘에 대한 환상문학이라는 장르의 정립이 성립되었다"라고 기술하고 있다. 환상문학을 소재적 측면과 생성과정의 역사적 측면에서 규정한 것이다(이유선, 『판타지문학의 이해』, 역락, 2005, pp.26-27).

15) 루이스 캐럴(Lewis Carroll, 1832-1898), 즉 찰스 루트위지 도지슨은 옥스퍼드 대학의 수학 교수이자 동화 작가로 판타지 동화(literary fairy tales) 『앨리스』 시리즈는 그의 대표적인 작품이다. 『앨리스』 시리즈는 교훈주의에서 탈피하여 어린이의 상상력을 해방시킨 작품으로서 아동 문학사에 큰 획을 그었을 뿐 아니라 '삶이란 무엇인가'라는 질문에 답하는 은유적인 문학으로서 영문학사에서도 높이 평가되는 작품이다. 『앨리스』 시리즈 또는 『앨리스』는 앨리스의 모험을 다루는 네 권의 텍스트인 『지하 세계의 앨리스(Alice's Adventures Under Ground)』(1864), 『이상한 나라의 앨리스(Alice's Adventures in Wonderland)』(1865), 『거울 나라의 앨리스(Through the Looking-Glass and What Alice found there)』(1871), 『자장가 "앨리스"(The Nursery "Alice")』(1890)를 말한다. 아동문학으로서 『앨리스』는 상상력이 배제된 채 교훈적인 내용으로 가득한 책을 읽어야 했던 어린이들에게 즐거움을 주기 위해 쓰였고, 빅토리아 시대의 어린이들은 이 새로운 판타지 이야기에 즐거워했다. 『앨리스』가 출판되기 이전에도 어린이의 즐거움을 인식한 작품들이 있었다. 대표적인 예를 들자면 존 번연(John Bunyan)의 『천로역정(The Pilgrim's Progress)』(1678), 다니엘 디포(Daniel Defoe)의 『로빈슨 크루소(Robinson Crusoe)』(1719), 조너선 스위프트(Jonathan Swift)의 『걸리버 여행기(Gulliver's Travels)』(1726) 등이 있다. 이 작품들은 원래 성인을 대상으로 쓴 것이지만 『천로역정』의 위험한 여행, 『로빈슨 크루소』의 무인도, 『걸리버 여행기』의 소인국이나 상상의 세계 같은 주제가 어린이의 관심을 끌어서 어린이 책으로 다시 발간되었다. 『앨리스』는 어린이뿐만 아니라 성인까지 매료시켰다. 1920년대에 비평가들은 『앨리스』의 판타지 이야기가 삶에 대한 성숙한 시각이 반영된 작품임을 주목하면서부터, 이 작품은 분별력을 강조하던 시대에 출현한 문학적인 돌연변이가 아니라 삶에 대한 심도 깊은 성찰을 담은 작품으로 평가받기 시작했다. 이러한 문학적 평가가 『앨리스』에 감추어진 심층적 의미와 이 작품이 영문학사에서 중요한 위치를 차지하는 이유를 충분히 설명하지는 못하겠지만, 『앨리스』와 빅토리아 시대 정신과의 관련성 그리고 이 작품의 문학적 특성을 더 깊이 이해하는 데 필요한 통찰력을 줄 수 있을 것이다. 어린이를 사랑한 동화 작가 캐럴의 『앨리스』는 앨리스 리델(Alice Liddell, 1852-1934)과 그녀의 자매들에게 들려준 이야기에서 탄생했다. 그리고 이 이야기가 발전하여 네 권의 『앨리스』가 만들어졌으며, 『앨리스』는 영어로 쓰인 책 중에서 윌리엄 셰익스피어(William Shakespeare)와 킹 제임스 판 성서 다음으로 가장 많이, 그리고 가장 자주 인용되는 작품이다(양윤정, 『황금빛 오후의 만남-루이스 캐럴의 판타지동화 앨리스의 세계』, 열음사, 2006, pp.21-23).

16) 전통적인 동화들과는 달리, 루이스 캐럴이 만든 이야기는 어린 주인공의 개성과 독립성을 찬양하고 있다. 『이상한 나라의 앨리스』는 '호기심에 불타는' 일곱 살짜리 여자아이가 호주머니에 시계를 달고 있는 흰 토끼를 쫓아 굴속으로 들어간 후에 겪는 환상적인 지하 세계의 모험 이야기다. 마치 꿈속에 있는 것처럼, 이야기는 갑작스러운 시공간의 변화에 부딪히게 되고, 전혀 예기치 못하게 변형된 등장인물들이 등장한다. 풍자적인 시와 말장난이 넘치고 엉

서 일어날 수 없는 불가능의 이야기이므로 난센스 이야기이다. 이 정의가 거의 굳어져 있다. 그러나 여기서 개론식 정의는 문제가 되지 않는다. 문제는, 가령 이렇게 세 가지 방향으로 분류할 수 있다면 그 세계가 각각 어떤 형태로 어린이 독자와 관련을 맺고 있는가, 무엇을 어떤 식으로 전달하는 세계인가 하는 점이다. 어린이 문학의 본질은 어린이 속에 잠재해 있는 인간의 가능성에 형태를 부여하는 것이라고 했다. 다양한 인물, 갖가지 사건을 통해 그 가능성을 표현하는 것이라고 규정했다. 이 규정에 따라 어린이 문학의 세 공간(세 방향 또는 세 가지 방법이라고 해도 좋다)을 돌아보면 다음과 같다.

현실 세계는 어린이의 일상 세계를 묘사하고, 그 속에 있을 수 있는 인간의 모습, 있어야 하는 인간의 모습을 탐구한다. 판타지는 일상 세계 너머(또는 일상 세계 안)에 '또 하나의 세계' '신비한 세계'를 만들어내고 그 별세계를 그려냄으로써 인간 본연의 모습을 추구한다. 난센스는 이 일상적 세계를 뒤집어(거기서 통용되는 기성의 가치관을 깨부수어) '이상한 세계'를 만들어내고, 인간이나 세계가 이상해질 수 있다(이상한 것과 만날 수 있다)는 형태로 인간 속에

___

뚱하게 이어지는, 완전히 뒤바뀐 논리가 이 이야기의 특징이다. 황당하기 짝이 없는 이 줄거리를 요약한다거나, 기상천외하게 부조리한 분위기와 이상한 나라의 존재, 등장하는 인물들의 매력적이고 코믹하여 환상적인 모습을 그대로 표현한다는 것은 매우 어려운 일이다. 앨리스는 이상한 나라에서 온갖 종류의 엉뚱하고 괴상하고 우스꽝스러운 존재들과 마주친다. 예를 들면 모든 일, 모든 것에 황당할 정도로 무감각한 공작부인이 있는데, 그녀는 캐럴의 상상 속에서 나온 가장 무뚝뚝한 인물이라고 할 수 있을 것이다. 그런 그녀가 한 아기를 흔들며 잠재우다가 갑자기 앨리스에게 던져버린다. 그리고 아기는 앨리스의 품에 안기자마자 새끼 돼지로 변하고 만다. 그뿐이 아니다. 웃는 고양이인 체셔 고양이는 또 얼마나 놀라운 동물인가! 이 고양이는 자기와 앨리스가 미쳤다는 것을 어떻게든 앨리스에게 설득해보려고 하지만, 헛수고로 끝날 뿐이다. 앨리스는 이렇게 터무니없이 이상한 세계 속으로 들어가 수많은 등장인물들을 만나면서 인간세계에서는 상상할 수 없는 비상식적인 상황들이 전개되고 결국에는 다시 현실의 세계로 꿈을 통해서 돌아오는 이야기이다. 이 작품에는 동화라고 하기에는 너무나 많은 비현실적인 이야기와 현실세계의 풍자적 언어유희들이 존재하는 빅토리아조의 대표적 문학작품으로서 어린이만이 점유할 수 있는 아동문학의 범주가 아니라 모든 연령층의 독자들이 탐닉할 수 있는 문학작품인 것이다(시공디스커버리총서, 『루이스 캐럴-이상한 나라의 앨리스와 만나다』, 시공사, 2001, pp.69-71).

있는 가능성을 찾는다. 그러나 이 세 가지 방법이 항상 명확하게 분리되어 있는 것은 아니다. 『이상한 나라의 앨리스』의 경우, 일단 난센스로 분류했지만 앨리스가 토끼 굴에 뛰어들어 모험을 하기 전인 앞부분에는 '현실 세계'가 존재한다. 앨리스는 토끼 굴을 '통로'로 별세계에 들어간다. 이런 점에서 보면 판타지라고 해야 할 것이다. 그러나 토끼 굴을 지나 도착하는 세계는 이른바 '신비한 세계'가 아니라 '이상하고 이상하고 이상한 세계'이다. 작품은 분류 방법에 규제되지 않는다. 분류 가능한 방법을 서로 조합하여 성립한다. 방법이 있고 작품이 있는 것이 아니라 작품이 있고 난 뒤에 방법이 추출되는 것이다. 이러한 특성이 아동문학이 가지는 넓이에 대하여 서술한 부분이다. 또 다른 한 가지인 아동문학의 깊이는 사상의 형상화라고 할 수 있다. 이때 사상은 어린이 책을 집필한 작가 자신의 사고방식이나 생활방식의 문제이며, 이것이 얼마나 세밀하게 형상화되어 있는가 하는 것이 문제이다. 아무리 자유로운 어린이관을 갖고 있다 해도, 그것이 그대로 생동감 있는 형태를 갖지 못한다면 관념의 전달이나 포교로 끝나버릴 것이다. 또 놀이의 필요성을 충분히 인식하고 있더라도, 어린이가 자유로이 즐길 수 있는 세계를 그려내지 못한다면 결국 작가의 신념을 증명하는 것으로 끝날 것이다. 어린이들이 원하는 것은 무엇보다 가슴이 두근거리는 이야기, 가슴이 설레는 재미이다. 작가는 이처럼 가슴이 두근거리고 설레는 이야기를 썼을 때 비로소 자기 사상의 형상화에 성공한다.

어린이를 그리는 것은 인간을 그리는 것이다. 인간을 그리는 것은 삶의 기쁨 또는 슬픔 등 그 모든 것들을 그리는 것이다. 그것은 분명하지만 반드시 현실을 그대로 옮기는 것만은 아니다. 아무리 현실을 그대로 옮겨놓은 것 같은 이야기라 해도 그것은 현실에 대치

된 또 하나의 세계이다. 그 또 하나의 세계에서 살아가는 등장인물들을 현실의 울타리와 연계해서 전개하는 것이 아동문학이다. 어린이들을 대상으로 하는 아동문학의 세계에서는 현실과 동떨어진 모든 세계들이 존재하며 비상식적이라고 여겼던 이야기들도 현실이 되어서 살아서 움직이는 것이다. 이러한 세계 속에서 살아가는 어린이들은 단순히 빅토리아 왕조 시대의 양면성 중의 하나인 순수한 세계17) 속에 살아가야 한다. 교육적이고 교훈적인 성격만을 지녀야 한다고 강조하면서 어른들이 보는 세계로 형상화시킨 아동문학은 너무나 획일적인 부분일 것이다.18) 아동문학은 아동의 세계를 투영해야 하며 어른의 눈으로 보는 세계를 교육적인 효과를 제고한다는 전제 아래 아동문학을 어른의 문학세계와 동일시한다면 그 순간 아동문학은 사라지게 된다.

그의 작품으로는 『이상한 나라의 앨리스』(1865)와 『거울 나라의 앨리스』(1871)가 있다. 그 외에도 『실비와 브루노』(1889), 『스나크 사냥』(1876) 등의 작품도 있다.

---

17) 당시 빅토리아 왕조 시대의 어린이관은 두 가지 극단적 양상을 보이고 있었다. '어린이는 어른의 아버지'로 그 순수함을 한없이 찬양하던 시선, '인간은, 갓난아이조차도 죄인'이라는 삼엄한 청교도적 시선이었다. 또한 당시의 어린이문학은 종교와 도덕과 예절에 관한 교훈, 설교, 협박, 설득이 주류를 이루고 있었다. 낚시 갔다가 물고기를 괴롭힌 벌로 꼬챙이에 꿰여 피를 철철 흘리는 아이 이야기, 고작 여덟 살 나이에 온갖 순교자적 희생을 기쁘게 감내하면서 죽어가는 아이 이야기, 부모 없는 아홉 남매의 맏언니로 동생들을 키우고 교육을 완벽하게 해내는 여자 아이 이야기, 어린이들은 주눅 들지 않을 수가 없었다(김서정, 『멋진 판타지』, 굴렁쇠, 2002, p.111).

18) 우에노 료, 『현대 어린이문학』, 햇살과나무꾼 역, 사계절, 2003, pp.197-203.

토머스 하디

토머스 하디(Thomas Hardy, 1840-1928)[19]는 19세기 영국 소설의 마지막을 장식하였으며 남성 작가이면서도 당대 사회의 여성의 지위, 가정에서의 위치와 역할에 대한 문제에도 지대한 관심을 보였다. "1980년대에 하디 소설에 재현된 여성 육체의 의미에 대해 다양한 연구 방법론이 제기되고 있는데 하디 소설의 서술 특징을 논한 경우가 많다."[20] 하디의 작품들이 발표된 지 수십 년이 지났지만 그중『더버빌가의 테스』[21]는 아직도 전 세계 많은 독자들의 애호를 받고 있으며 테스에 대한 많은 논의들이 거론되고 있는 작품이다. 아마도 그 이유는 작품이 인간의 도

---

19) Thomas Hardy(1840-1928), English poet and author of the naturalism movement wrote Jude the Obscure(1895). Hardy's fictional Wessex is based upon the environs where he grew up and loved so much and where he lived and worked for a large part of his life; he always had a dream to be a poet and was well connected emotionally to his environment through interaction and observation, but the more practical occupation of architect and the experience of travelling and working on various restoration projects allowed him time to pen some of the most notable contributions to 20th Century literature. Inspiring many other authors including Virginia Woolf and D. H. Lawrence, many of Hardy's works have been adapted to the stage and screen and are still widely read.
(http://www.online-literature.com/hardy/)

20) 장정희,『토머스 하디와 여성론 비평』(서울: L.I.E.), 2007, p.248.

21) "소설『테스』의 초고는 부도덕하다는 이유로『틸롯슨 앤 선즈(Tilorson and Sons)』로부터 출판을 거절당하고『맥밀런』지로부터도 연재를 거절당한 후 초고를 여러 차례 수정하여『그래픽』지에 연재되었다. 1891년에 삭제 및 수정된 부분이 다시 복원되어 단행본으로 나왔으며, 이 단행본은 비극적 힘과 도덕적 진지성을 지닌 위대한 소설이라는 평도 받았으나 비평가나 독자들에게 격렬한 공격을 받기도 하였다(장정희, 2007, p.251)."

덕적·사회적·종교적·심리적 문제들을 통찰케 하는 총체적인 영역의 문제점들을 다루고 있기 때문일 것이다. 그중에서도 하디가 일관하게 작품에서 추구하는 주제인 사랑의 문제가 당대 사회변화에 예민하면서도 밀접하게 결부되어 있기 때문이기도 하다. 하디의 작품은 대부분 웨섹스(Wessex)를 배경으로 전개하고 있기 때문에 웨섹스 소설이라고도 한다. 웨섹스는 단순히 하디 작품들의 지리적인 배경만이 아니라 하디 자신의 철학관과 세계관을 문학적 배경으로 삼은 것일 뿐더러 19세기 산업문명의 발달로 영국 남부 농촌 생활의 산업화와 도시화의 물결 속에서 해체되는 사회 변화 과정을 다루고 있는 역사적 공간으로도 기능한다. 하디가 그의 주요 작품들을 썼던 1880년대에는 빅토리아 왕조의 번영과 시대적 이념이던 진보와 팽창의 이데올로기가 그 정점에 도달한 뒤 서서히 쇠퇴와 혼미의 징후를 보이던 시대였다. 이것은 문화사적으로 빅토리아조 중엽의 희망과 확신의 분위기로부터 세기말의 환멸과 반항의 사조로 바뀌었던 당대의 특징적 시대정신을 하디의 작품 역시 공유하고 있는 배경이 된다.[22]

하디는 "『더버빌가의 테스』를 쓰기 시작했을 때 입센처럼 '사회의 기둥'을 흔들어보려는 마음을 품고 있었다"[23]라고 포부를 밝혔다. 19세기 후반기 영국의 대표적인 작가의 한 사람인 하디의 문학세계는 찰스 디킨스(Charles Dickens)나 브론테(Bronte) 자매들 등 영국의 어느 작가 못지않게 다양하고 폭넓게 논의되어 왔다. "오랫동안 하디 작품은 작가의 결정론적인 세계관에 근거해서 인간의 운명, 우연, 내재적 의지(Immanent Will) 등에 의해 지배받는 인간의 보편적 갈등을 드러내는 것으로 보았고, 그래서 작품에 나타나는 비관적이고 염세적인 경향에

---

22) 근대 영미소설학회, 『19세기 영국소설 강의』(서울: 신아사), 1999, p.369.
23) 문학과 영상학회, 『영미문학 영화로 읽기』, 동인, 2001, p.183.

대한 논의가 대세를 이루어왔다."[24] 특히『테스』는 성에 관한 문제에 있어 비평가들에게 온갖 찬반 논란의 시비에도 불구하고 혐오스럽고 저속하며 사악한 소설로 평가되기도 하였지만 독자들에게서 가장 호평을 많이 받은 작품이기도 하였다. 하디 작품 중에서『더버빌가의 테스』가 성에 관한 논란이 끊임없이 제기되고 있으면서도 빅토리아조 당대 여성의 위치에 관한 연구대상이 된 이유는 다음과 같다. "당시 여성의 삶의 위치를 이해하는 데 큰 역할을 하고 있기 때문이다. 이와 더불어 하디의 '순결한 여인(Pure Woman)'이라는 부제는 당시 여성 이데올로기와 상반되는 개념으로 많은 논란을 낳았고 '순결한 여인'이 함축하는 복합적인 의미에 대해서는 문화적 재생산을 통해서도 다양한 각도에서 재해석의 작업이 이루어져 왔기 때문이다."[25] 이렇듯 '순결한 여인'에 대한 부제가 여전히 하디 소설의 주요 논란의 배경이 된 이유는 "절반은 여인이고 절반은 유혹하는 뱀(serpent)으로서의 테스의 캐릭터를 묘사하여 '순결한 여인'의 부분과 유혹하는 요부의 부분을 이분법적 성격"[26]으로 연관시켜 강조함으로써 비롯된 것이다.

하디는 농촌공동체의 중심이 되고 있는 자연과 문명의 관점을 대조시키면서 '집안의 천사'라는 빅토리아조의 이상적 여성상을 뛰어넘어서는 새로운 여성상의 모습을『더버빌가의 테스』에서 재현하고자 하였다.

하디의 주요 작품을 살펴보면 1885년에 탈고한『캐스터브리지의 시장(The Mayor of Casterbridge)』또한 비극적 응장함을 보여주는 작품이

---

24) 허상문, 2001, p.172.

25) 전혜선, 「토마스 하디의『더버빌가의 테스』와 로만 폴란스키의 <테스>: 빅토리아시대 여성성을 중심으로」, 광운대학교 석사학위논문, 2005, p.10.

26) Christopher Harbinson, "Echoes of Keats's 'Lamia' in Hardy's Tess of the D'Urbervilles." Notes and Queries. 49.1, 2002, p.74.

지만 평자들로부터 결말이 너무 우울하다는 불평을 듣게 된다. 그의 대부분의 작품을 보면 우울하고 비극적인 요소들이 많이 나오는데 이 또한 하디만의 특징이다. 1887년에는 훗날 그가 개인적으로 가장 아끼는 소설이라고 말한 『숲속의 사람들(The Woodlanders)』이 출판되었고 이 작품은 여느 때보다 비교적 좋은 반응을 얻었다. 1880년부터 쓰기 시작한 『더버빌가의 테스』는 출판된 뒤 이제껏 발표한 어느 작품보다도 격렬한 논란과 비난에 직면하게 된다. 그러나 말썽 많고 사회적 이목을 끄는 작품이 늘 그렇듯이 책은 엄청나게 팔려나갔고 하디는 영어권 국가에서 가장 광범위한 독자를 갖는 작가가 되었다. 1895년에 출간한 『무명의 주드(Jude the Obscure)』 또한 『더버빌가의 테스』 때보다 더욱 극심한 사회적 비난과 분노를 불러일으켰으나 스윈번과 같은 일부 작가들은 하디의 최대의 걸작이라고 추켜세우는 이들도 있었다. 그러나 대부분의 서평은 "음란한 주드"니 "배덕자 하디"니 하는 식의 제목을 달고 있었다. 이 소설을 읽는 어느 주교는 책을 불살라 그 재를 하디에게 보냈고 공공도서관에서는 배포금지처분을 당했다. 결국 사회적인 비판을 받으면서 하디는 『무명의 주드』를 끝으로 소설에서 손을 떼며 젊었을 때부터의 소망이던 시 쓰기로 되돌아간다. 하디는 말년에 그동안 우여곡절 끝에 쌓아온 그러나 당대의 어느 누구보다도 탁월한 그의 문학적 업적으로 말미암아 국가적 명예와 영광이 그를 감싸게 되어 생존하는 영문학 최고의 원로로 극진히 대접받으며 옥스퍼드를 비롯한 여러 대학으로부터 명예문학박사 학위를 받는다. 1928년 88세의 나이로 작고했을 때 그의 시신은 화장되어 웨스트민스터 사원에 안장되고 그의 심장은 따로 꺼내져 고향 가까운 스틴즈포드 교회에 있는 그의 아내 곁에 묻히게 된다.[27]

---

27) 근대 영미소설학회, 『19세기 영국소설 강의』(서울: 신아사), 1999, pp.374-375.

19세기의 대표적인 영문학 작가인 토머스 하디는 후대의 많은 문학가들에게 깊은 영향을 주었다. 그는 살아생전에 농촌의 모습들을 너무 사랑하여 작품의 주제로 사용하였고 그 농촌에서 생활하고 있는 여성 주인공의 모습을 부각시킴으로써 새로운 문학의 지평을 열었다. 하디의 대표작으로는 웨섹스 소설이라 일컬어지는 『광란의 무리를 떠나』(1874), 『귀향』(1878), 『캐스터브리지의 시장』(1885), 『숲의 사람들』(1887), 『더버빌가의 테스』(1891), 『무명의 주드』(1895) 등이 있고, 장편 극시 『제왕들』 외에 많은 웨섹스 시편들이 있다.

에밀리 브론테

에밀리 제인 브론테(Emily Jane Bronte, 1818-1848)는 영국의 소설가이다. 필명은 앨리스 벨(Ellis Bell)이었다. 에밀리는 성공회 사제인 패트릭 브론테(Patrick Bronte, 1777-1861)와 마리아 브랜웰(Maria Branwell, 1783-1821) 사이에서 태어났으며, 그의 언니는 『제인 에어』의 작가 샬럿 브론테이다. 그녀는 1848년 12월 19일, 30세의 나이로 죽을 때까지 길지 않은 불꽃같은 삶을 살았던 예술가이다. 에밀리의 아버지 패트릭 브론테는 오래 살았지만, 에밀리의 어머니는 그녀가 세 살 때 죽었다. 에밀리의 형제들은 모두 요절하였으며, 그녀보다 두 살 위인 샬럿 브론테가 그중에서 39세까지 제일 오래 살았다. 폐결핵이 그들 모두의 목숨을 앗아갔던 것이다. 에밀리는 가족 중 누구보다도 황야에서 산책하기를 좋아했고, 누구보다도 자연과 더 밀착해 있었기 때문에 그녀의 소설 『워더링 하이츠(Wuthering Heights)』(1847)가 그녀가 살았던 영국 북부의 황무지를 중심으로 한 소설이라는 것은 지극히 당연한 일이었다. 『워더링 하이츠』는 1847년, 에밀리 브론테가 29세였을 때, 앨리스 벨(Ellis Bell)이라는 익명으로 그녀의 여동생 앤-앤은 액튼 벨(Acton Bell)이라는 익명을 사용했다-의 『에그니스 그레이(Agnes Grey)』와 함께 출판되었다. 그다음 해(1848)에 에밀리 브론테가 삶을 달리했으니, 그녀의 명성은 오직 이 책 한 권에 집중돼 있다. 물론 그녀가 쓴 시들이 얼마간 남아 있긴 하다.

우선 우리나라에서 『폭풍의 언덕』이라고 번역되어 있는 제목의 오류부터 짚고 넘어가야 할 것 같다. 우리나라에서는 이 소설이 오래전부터 이 제목으로 알려져 있는데, 제목의 "워더링 하이츠"는 소설에 나오는 저택의 이름이다. 물론 "워더링 wuthering"이라는 말은 이 소설의 배경이 되는 북부 지방에서 쓰이는, 세찬 폭풍우에 고스란히 노출된 상태를 지칭하는 형용사이다. 물론 "워더링 하이츠"가 폭풍우에 노출된 언덕에 위치해 있는 것은 텍스트에 근거한 사실이라서 두 단어를 "폭풍의 언덕"으로 번역하는 것이 큰 무리가 없는 것도 사실이다. 그러나 우리는 그것이 갖고 있는 함축적이고 외적인 의미를 포함하여 "워더링 하이츠"라는 저택의 이름이 소설에서 활용되고 있다는 사실을 기억할 필요가 있다.

에밀리 브론테의 『Wuthering Heights』는 캐서린-히스클리프-린튼과 캐시(캐서린의 딸)-린트-헤어튼의 남녀 간 사랑에 관한 이야기이다. 그런데 이 작품에서 주목해야 할 것은 그 사랑의 주제가 단순한 개인적 애환의 차원이 아니라 사회적이고 경제적인 차원까지 포괄하는 광범위한 성격을 가졌다는 사실이다. 작가는 문명과는 담을 쌓고 황야에 무방비 상태로 있는 지역인 "워더링 하이츠"와 계곡에 안온하게 자리 잡고 있는 문명의 저택인 "스러쉬크로스 그랜지"를 대비시킴으로써 자연과 문명, 이상과 현실, 경제적 소외와 계급의 문제들 그리고 자아상실과 자아추구, 선과 악으로 비교되는 특징 등 복잡다단한 문제들을 소설 속에 형상화하고 있다.[28] 우리

---

28) 근대 영미소설학회, 『19세기 영국소설 강의』(서울: 신아사), 1999, pp.269-274.

는 에밀리의 작품을 읽으면서 시종일관 고딕소설의 특징을 접하게 되고 영혼불멸의 사상을 접하게 된다. 또한 당시의 사회적 논의의 한 축인 한정 상속에 대한 문제점과 이러한 문제점이 교묘하게 작품 속에 녹아 흘러내리면서 작품이 극과 극으로 전개되는 것 또한 보게 된다.

제 3 장

작품 분석

생명공학과 윤리

1.1. 메리 셸리의 『프랑켄슈타인: 현대의 프로메테우스』[1]

메리 셸리(Mary Shelley)의 『프랑켄슈타인: 현대의 프로메테우스 (Frankenstein: or The Modern Prometheus)』[2]는 작가가 21세 때에 허구적인 소재를 바탕으로 집필한 과학 소설이다. 당시에 이런 종류의 소설이 출간되었다는 것도 문학계에선 큰 반향을 불러일으켰지만 무엇보다도 여성 작가였다는 것이 더 큰 관심거리였다. 이 작품은 1818년에 초판이 발표되었고 1831년 개작하여 출간되었다. 메리 셸리가 『프랑켄슈타인』을 출간한 시기는 16세기부터 발달된 자연과학이 근대국가의 지식체계를 구축했으나 이러한 과학소설이 문학

---

1) 2017년 11월 신영어영문학회에 발표한 「생명공학과 윤리: 메리 셸리의 『프랑켄슈타인』」을 중심으로 편성하였다.

2) Mary Wollstonecraft Godwin was born on 30 August 1797 in London, England. Mary's mother died soon after her birth and she and her half sister Fanny gained a stepsister, Claire, when her father remarried Mary Jane Clairmont. Claire and Mary would remain very close for the rest of their lives. Started as a ghost story and inspired by a conversation Shelley had overheard between her husband Percy Bysshe Shelly and Lord George Gordon Byron talking about galvanism, it soon became one of the first best selling works by a female author. Sir Walter Scott mistakenly thought it had been written by Percy, and it received mixed reviews, but today it is still widely read and has inspired various adaptations to the stage and screen.
(http://www.online-literature.com/shelley_mary/)

작품으로 형성된 시기는 아니었다. 작가 메리는 남편과 바이런 사이에 오고 가는 대화 속에서 얻은 영감이 이 공포를 느끼는 이야기를 집필하게 된 계기라고 이야기한다. 메리는 당시에는 상상할 수 없는 이야기를 전개하였다.

작가 메리 셸리는 작품에서 "이 여관에서 나는 우연히 코르넬리우스 아그리파(Cornelius Agrippa)[3]의 저술을 묶은 선집을 한 권 찾아냈다. 나는 무관심하게 책을 펼쳤으나 그가 증명하려고 시도한 이론, 그가 언급하고 있는 경이로운 사실들이 곧 이러한 무관심을 열정으로 바꾸어놓았다."[4] "집에 돌아온 나는 이 저자의 모든 작품을 찾아보았고 그다음에는 파라셀수스(Paracelsus)[5]와 알베르투스 마그누스(Albertus Magnus)[6]의 책들을 모두 찾았다. 나는 이 저자들의 열정적인 공상을 즐겁게 읽고 연구했다"(22)라고 서술하였듯이 자연과학에 지대한 관심을 가지고 있었다. 특히, 작가는 어떠한 과학적인 프로세스를 거치면 인간의 생명을 창조할 수도 있다는 생각을 빅터 프랑켄슈타인(Victor Frankenstein)을 통해서 그려내고 있다. 이러한 소설적 영감이 21세기에서는 생명공학적인 부분으로 연구의 대상이 되어가고 있으니 참으로 이해할 수가 없으며, 작가의 이러한 예언적인 소설은 현시대를 살고 있는 우리들에게 경이감과 더불어 공포까지 전해준다.

이 소설이 출간된 당시 소설 전반에 나타난 이러한 자연과학 이

---

3) 코르넬리우스 아그리파(Cornelius Agrippa, 1486-1535), 독일의 의사이자 연금술사.

4) Mary, Shelley. *Frankenstein*. Second Edition: Pearson Longman, 2007, pp.21-22. 앞으로 이 책으로부터의 인용은 페이지 숫자만 밝히기로 함.

5) 파라셀수스(Paracelsus, 1493-1541), 16세기 스위스의 의학자, 화학, 의학, 연금술에 대한 저작을 남겼으며, 그는 과학적인 프로세스로 인간을 창조할 수도 있다고 믿었다.

6) 알베르투스 마그누스(Albertus Magnus, 1193-1280), 13세기 독일의 스콜라 철학자이자 과학자.

야기들이 어떠한 사회적·문화적 담론을 만들었는가에 대한 연구가 비어(Gillian Beer)의 『다윈의 플롯』, 러빈(George Levine)의 『다윈과 소설가들』, 캐럴(Joseph Carroll)의 『문학적 다윈주의』에서 이루어졌으며, 그들은 특히 다윈(Charles Darwin)[7]의 진화론을 중심으로 한 폭넓은 논의를 전개하였다. 이들 연구가에 의하면 과학의 문화적 특성을 잘 간파한 것이라 할 수 있다.[8] 다윈의 진화론은 이후 과학뿐만 아니라 모든 분야에 영향을 주었다.

"진화론이 수천만 년 전부터 지구 위 생태적 환경 속에서 생물이 어떻게 진화해왔는지를 객관화하기 위한 노력이었다면, 서구 근대 소설 속 다윈주의는 '인간은 왜 어떠한 조건 속에서 인간이 되는가?' 와 '앞으로 인간은 어떻게 진화할 것인가?'라는 의문과 상상력을 과학 지식에 기반을 둔 하나의 이야기로 만들어내고 있다."[9] 이러한 진화 생물학의 기원으로 여겨지고 있는 찰스 다윈의 저서 『종의 기원에 대하여(On the Origin of Species)』는 생존 경쟁을 거쳐 동식물은 진화한다는 이론이며 창조론에 입각한 종교학자들의 거센 반발을 불러오기도 하였다. 그런데 작품 『프랑켄슈타인』은 진화론이 공론화되기 41년 전에 새로운 인간 종의 창조를 소재로 한 소설로 세상에 나왔을 때 그 충격은 상당하였을 것이다. 당시 생명공학이란

---

7) 찰스 로버트 다윈(Charles Robert Darwin, 1809년 2월 12일-1882년 4월 19일)은 영국의 생물학자이자 지질학자로서, 진화론에 기여가 가장 크다고 알려져 있다. 다윈은 생물의 모든 종이 공통의 조상으로부터 이어졌다고 보고, 앨프리드 러셀 월리스(Alfred Russel Wallace)와의 공동 논문에서 인위적인 선택인 선택적인 교배와 비슷한 현상이 생존경쟁을 거쳐 이루어지는 자연 선택(Natural Selection)을 소개했다. 박물학자 이래즈머스 다윈의 손자이다. 다윈은 종의 진화 개념 이전에의 과학의 거부반응을 극복하고 1859년에 저술한 종의 기원에 강력한 증거로 진화론을 발표했다. 1870년대에 과학계와 많은 대중이 진화를 사실로 받아들였다. (https://ko.wikipedia.org/wiki/%EC%B0%B0%EC%8A%A4_%EB%8B%A4%EC%9C%88 참조)

8) 추재욱, p.544.

9) 오윤호, p.342.

용어도 일반화되지 않았을 때이니 새로운 인간 종의 탄생은 생명윤리적인 차원에서도 납득하기 어려웠을 것이다. "생명과학이란 생명을 대상으로 하는 과학이다. 그것은 생명에 대한 고유한 인식 체계와 그것을 설정해가는 특정한 방법론의 체계 전체를 의미한다."10) 생명을 대상으로 하는 생명과학을 논의하면서도 생명윤리에 대한 부분은 쉽게 생각한 것 또한 사실이다. 과학자들은 생명과학을 정확히 이해하고 생명에 대한 규정을 올바르게 해석하여 적용할 필요가 있다. 생명공학과 생명윤리는 항상 같이 공존하는 부분이기 때문이다.

2005년 10월에 개최된 유네스코 총회에 참가한 국가들은 인간 생명의 존엄성과 윤리적인 문제들에 대해 언급하면서 "모든 나라는 과학의 급속한 발전이 우리의 생명 자체에 점차적으로 크게 영향을 미치고 있기 때문에 범세계적으로 대응할 필요가 커지고 있음을 깊이 성찰"11)하여야 할 것이라고 강조하면서 '생명윤리와 인권 보편 선언(Universal Declaration on Bioethics and Human Rights)'을 채택하였다. 학문 일반에 있어서 가장 시급한 과제는 인류에 이익을 주는 생명공학에 대한 방향 설정과 윤리적인 문제들을 야기하지 않는 의미 부여일 것이다. 현대의 생명공학은 급속도로 발전하고 있으며, 그러한 발전 속에서 인간의 존엄성12)을 침해할 수도 있기 때문이다.

---

10) 신승환, p.7.

11) 2005년 10월 19일 프랑스 파리 제33차 유네스코 총회에서는 모든 인류가 차이 없이 의학 및 생명과학 연구에서 높은 윤리적 기준의 혜택을 받아야 한다는 점을 고려하면서 '생명윤리와 인권 보편선언'을 채택하였다. 그 주요 내용은 다음과 같다. 인류가 자신의 존재와 환경에 대하여 성찰하고, 불공정을 감지하고, 위험을 회피하며, 책임을 떠맡고, 협력을 구하며, 윤리원칙을 나타내는 도덕의식을 표현하는 고유한 능력이 있음을 인식하며, 과학기술의 급속한 발달이 우리의 생명에 대한 이해 및 생명 자체에 점차 크게 영향을 주고 있으며 그 결과 그러한 발달의 윤리적 함의에 대하여 범세계적으로 대응할 필요가 커지고 있음을 성찰한다. (http://www.unesco.or.kr/about/side_03_view.asp?articleid=16&page=1&SearchItem=&searchStr=&Gubun=&Cate 참조)

12) "인간의 존엄성은 인간유전형질에 대한 특허의 타당성에 대한 논의에 있어서 중요한 부분을

생명공학의 발전이 인간을 파멸시키는 악으로 전개되지 않기 위해서는 윤리적 범주도 함께 설정해서 공론화해야 할 것이다. 생명과학의 결과로 어떤 위험이 인류에게 새롭게 다가올지 모르기 때문이며 그러한 위험이 이미 우리 인류에게 도달할 때에는 되돌릴 수가 없다. 생명과학은 그 결과를 결코 예측할 수 없기 때문이다.(8) 빅터 프랑켄슈타인이 자연과학을 동원하여 새로운 인간의 종을 창조하였으나 그 결과에 대한 두려움 때문에 결국 자신이 창조한 괴물의 요구 사항을 거절하였던 것도 바로 과학자의 책무인 생명윤리적인 자각이 있었기 때문일 것이다.

"일찍이 영문학에서 '생명창조'에 따른 생명윤리적 문제가 막 소녀 티를 벗어난 스물한 살의 한 여성 작가 메리 셸리에 의해 예견되었다는 것은 놀라운 사실이다. 그녀의 상상력은 200년이 지난 21세기 '생명공학' 시대의 '인간 게놈 프로젝트'와 다르지 않으며 그 예언자적 비전은 이제 입증될 문턱에 와 있다. 메리 셸리는 『프랑켄슈타인』에서 인간의 생명이 작위적인 형태로 조작되는 결과가 얼마나 무서운가, 그리고 과학자의 윤리적인 책무가 무엇인가를 생명과학 시대에 살고 있는 우리들에게 적시하고 있는 것이다."[13] 과학의 발전은 인류를 더욱더 편안한 삶으로 전개하지만 그 편안함이 인류에게 위험으로 다가올 때에는 그 이전 단계로 되돌릴 수 없는 것 또한 사실이다.

이러한 과학 발전의 위험에 대해 독일의 법철학자 아르투어 카우프만(Arthur Kaufmann)[14]은 전통적 윤리 명제를 이용하여 생명윤

담당하고 있다. 특히 인간유전형질에 대한 특허는 인간 생명의 존중과 인간존엄성에 대한 평가절하를 가져올 수도 있기 때문에 우려하고 있는 것 또한 사실이다(Caulfield & Brownsword 73)."

13) 박경서, p.50.

14) 독일의 법철학자 아르투어 카우프만(Arthur Kaufmann)의 전통적 윤리 명제 여섯 가지는 다

리의 지침을 여섯 가지 사항으로 제시하였다. 그는 그중 다섯 번째의 지침 사항에서 현재에건 미래에건, 자신의 행위로 남이나 생태계를 위태롭게 하거나 손상시키지 않도록 하라. 혹은 그래서 유전공학의 발전이 인류에게 어느 날 치명적인 해를 입힐 수 있는 한, 결코 시도하지 말라[15]는 과학자의 책임성을 제시하였다. 이번 장에서는 카우프만의 다섯 번째 지침 사항인 과학자의 책임의 원칙에 입각해서 프랑켄슈타인의 괴물창조가 생명공학 차원에서 어떻게 진행이 되었는지, 어떠한 결과를 초래하였는지 그리고 생명 창조에 있어서 과학자가 책임을 져야 할 윤리적인 부분은 어떠한 것인지를 구체적으로 살펴보고자 한다.

1.2. 생명창조와 과학자의 윤리의식

생명공학은 유전자 정보를 이용하여 생명을 조작하는 기술공학이며, 여기에는 유전자, 염색체, 세포 등을 의도적으로 조작하여 우리가 살아가는 자연에서는 결코 있을 수 없는 생명체나 다른 유전 정보를 만들어내는 기술을 포함한다. 즉, 생명공학은 생명을 새롭게 조작하는 것과 제작의 대상으로 한다. 물론 이러한 생명 조작과 제작

음과 같다. 첫째, 평범하든 결함을 가졌든 각자에게 그의 소질에 따라 고유한 삶을 영위할 권리를 인정하라. 둘째, 만약 네가 장애자였다면 요구하고자 하는 것처럼, 장애자의 복지를 요구하라. 혹은 만약 네가 기술에 의해 조작되는 처지에 놓이고 싶지 않다면, 다른 사람에게 유전자 조작을 선전하거나 시행하지 말라. 셋째, 모든 여성들이 다 그렇게 한다고 원할 수 없는 한, 단순히 평안하고자 아기를 스스로 포태하지 않으려는 특별한 권리를 누리고자 하지 말라. 넷째, 모든 이익이나 손해는 당사자들에게 균등히 나눠져야 한다. 따라서 유전 공학의 발전이, 다수에게는 발전과 유용성을 가져다주나 소수에게는 불이익을 주는 것이어서는 안 된다. 다섯째, 현재에건 미래에건, 자신의 행위로 남이나 생태계를 위태롭게 하거나 손상시키지 않도록 하라. 혹은 그래서 유전 공학의 발전이 인류에게 어느 날 치명적인 해를 입힐 수 있는 한, 결코 시도하지 말라(책임의 법칙). 여섯째, 설사 마음에 들지 않는다 할지라도 남을, 그리고 장애자, 특권 없는 자, 비굴한 자들을, 그리고 그들의 의견을 인정하라(박은정, 289-290 재인용).

15) 박은정, p.289 재인용.

은 철학적이고 종교적인 문제가 포괄적으로 포함되어 있으며 그 책임성 또한 필요하다.16) 그러나 생명공학의 급진적인 발전과 그에 상응하는 과학자의 윤리적인 책임은 따라가지 못한 것 또한 현실이다.

유전공학의 발전을 살펴보면 1980년대에는 DNA 재조합 연구 결과가 나와서 특허를 얻을 수 있었으며, 1994년에는 미국에서 토마토 유전자 변형의 최초의 농작물을 개발했다. 1997년에는 영국 스코틀랜드 에든버러에 있는 로슬린 연구소에서 최초로 복제양 돌리17)가 태어났다. 그리고 1999년에는 국내 최초로 복제송아지 '영롱(young-long)'이가 태어났다. 세계적으로 동물 복제가 성공하자 인간 복제에 대한 우려가 커졌으며 이러한 우려가 현실화되지 않기 위하여 본격적으로 생명윤리에 대한 법제정도 거세어져 갔다. "현대의 생명과학은 우선 그 연구범위가 의학과 농수산업 및 식품산업 등의 분야에서 광범위하게 행해져 가고 있으며 생명 조작 기술"18)은 급속도 빨라지고 있어서 인간 복제에 대한 우려는 더욱더 현실화되어 가고 있다. 인간 복제에 대한 우려감과 더불어 유전자 조작의 위험성은 우리가 알고 있는 것보다 더욱더 커지고 있다. 유전공학기술은 이전보다 적어도 10배 이상 빨라지고 더 강력해져 가고 있다.19) 그러나 생명윤리 차원의 인간 생명의 존중보다는 의학 등여러 분야에서 생명공학이 주는 결과물이 인간에게 많은 이익과 인류의 삶을 질적으로 풍요롭게 해줄 것이라는 측면을 강조한 유전공

---

16) 신승환, pp.9-10.

17) 복제양 돌리(Dolly)는 특별한 양이며 정자와 난자가 수정한 형태가 아니라 생물학적 암컷의 젖세포(cell taken from the udder of Dolly's biological mother) 하나로 만들어진 생명체다. 복제양 돌리는 국제적인 뉴스가 되었으며, 오늘날 생명공학의 상징으로 불리고 있다(Lassen, Gjerris & Sandøe, 993).

18) 진교훈, p.39.

19) Mae-Wan Ho, p.54.

학자들의 주장을 일방적으로 선전해주는 부분이 강해져서 생명윤리에 대한 중요성이 소원해진 것 또한 사실이다.

"그러므로 무엇보다도 우리에게 긴요한 것은 생명윤리의 중심이 되는 인간 생명의 존엄성에 대한 시민들의 의식의 성숙이다. 왜냐하면 인간 생명의 문제는 단지 생명공학 기술자, 소위 바이오 벤처, 즉 생명 산업가와 정책 입안자뿐만 아니라 모든 사람의 관심사이기 때문이다. 이에 생명의 존엄성과 인간의 존엄성을 침해하는 어떠한 연구와 실험도 모름지기 거부해야 한다는 철저한 윤리의식"[20]이 요청된다. 사회 전체의 생명윤리의식이 커지기 위해서는 모든 사회 구성원의 책임 있는 감시가 필요하며 문제 제기 또한 중요하다. 이러한 생명공학의 발전과 생명윤리의 중요성 및 이번 장의 주제와 연관된 선행연구를 살펴보고자 한다.

국내 학자들 중 진교훈(2002)은 「생명공학의 발전과 생명윤리」에 대한 논문에서 생명공학 연구의 현황과 윤리 문제, 생명윤리학의 의미 및 생명윤리학의 의미와 과제 등을 심도 있게 제시하면서 생명공학의 발전과 생명윤리의 근간으로 '생명윤리기본법(가칭)'의 골격안을 제시함으로써 생명공학의 중요한 윤리 문제들을 고찰하였다. 특히, 전 세계적으로 가장 문제가 되고 있는 인간 개체의 복제와 인간 배아의 복제를 근본적으로 다른 것으로 보느냐 아니냐에 따라, 다시 말해 배아를 인간으로 보느냐 아니냐에 따라, 배아 연구 및 배아 복제 허용 여부가 결정된다는 것 등 문제 제기를 하였다.

신승환(2002)은 「인간 생명을 다루는 생명과학의 범위와 윤리적 쟁점」에서 생명과학의 의미와 범위, 생명과학의 인간학적 성격 규

---

20) 진교훈, p.40.

정, 생명과학의 다층적 특성, 인간 복제의 문제, 유전자 조작에 따른 문제, 유전자 정보의 이용에 따른 문제, 생명철학과 보편 윤리의 정립 등을 연구하였다. 그는 진정한 세계 보편 규범으로서의 생명윤리학이 필요할 때이며 너무도 엄청나게 발전하는 생명과학 역시 그것을 필요로 한다. 그것은 불치병이나 죽음을 회피하려는 인간의 욕망과 자본의 결합이 초래할 결과에 대해 전 지구적으로 대처하기 위한 윤리헌장의 의미를 강조하였다.

박은정(1990)은 「생명 과학 기술과 윤리」에서 생명 윤리의 문제는 오늘날 개인 윤리의 차원에서만 거론되어서는 안 될 것 같다고 언급하였다. 그리고 저자는 인공 수정, 대리모 임신, 태아 검진, 유전 시술 등은 그것들에 개개인들에 대해서 갖는 그 모든 의미에도 불구하고, 개인적으로나 사적으로 해결될 문제가 아니라 사회적으로 혹은 정치적으로 논의해 해결해야 할 문제라 강조하였다.

박경서(2013)는 「Si-Fi와 『프랑켄슈타인』: 과학과 과학자의 반(反)생명윤리의식」에서 Si-Fi의 효시와 역사, 프랑켄슈타인의 반생명윤리의식을 소개하였으며 프랑켄슈타인이 연금술을 접하게 된 배경과 그의 생명창조 정신의 기저에는 연금술 이론이 자리 잡고 있음을 밝혔다. 그는 과학자로서의 윤리를 저버린 프랑켄슈타인의 생명창조에 대한 야욕과 집착 및 생명창조 과정에서 나타나는 프랑켄슈타인의 반윤리적 행위 등을 다섯 가지 윤리 규범을 과연 어떻게 얼마만큼 위배하였는지 구체적으로 살펴보았다.

추재욱(2014)은 「19세기 과학소설에 재현된 의과학 발전양상 연구-『프랑켄슈타인』에 나타난 생명과학 실험을 중심으로」에서 『프랑켄슈타인』 속에 나타난 연금술과 신과학의 등장, 의과학의 발전양상과 생명원리 탐구, 『프랑켄슈타인』에 함축된 기계론과 생기론

사이의 갈등을 소개하였다. 특히, 그는 의과학자들의 이론과 사상 중심의 전통적인 순수 의과학사 연구와는 달리 문학 텍스트 내의 사건 및 인물과 연계한 논의를 통해 당대의 의과학적 발전이 텍스트에 어떻게 반영되고 있는가를 살피는 융합 연구이자 학제 간 연구임을 강조하였다.

오윤호(2014)는 「새로운 인간 종의 탄생과 진화론적 상상력-『프랑켄슈타인』과 <트랜센던스>를 중심으로」에서 진화론과 근대소설, 그리고 사이언스 픽션, 연금술적 기계인간『프랑켄슈타인』, 나노 우주 속 트랜스 휴먼: <트랜센던스>를 분석하면서 사이언스 픽션이 문학의 하위 장르로서의 한계를 벗어나 과학 지식을 바탕으로 한 미래학적인 역할을 또한 갖고 있음을 확인하고 인간과 삶의 조건을 이해하는 '특성'이 있음을 밝혔다.

1.3. 생명공학적인 측면과 과학자의 책무성

메리 셸리의『프랑켄슈타인』에서 프랑켄슈타인이 추구하는 새로운 인간 종의 창조를 통한 생명공학적인 측면과 과학자의 책무인 생명윤리의식을 중심으로 구체적으로 살펴볼 것이다. 메리 셸리의 『프랑켄슈타인』은 서문과 월튼 선장과 누나와의 서간 형식으로 이야기를 소개하는 전형적인 액자식 소설이다. 남편 퍼시 셸리(Percy Shelley)는 서문에서 단순한 귀신이나 주술 이야기가 주는 맹점에서 벗어난 것이며, 처음에는 순전히 재미 삼아, 또 한편으로는 이제까지 시험해보지 않은 정신 능력을 발휘하기 위한 방편으로 시작했던 일이라고 소개한다. 서문에서 퍼시 셸리는 이 허구적 이야기의 토대가 되는 사건은, 다윈 박사[21]와 독일의 몇몇 생리학 저자들의 추론에 따르면 불가능하지는 않다고 한다. 즉, 새로운 인간인 괴물을 창조하는 것이 그리 불가능하지는 않다는 이야기이다. 서문의 내용을 살펴보면 단순한 허구적인 이야기가 아니라 과학적인 토대에서 충분히 일어날 수도 있다는 이야기임을 전제한다. 작품 『프랑켄슈타인』은 세 '동심원적' 서사인 월튼과 누나와의 편지를 통한 이야기, 빅터 프랑켄슈타인이 월튼 선장에게 말하는 이야기, 그리고 괴물이 자신이 겪은 모든 이야기들을 프랑켄슈타인에게 하는 이야기 구조와 그 안에 소서사적인 형태인 프랑켄슈타인의 어머니 이야기, 엘리자베스 라벤자와 저스틴의 이야기, 펠릭스와 아가사의 이야기, 사피의 이야기22)로 형성되어 있다. 이 세 서사 형태의 핵심적인 인물은 월튼 선장, 프랑켄슈타인 박사 그리고 새로운 피조물인 괴물이다.

월튼 선장은 빅터 프랑켄슈타인과의 이야기를 통해서 들었던 이야기를 누나에게 프랑켄슈타인이 어렸을 때 무엇을 좋아했는지를 전해준다. 프랑켄슈타인은 자신의 나이 열세 살이었을 때 자신의 운명을 통제한 신령(genius)인 자연철학을 우연히 접했다는 것을 언급한다.

> 자연철학은 내 운명을 통제한 신령이었다. 이제 내가 '자연철학'을 무척 좋아하게 된 이야기를 하려 한다. 내가 열세 살이었을 때, 우리 가족은 토농 근처의 온천으로 여행을 떠났다. 그런데 악천후 때문에 어쩔 수 없이 하루 동안 여관에 있어야 했다. 이 여관에서 나는 우연히 코르넬리우스 아그리파(Cornelius Agrippa)의 저술을 묶은 선집 한 권 찾아냈다. 나는 무관심하게 책을 펼

21) 찰스 다윈의 할아버지인 이래즈머스 다윈(Erasmus Darwin, 1731-1802)을 가리킨다. 독일의 시인이자, 물리학자이며 식물학자이고 셸리 시대의 가장 유명한 과학 작가이기도 하다.
22) Gilbert & Gubar, p.404.

쳤으나 그가 증명하려고 시도한 이론, 그가 언급하고 있는 경이로운 사실들이 곧 이러한 무관심을 열정으로 바꾸어놓았다.

Natural philosophy is the genius that has regulated my fate; I desire therefore, in this narration, to state those facts which led to my predilection for that science. When I was thirteen years of age, we all went on a party of pleasure to the baths near Thonon; the inclemency of the weather obliged us to remain a day confined to the inn. In this house I chanced to find a volume of the works of Cornelius Agrippa. I opened it with apathy; the theory which he attempts to demonstrate, and the wonderful facts which he relates, soon changed this feeling into enthusiasm.(Frankenstein, 21-22)

프랑켄슈타인은 우연히 16세기 독일의 의사이자 저명한 마술사이고 연금술사인 코르넬리우스 아그리파를 접하게 되었고 자신의 영혼을 환하게 비추어주는 듯했다고 한다. 너무 좋은 나머지 아버지에게 이 사실을 말했을 때 아버지는 "아! 코르넬리우스 아그리파! 착한 빅터, 이런 데 네 시간을 낭비하지 마라. 쓰레기란다."(22) 어린이가 밝은 빛처럼 새로운 지식에 접했을 때 이성적으로 이야기를 해주었으면 후에 큰 불행이 되었을 일을 막을 수 있었을 텐데 단순히 쓰레기라고 표현하자 오히려 프랑켄슈타인은 더욱더 관심을 가질 수밖에 없었다. 이러한 관심이 결국에는 괴물을 탄생하게 하는 계기가 되었던 것이다. 프랑켄슈타인도 "아버지가 귀찮더라도 아그리파의 이론들은 완전히 타파되었고 현대과학체계가 도입되었으며 고대과학보다는 훨씬 더 강력해졌다고 했으면… 현대의 발견에 토대를 둔, 보다 이성적인 화학이론에 몰두했을 것이다"(22)라고 언급한다. 결국 사랑하는 모든 이들을 잃고 자신을 파멸로 몰고 갈 이론적인 연구에 더욱더 몰입하게 되었고 맹신하게 되었다.

　자연철학에서 얻은 지식을 바탕으로 더욱더 체계적인 연구를 하기 위해서 잉골슈타트 대학에 입학하게 되었으며, 그곳에서 크램페(Krempe) 교수와 발트만(Waldman) 교수를 만나게 되었고 학문적인 교감을 나누었다. 그곳에서 2년의 세월을 보내면서 과학의 매혹에 빠져서 자신의 고향인 제네바에도 가지를 못했다. 심오한 연구를 통해서 2년이 끝나갈 무렵에는 화학 도구들을 개선하는 몇 가지 발견을 해서 모두에게 선망의 대상이 되었다. 이제는 더 이상 잉골슈타트 대학에서 배울 것이 없다고 생각하며 고향으로 떠날 생각을 하고 있을 때 그에게 관심을 갖는 대상이 떠올랐다. 바로 모든 생명을 받은 동물의 구조였던 것이다.

　　특별히 나의 관심을 끌었던 현상들 중 하나는 인간 신체, 아니 모든 생명을 부여받은 동물들의 구조였다. 나는 스스로에게 묻곤 했다. 대체 어디서 생명의 원리가 발생하는 것일까? 대담한 질문이었다.

　　One of the phaenomena which had peculiarly attracted my attention was the structure of the human frame, and, indeed, any animal endued with life. Whence, I often asked myself, did the principle of life proceed? It was a bold question.(32)

　자연철학에 심취하면서 더욱더 체계적으로 연구하기 위해 잉골슈타트 대학에 입학하였으며 그곳에서 많은 학자들과 교감을 하고 괄목할 만한 연구 결과도 얻었는데 프랑켄슈타인은 2년이 흐르고 난 뒤 생명의 창조는 하느님의 섭리로만 알고 있던 시대에 생명의 구조에 대해서 관심을 갖게 되었다는 것이 자신의 불행의 씨앗이 되고 말았다. 인간 신체에 대한 관심을 갖기 시작하자 프랑켄슈타인은 죽음에 대한 관심과 죽음 이후에 인간 신체에 자연스럽게 찾아오는 부패와 부식현상에도 지대한 관심을 갖는다. 부패의 원인과 경과를 살피기 위해서 며칠 밤낮을 지하 납골당이나 시체안치소에 가서 시간을 보냈다. 인간 육신의 소멸을 보게 되면서 생면이 꽃피는 빰이 죽은 후에 부패로 이어지는 것을 보면서 삶과 죽음의 과정을 눈여겨보았다. 이러한 연구 과정 중에 프랑켄슈타인은 개체 발생과 생명의 원인을 찾아냈다. 더욱더 무서운 사실은 프랑켄슈타인은 무생물에 생명을 불어넣는 능력을 갖게 되었다는 것이다. 이러한 과학적인 현상들에 대한 새로운 발견은 학계에 발표를 하고 모든 학자들의 검증과정과 공유를 해야 하는데도 불구하고 점진적인 단계는 무시하고 결과만을 추구했다.

과학자로서 생명의 창조 과정, 복제 등 과학적인 연구 결과는 학계에 발표를 통해서 인증을 받아야 함에도 이런 과정 없이 계속된 연구에 몰입했다는 것 자체가 생명윤리 위반의 시발점이 될 수 있는 것이다. 과학은 모든 것에 대한 과정과 연구 결과까지도 공유해야 함에도 결과를 중시한 나머지 비밀스럽게 추진하는 것은 그 자체가 문제가 될 수 있다. 이러한 과학적인 검증과 다른 과학자와의 공유 등 교차 검증이 얼마나 중요한 것인지 기사 하나를 소개한다.23) 윌리엄 이몬(William Eamon)은 연구 결과의 공유에 대해서

---

23) 이 기사의 내용은 과학계의 교차검증이 얼마나 중요한지에 대한 기사이다. "한 생명과학 기업 임원이 걱정스럽게 말했다. 전 세계 생명과학계를 경악시킨 중국의 연구 결과를 두고 한 말이었다. 허젠쿠이(賀建奎) 중국난팡과기대 교수가 세계 최초로 유전자 교정 기술을 이용해 유전자를 수정한 인간 쌍둥이 아기 출산에 성공했다고 주장했다. 에이즈 감염과 관련한 면역

"연구의 자유롭고 공개적인 소통은 과학을 지배하는 주요한 정신적 요소 중 하나로 간주된다"[24]라고 말했다. 즉, 학자의 연구는 그 학자만의 전유물이 될 수 없고 모든 학자들과의 공유를 통해서 존재해야 하는 것이 더욱더 중요하다는 의미이다. 특히 인간 생명에 관계되는 것이라면 더욱더 공유가 필요하고 철저한 생명윤리학[25]적 검증이 필요하다. 생명윤리학은 생물학과 의학의 연구와 치료에 중점을 두고 인간의 출생과 죽음 및 삶에 관한 윤리적 문제에 관심을 두고 있기 때문이다. 이러한 부분을 어겼을 때 과학자는 생명윤리를 위반하는 행위로 이어질 수 있다. 프랑켄슈타인은 생명체를 만들 수 있다는 경이로운 힘을 알게 된 뒤로는 과학자로서는 결코 진행해서는 안 되는 길을 선택하고 만다.

프랑켄슈타인은 인간 생명을 창조한다는 것이 자연 질서를 파괴하는 것이며 궁극적으로는 인류 파멸까지도 진행될 수 있다는 평범한 진리를 어기고 질서를 파괴하는 길로 들어선다. 물론 잠깐이지만 프랑켄슈타인도 자기 같은 존재를 만들어야 할지 아니면 좀 더 단

단백질을 제거해 질병을 예방할 수 있게 했다는 것이다. 그런데 과정이 이상했다. 학계의 정식 보고 절차인 '동료 평가(peer review)' 등 검증 과정을 거치지 않은 일방적 주장이었다. 허 교수가 이번 주 홍콩에서 열리고 있는 국제학술대회에서 말을 '흘렸고' 그걸 기자가 기사화하면서 알려진 것이다. 학계의 교차 검증을 우선시하는 과학계 내부의 분위기상 이런 주장은 금세 수그러들고 자연스레 걸러지게 마련이다. 하지만 이번에는 달랐다. 대상이 생명과학계에서 그동안 암묵적 금기로 여기던 뇌관을 건드렸기 때문이다. 바로 '디자이너 베이비(원하는 대로 유전자를 수정해 탄생시킨 맞춤형 아기)'의 탄생이다.

인류는 이미 유전자를 인위적으로 수정하는 기술을 갖고 있으며, 점점 정교하게 갈고 닦고 있다. 그 정점이 2012년 등장 이후 생명과학계를 혁신하고 있는 강력한 유전자 교정 도구 '크리스퍼' 유전자가위다. 특정 유전자를 정확히 찾아내는 바이러스의 능력과 DNA를 끊는 효소의 기능을 결합해 이전과 비교할 수 없이 정확하게 원하는 유전자 부위를 찾아 잘라낼 수 있다. 보다 많은 식량을 생산하는 작물이나 가축을 개발할 때나 난치병 치료, 질병 진단에 도움이 될 것으로 기대된다." (http://dongascience.donga.com/news.php?idx=25416)

24) 박경서, p.59 재인용.

25) 역사적으로 보면 생명윤리학(Bioethics)이라는 말은 미국 위스콘신 대학의 종양학자였던 포터(V. R. Potter)가 1970년 최초로 사용한 것으로 알려져 있다. 그는 "생물학의 지식과 인간의 가치 체계에 관한 지식을 결합하는 새로운 학문 분야"라고 생명윤리학을 정의했다(진교훈, 46 재인용).

순한 유기체를 만들어야 할지 결정을 못하고 망설이기도 한다. 그러나 생명 윤리적인 차원에서 망설인 것은 아니고 인간은 복잡하고 경이로운 존재이기에 망설인 것이다. 프랑켄슈타인이 좀 더 인간 생명의 존엄성에 대한 윤리적인 자세를 가졌더라면 결코 인간을 창조하겠다는 생각은 하지 않았을 것이다. 그러나 자신의 연구에 흥분한 나머지 인간 창조를 결심하게 된다. 인간을 창조하는 것은 이미 인간의 영역을 떠난 결코 있을 수도 없는 일을 하고 만 것이다.

> 바로 이러한 마음으로 인간을 창조하기로 결정하고 연구에 착수했다. 인간 신체는 미세한 부분이 많아서 나의 연구에 속도가 잘 나지 않았다. 내가 생각한 의도와는 달리 거대한 체구를 지닌 생명체를 창조하기로 결정했다. 키가 2.5미터가량 되고 그에 맞추어서 거대해졌다. 결심을 하고 난 뒤 창조에 필요한 재료들을 수집하고 정리하느라 몇 달을 보낸 나는 작업을 착수했다.

> It was with these feelings that I began the creation of a human being. As the minuteness of the parts formed a great hindrance to my speed, I resolved, contrary to my first intention, to make the being of a gigantic stature; that is to say, about eight feet in height, and proportionably large. After having formed this determination, and having spent some months in successfully collecting and arranging my materials, I began.(Frankenstein, 34)

프랑켄슈타인은 새로운 인간의 종을 창조한다는 도취감에 젖어 있었으며 이러한 도취감이 결국 인간 세계의 질서를 파괴하는 것인 줄 꿈에도 생각을 못했다. 자신이 창조하는 "생명체를 아들로 생각하고 자신을 조물주"(34)와 동일한 위치에 놓음으로써 이미 과학자로서 지녀야 하는 윤리적인 사고와는 많이 떨어져 있는 상태가 되어버린 것이다. 이러한 연구는 과학자로서는 절대 행해서는 안 되는 생명윤리를 위반하는 행위이다. 즉, 인류에게 치명적인 해를 입힐 수 있는 한, 결코 시도하지 말라는 인간 생명윤리의 기본적인 지침을 위반한 것이다. 참된 과학자는 자신이 연구하는 행위에 대한 책임의 원칙 또한 동시에 지녀야 하는 것이다.

생명 창조에 있어서 과학자의 책무성이 더욱더 필요한 것은 "생명체는 단순히 물질과 에너지의 결합체가 아니다. 생명은 그 자체로 놀라운 모습을 지닌다. 생명체는 주위와 반응하며, 의식을 지닌다. 생명체가 지닌 우아한 아름다움이나 개체의 경이로움"[26]은 생명체만이 가지고 있는 고유한 성격이다. 특히 생명체 중에서 인간의 존재는 경이로움의 극치이다. 그런데 프랑켄슈타인은 연구의 과정으로서 생명을 도구화하고 조물주의 위치로서 연구 결과물을 아들로서 생각한다는 것 자체가 인류 질서를 파괴하는 반윤리적인 행위이다. 즉, 프랑켄슈타인은 과학자의 책임성은 전혀 고려하지 않고 연구 결과물로만 생각한 것이다.

프랑켄슈타인은 자신의 연구 결과물이 창조되는 순간을 보게 된다. "생물체가 흐릿한 노란 눈을 뜨고 있는 광경을 보았다. 그것이 힘겹게 숨을 쉬자 경련 같은 움직임이 사지를 흔들었다."(37) 그는 창조물의 사지는 비율을 맞추어 잘 만들었다고 생각했으며 생명체의 모습을 아름답게 했음에도 불구하고 화려한 외모는 오히려 허여멀건 눈구멍과 별로 색깔 차이가 없는 두 눈, 쭈글쭈글한 얼굴 살갗, 그리고 일자로 다문 시커먼 입술과 대조되어 오히려 더 끔찍해 보

---

26) 신승환, p.37.

여서 그 자리에 있고 싶지 않아 도망치고 만다. 자신이 어렵게 만든 피조물이 자신이 생각한 것보다 더 끔찍해 보이자 연구 결과물인 피조물에게서 도망친 것이다. 조물주로서 흥분했던 그의 감정은 이미 창조물을 괴물로 명명하며 실패의 참담함과 공포에 떨곤 했다. 자신이 그토록 소중하게 생각하였던 생명체를 괴물이라고 명명하며 "내가 창조해낸 참혹한 괴물이 … 그걸 눈이라고 부를 수 있을지 모르지만, 꿈쩍도 않고 나만 바라보고 있었다. 아가리는 벌어져 있었고 뭔가 알아들을 수 없는 소리를 내자 흉측한 웃음에 뺨이 주름졌다."(38) 프랑켄슈타인은 자신이 만들 창조물이 괴물이 되어서 나타나자 자신이 한 연구에 대해서 전혀 인정하지 못했다. 과학자들이 자기가 연구한 결과물에 대해서는 어떠한 형태로든 책임을 지녀야 함에도 프랑켄슈타인은 책임을 회피하고 도망치기만 했다.

그러나 프랑켄슈타인은 괴물이 사랑하는 동생 윌리엄을 살해하고 저스틴마저 처형당하는 상황에 처하게 되자 창조주로서 자신의 의무를 깨닫고 괴물을 만나서 그의 이야기를 들으려 한다. 괴물을 창조한 이후 처음으로 과학자의 책임성을 인지하였고 자신의 창조물에 대한 해결책을 찾으려고 시도한 것이다. 괴물은 프랑켄슈타인에게 자신이 창조가 된 이후로 자신이 어떤 상황에 처했는지를 말한다. 노인의 가족에 대한 이야기, 물웅덩이에 비친 자신의 모습, 프랑켄슈타인이 연구할 때 작성하였던 연구일지를 읽고 더욱더 분노했다는 이야기를 한다. 자신의 이런 외로운 상황을 공유해줄 "이브는 없었다. 나는 혼자였다. 아담이 조물주에게 했던 청원이 기억났다"(100)라고 프랑켄슈타인을 설득한다. 괴물은 이미 달변가가 되어 있었으며 오두막에서 노인 가족에게 배신을 당했을 때 오두막을 불태우면서 자신을 창조한 창조주에 대한 분노와 인류에 대한 전쟁을 선포했다. 괴물은 창조주 프랑켄슈타인을 만나서 "나는 외롭고 불행하다. 사람들은 나와 어울리지 않을 것이다. 나처럼 추악하고 이상하게 생긴 존재라면 나를 거부하지는 않을 것이니 나와 똑같은 종인 반려자를 만들어달라. 당신은 꼭 창조해야만 한다"(110)라고 자신을 창조한 책임의 의무를 이행하라고 요구한다. 프랑켄슈타인은 괴물의 요구에 대해 자신이 행한 연구가 인류의 파멸을 몰고 올 수 있다는 책임성 때문에 거절한다. 그러나 프랑켄슈타인은 괴물이 모든 위협을 통해서 재차 요구하자 결국 새로운 종을 만들어주겠다고 약속한다.

프랑켄슈타인은 괴물에게 새로운 반려자를 만들어주겠다고 약속하였으나 새로운 창조물이 기존에 만들었던 창조물과 합해진다면 그 파괴력은 상상을 초월할 것이라 생각했다. 그는 첫 번째 창조물을 만들 때에는 전혀 생각하지 못하였지만 자신이 만든 또 다른 생명체가 새로운 재앙으로 올 수 있다는 생각을 하게 된다.

창조물과 새로운 창조물이 유럽을 떠나 새로운 세계의 사막에 살게 된다고 해도, 악마가 목마르게 갈구한 그 공감의 첫 번째 산물은 자식들일 테고, 악마들의 자식들이 지상에 번식하게 될지도 모른다. 지상은 인간에게 위험하면서도 공포로 가득 찬 곳이 될지도 몰라. 내가, 나 자신의 이익을 위해서 영원히 이어질 후손들에게 이런 저주를 퍼부을 자격이 있는 것일까?

Even if they were to leave Europe, and inhabit the deserts of the new world, yet one of the first results of those sympathies for which the daemon thirsted would be children, and a race of devils would be propagated upon the earth, who might make the very existence of the species of man a condition precarious and full of terror. Had I a right, for my own benefit, to inflict this curse upon everlasting generations?(Frankenstein, 129)

프랑켄슈타인은 괴물의 분노를 자제시키기 위해 새로운 창조를 해주겠다고 약속하였지만 그가 요구한 새로운 창조물을 창조했을 경우에는 이전보다 더 엄청난 인류의 질서를 파괴하는 것이라고 생각한다. 과학자로서 인식하지 못했던 책임성을 느끼게 된 것이고 자신의 사적 목적을 위해서 후손들에게 재앙을 줄 수 없다는 생각을 하게 된다. 프랑켄슈타인은 "후손들이 나를 종족의 역병과 같은 존재로 저주할 거라는 생각에 온몸이 떨렸다. 자신의 평안을 구하는 대가로 전 인류의 생존을 주저 없이 팔아버린 이기적인 인간의 모습"(129-130)으로 여기게 될 거라는 심각한 우려를 하고 새로운 창조물을 만들어야 할지 말지를 깊이 생각한다. 프랑켄슈타인은 과학자로서 처음으로 자신의 연구물이 후손들에게 새로운 재앙으로 될 수 있다는 책임성을 깊이 통감하면서 연구 자체에 회의를 느낀다.

결국 자신이 만들고 있던 모든 것을 파괴해버리고 만다. 괴물은 분노하여 스스로 창조주의 주인으로 행세하고 창조주를 노예로 취급하며 "노예여, 전에는 내가 합리적으로 설득하려 했으나, 사정을 봐줄 가치가 없는 인물이구나. … 네놈은 내 창조주지만, 나는 네 주인이다"(131)라고 말하면서 복종하라고 한다. 프랑켄슈타인은 자신이 만든 창조물이 괴물이라는 것을 인식하면서 과학자의 책임을 지키려고 한다. 자신이 사랑하는 사람이 희생당할 수 있다는 것을 알면서도 자신이 만든 괴물을 파괴하기 위해 모든 노력을 다한다. 프랑켄슈타인은 생명을 창조하는 것이 얼마나 무서운 일인지를 생각하게 된다. 과학자의 연구 결과는 과학자만의 것이 아닌 모든 인류의 소유인 것이다. 과학자는 모든 것들에 대해서 연구가 가능하다 하여 모든 것을 연구하는 것이 아니라 인간 존중의 생명윤리 차원에서 인류의 도움이 되는 연구를 행하여야 한다. 즉, "인간은 기술적으로 가능하다고 해서 무엇이나 해도 되는 것이 아니며, 할 수도 있지만 해서는 안 되는 일을 하지 않을 때 비로소 사람다운 사람이 되듯이, 우리는 과학기술의 몰가치화와 비인간화로부터 탈피하여 과학기술의 인간화와 도덕화를 위하여 매진해야 할 것이다."27)

프랑켄슈타인은 자신의 소중한 것들을 잃어가면서 비로소 자신이 행한 연구가 후손들에게 얼마나 큰 불행을 가져왔는지 그리고 가져올지를 깨닫게 된다. 이러한 불행을 해결하기 위해서는 또 다른 창조물을 만들어서는 안 된다는 것을 인지하고 폐기해버린다. 바로 이러한 행위가 과학자의 책임성인 것이다. 오늘날 과학기술은 삶의 질을 더욱더 윤택하게 향상시키는 객관적 실재일 뿐만 아니라 인간의 정신과 사고의 변화까지 가져오는 주체의 일부가 되어버렸다. 과학기술로 말미암아 인간은 자신의 근본 문제, 즉 삶과 죽음의 문제까지 심각한 혼란을 겪고 있다. 오늘날 유전공학 조작과 생명 연장 기술을 연구하는 생명과학자들과 윤리적인 부분을 결정하는 정책 결정자들(진교훈, 39)에게 가장 심각하게 대두되고 있는 것은 각자의 직무를 수행함에 있어서 윤리적인 태도를 항상 지녀야 한다는 것이다. 과학자들이 생명윤리를 경시할 때에는 프랑켄슈타인처럼 인간의 생명을 창조할 수 있다는 과학적 욕망에 사로잡히고 만다. 이러한 과학기술의 발달과 생명윤리적인 책무성이 함께 공존하지 않으면 더 큰 위험에 노출될 수밖에 없다는 중요성을 일깨우고 있다.

---

27) 진교훈, p.41.

1.4. 결론

지금까지 『프랑켄슈타인』에서 프랑켄슈타인에 의해 행하여진 과학 실험인 생명체의 창조, 괴물의 탄생, 괴물과의 만남을 통한 새로운 반려자의 창조 요구와 새로운 창조물의 폐기 등을 중심으로 생명윤리의식을 살펴보았다. 특히, 독일의 법철학자 아르투어 카우프만이 전통적 윤리 명제를 이용하여 생명윤리의 지침을 여섯 가지로 분류한 내용 중 다섯 번째인 과학자의 책임의 원칙을 토대로 과학자가 지녀야 할 윤리의식은 무엇이고 어떠한 책임을 지녀야 하는지 분석했다.

지난 20년 동안 급속도로 생명공학은 발전해왔으나 과학자의 윤리의식은 과연 그만큼 발전해왔는지 많은 의문을 갖게 했다. 이와 더불어 생명공학이 주는 도래하지 않은 미래에 대한 의학적인 치료를 포함한 사회 전반에 영향을 줄 수 있는 희망적인 기대에 못지않게 시민단체나 학계 및 종교계에서는 제대로 된 감시 기능을 수행하였는지도 다시 한번 생각해봐야 할 문제다. 독일의 법철학자 아르투어 카우프만 박사가 말했듯이 과학자는 유전공학의 발전이 인류에게 어느 날 치명적인 해를 입힐 수 있다고 생각이 들면 과감하게 폐기처분하고 결코 시도하지 말라고 했다. 그것은 과학자의 책임의 원칙이 얼마나 큰 것인가를 보여주는 것이다.

프랑켄슈타인이 만든 피조물인 괴물이 자신의 창조주인 프랑켄슈타인에게 결코 인간에게 해를 주지 않도록 아무도 살지 않는 곳에서 사람들과 마주치지도 않고 자신의 이브와 조용히 살겠다고 하면서 새로운 종을 만들어달라고 요구했다. 그러나 프랑켄슈타인은 이러한 요구에 생명체의 욕심은 끝이 없어서 괴물들은 자손을 낳게 되고 괴물들의 후손들이 인류에게 큰 재앙을 줄 수 있다고 판단하여 괴물과의 약속을 이행하지 않고 연구 중에 과감하게 폐기처분해버린다. 프랑켄슈타인도 과학에 대한 욕망이 인류에게 혜택을 주는 것이 아니라 불행을 줄 수 있다는 과학자의 책임성을 인지하여 결정한 것이다. 이러한 책임의식을 과학자만이 가져야 한다고 생각하기보다는 생명공학이 인류의 행복과 평화로운 삶만을 위해서 큰 공헌을 할 수 있도록 우리 모두가 감시관이 되어야 할 것이다.

동·서양문학의 비교

2.1. 중국 작가 老舍의 『月牙兒』와 영국 작가 토머스 하디의 『더 버빌가의 테스』에 관한 비교[28]

본고에서 다루고자 하는 중국 작가 老舍(라오서)의 중편소설 『月 牙兒』와 영국 작가 토머스 하디의 장편소설 『더버빌가의 테스(Tess of the d'Urbervilles)』는 두 작품 모두 주인공인 어린 여성이 자신이 처한 가정과 사회에서 여성의 위치로 인해 결국 헤쳐나올 수 없는 비극적 상황으로 내몰리는 작품이다. 두 작품에서 표출된 두 여주인 공의 비극적 요인은 주인공 본인들에 의해 야기된 불행이 아니라, 주인공 부모들의 무능함으로 야기된 요소와 당시의 사회적·경제적 으로 약자에 속한 여성이 독자적으로 가정의 생계를 꾸려나가야 하 는 여성의 위치에서 야기된 것으로 연약한 여성의 비극적인 삶을 다루고 있는 공통점을 발견할 수 있다.

1930년대 중국의 현대문학과 영국 빅토리아 시대(1837-1901)의 문학작품을 비교하는 것은 많은 어려움과 힘든 점이 있을 수 있다. 기존의 비교연구는 한국문학과 중국문학의 동양문학 간의 공통적

---

28) 2010년 12월 인문연구에 발표한 「老舍의 『月牙兒』와 토머스 하디의 『더버빌가의 테스』에 관 한 비교」를 중심으로 편성했다.

특성에 대한 비교는 이루어지고 있으나, 문화가 다른 서양과 동양의 문학을 비교한다는 것은 그리 흔한 작업은 아니다. 특히 집필시기가 다른 동서양 문학작품을 비교한다는 것은 힘든 작업일 수 있으나 문학의 중요한 특성인 당시의 문화를 비교한다는 것이 더욱더 흥미로운 일이다.

본고는 두 작품을 평행비교의 연구방법으로 수평비교 하여 세계문학의 보편성을 탐색하고자 한다. 동양문학의 범주에서 비교적 큰 비중을 차지하는 중국문학의 입장에서 보면, 동양문학과 세계문학의 보편성을 탐색하고, 과거 서양 중심의 세계문학이라는 편견을 재조정하는 데 중요한 위치에 있다. 중국의 樂黛云(러따이윈)은 비교문학을 설명할 때, 비교문학은 중국문학이 세계로 나아가는 중요한 경로라고 강조한 바 있다.

> 중국의 뛰어난 고대와 현대 문학은 마땅히 세계문학 보고 중의 찬란한 보물이 진정으로 되어 세계인이 향유해야 한다. 우리나라의 유구한 역사와 내용이 풍부한 전통문학 이론은 세계가 찾고 있는 문학이론의 종합구도의 중요한 일부분이 되어야 한다. 어떤 새로운 문학이론이 만약 다채로운 중국문학 현상을 이해하지 못한다면 편파적이라고 말해야 한다. 이것을 달성하려면 비교를 통해 세계와 연결되어야 하며, 비교하는 중에서 우리나라 문학과 다른 나라 문학의 차이와 같은 점을 연구하여 세계가 받아들일 방법으로 자기를 드러내야 한다.[29]

---

29) 中国辉煌的古代和当代文学应该真正成为世界文学宝库中的灿烂瑰宝而为世界人民所共享; 我国歷史悠久、内容丰富的传统文学理论应该成为世界正在寻求的文学理论综合架構的重要组成部分; 任何新的文学理论如果不能解释瑰丽多彩的中国文学现象就应该说是跛脚的。要做到这一切, 就必鬚通过比较与世界沟通, 在比较中研究我国文学与他国文学的殊异和类同, 以世界所能接受的方法呈现自己(樂黛云,「比较文学的名与实」,『比较文学原理』, 中國: 湖南文艺出版社, 1988, p.7).

이는 세계문학의 보편성을 정립할 때, 반드시 자기 국가의 문학과 타국의 문학을 상호 비교를 통해야 한다고 강조하고 있다. 위와 같은 이론에 정립하여 평행비교분석의 연구방법으로 사실적인 관계가 전혀 없는 중국과 영국 양국의 근현대소설에 공통으로 나타난 여성 비극의 현상을 규명해보려고 한다. 이렇게 함으로써 비교문학 자체의 목적을 달성할 뿐만 아니라 거시적으로 동양문학과 세계문학을 파악하는 데 일조할 수 있을 것으로 생각된다.

　老舍(라오서)는 토머스 하디와는 달리 농촌의 소작농이 아닌 도시 하층 여성의 삶에 관하여 관심을 갖고 그러한 여성을 주인공으로 삼아 소설을 집필했다. 이러한 집필의 성격은 老舍가 살았던 어린 시절의 영향과 밀접한 관계가 있다. 老舍는 북경의 빈민 거주지 출신이며 아버지를 일찍 여의고 외롭고 힘든 환경에서 성장했다. 바로 老舍의 이런 어려운 어린 시절의 환경이 자신의 작품에 큰 영향을 미쳤으며, 이번 장에서 다루는 1935년작 『月牙兒』에서도 어린 '나(我)'를 통해 형상화되어 있다.

　특히 老舍는 아버지를 일찍 여의고 처참하게 고생을 하는 홀어머니 밑에서 어머니의 고통스러움을 목격하면서 자랐고 성숙해서는 사랑하는 여인이 가세가 기울어져 비구니가 되고 결국에는 인권을 유린당하고 비참한 죽임을 당하는 것을 겪게 된다. 유년 시절에 경험했던 도시 빈민층의 생활과 老舍의 삶에 지대한 영향을 미친 두 여인의 고통과 슬픔은 작가의 영혼 속에 깊이 각인되었다. 이로 인해 老舍는 자연스럽게 도시 하층 여성의 삶과 비애를 자신의 작품 속에 담아냈다. 특히, 남성중심주의 계급 제도로 인한 비극적 운명의 불가역성을 역설하게 된 것이다. 이러한 특징이 가장 잘 드러난 작품이 老舍의 대표적 중편 『月牙兒』이다.

『月牙兒』는 '나'라는 주인공이 감옥에서 고통스러운 자신의 과거를 기억하는 장면을 통해 무고하고 선량한 모녀가 사회적인 비극적인 요소와 생계를 꾸려나가야 하는 절박감 속에서 삶의 수단으로 매춘을 하게 되고 그로 인하여 사회에서 배척당하는 세태를 고발하고 있다. '나'가 속한 사회의 남성중심주의 계급 제도 아래서 여성, 특히 도시 하층 여성에게 씌워진 돈과 남성이라는 절대 벗어날 수 없는 굴레는 그들의 생존방식을 결정하고 자유의지를 박탈하며 육체적·정신적으로 그들을 학대하고 무참히 짓밟는다.[30]

토머스 하디의 작품 『더버빌가의 테스』의 테스는 무능하고 알콜 중독자인 부모로 인하여 아버지를 대신해서 벌통 배달을 가는 도중 집안의 생계수단인 말 프린스를 다른 마차와 충돌하여 결국 죽게 만든다. 말 프린스의 죽음이 본인으로 인하여 발생했다고 생각한 테스는 가족의 생계를 꾸려나가기 위해 부모의 강요로 가짜 더버빌가의 부자 알렉을 만나게 된다. 테스는 알렉과의 원치 않는 관계로 아이를 낳고 아이는 얼마 안 가서 죽고 만다. 이로 인해 테스와 알렉과의 비극적인 만남이 되풀이되고 더욱더 처참해진 가족의 경제적 상황을 해결하기 위해 테스는 새로운 일자리를 구하러 간다. 그곳에서 사랑하는 에인젤을 만나 결혼을 하지만 자신의 과거를 고백함으로써 테스의 결혼생활은 시작도 하기 전에 신혼여행 길에서 파국을 맞게 되고, 결국엔 비극적인 만남의 주범인 알렉을 살해하고 교수형에 처하는 기구한 비극의 여인이 된다.

그러나 테스의 비극적인 요소는 작품의 제목에서 나타나는 것처럼 평범한 소작농인 집안이 갑자기 귀족 가문인 더버빌 가문이었다

---

30) 주 후이링, 「돈·여성·남성: 『초승달(月牙兒)』의 주제 분석」, 한국, 『한양대 여성연구소: 젠더와 사회』, 제7권, 2008, p.158.

는 것을 알면서 시작되는 작품이다. 물론 이러한 외적인 부분에서 발생한 비극적인 요소는 테스 스스로가 해결할 수 없는 것이며 운명적이고 유전적인 요소가 가미된 비극이다. 특히 테스의 조상인 더버빌 가문에 얽힌 마차살인에 대한 요소와 당시 산업혁명의 물결 속에서 피폐해져 가는 농촌의 상황적 요소, 어린 처녀가 무능한 부모를 대신해서 가족의 생계를 꾸려가야 하는 경제적인 요소, 그리고 아버지의 죽음으로 인한 더 처참해져 가는 가족의 경제적 상황 등이 전개되면서 과연 가부장적인 사회에서 여자의 몸으로 해결할 수 있는 것이 무엇이며 과연 테스는 당시 사회에서 문제가 된 타락한 여인인가 다시 한번 생각을 하게 하는 작품이다.

본고는 이러한 여성의 비극적 삶을 다룬 老舍의 작품『月牙兒』와 토머스 하디의 작품『더버빌가의 테스(Tess of the d'Urbervilles)』의 여주인공이 작품에서 어떻게 비극적인 요소와 함께 전개되어 가는지, 그리고 당시의 시대적인 상황과 가부장적인 남성 중심사회에서 여성의 위치로 인한 비극적 상황들이 어떻게 펼쳐지는지를 주인공 '나'와 '테스'를 통해 비극적인 삶의 모습을 비교 검토하고자 한다.

2.2. 老舍의『月牙兒』에 나타난 비극적 요소

老舍(라오서)의 본명은 舒慶春(수칭춘)이고 필명이 老舍이다. 老舍는 1899년 2월 3일 북경의 가난한 가정에서 출생했다. 부모 모두 만주족이다. 부친은 황성 호위병으로 老舍가 한 살 때 서방 8국 연합군의 침략으로 전사했다. 그 후 홀어머니 밑에서 老舍는 어려운 소년 시절을 겪었다. 어머니 마씨(馬氏)는 남의 집 빨래하기, 삯바느질, 품팔이 등을 통하여 생계를 유지해갈 수밖에 없는 형편이었다.

그녀는 비록 가난하게 살림을 산다고 하지만 자존심이 누구보다도 강하였기 때문에 마음에 없는 말을 하여 돈벌이를 한다거나 허리를 굽신거리지 않았다. 어머니는 사람이 이 세상에 태어나는 것은 자기로서는 선택할 수 없는 것이지만 이 세상에 태어난 뒤부터는 둘러싸고 있는 여건들을 하나하나 개선해나가는 의지로 앞길을 선택해가지 않으면 안 된다고, 배워서 아는 것은 없으나 그렇게 굳게 믿었다.

老舍는 그의 여러 글들 가운데에서 어린 시절의 궁핍하였던 생활에 대하여 서술하고 있다. 그 가운데에서 특히 어머니를 생각하며 "그녀가 나에게 준 것은 생명의 교육이다"[31]라고 했다. 이와 같이 그녀는 떳떳한 삶을 통하여 아들의 앞날을 이끌어갔다. 老舍의 그 어둡고, 칙칙하고, 냄새나는 골목의 어린 시절의 경험을 통하여 특히 북경의 가난한 사람들의 생활의 정서를 깊이 체득할 수 있었으며, 후일 그의 모든 작품 속에서 매우 적나라하게 반영되고 있다.[32] 老舍는 이러한 어려운 환경에서 어렵게 초등학교와 중학교를 졸업하고 학비와 생활비를 절약하기 위해 북경사범학교(北京師范學校)에 입학하여 남보다 열심히 노력해 졸업과 동시에 17세의 나이로 북경방가호동시립소학(北京方家胡同市立小學)의 교장이 되었다. 3년 뒤 강남 일대의 교육시찰과 동시에 교육감이 되지만 차츰 교육계의 비리에 염증을 느껴 사직하고 중학에서 교편을 잡았다. 그의 처녀작 『老張的哲學』은 당시 교육감 시절에 몸소 체험한 불합리와 비리를 아주 현실주의적으로 드러낸 작품이다. '5·4'운동의 회오리가 전국을 휩쓸고 있을 때 그의 신분은 초등학교 교장이었기 때문에 단지 방관자일 수밖에 없었다. 비록 직접적으로 운동에 참가할

---

31) 生命的教育(老舍, 「我的母亲」, 『老舍文集』 제14권, 中國, 人民文學出版社, 1989, p.249).

32) 이수웅, 『노사(老舍) 생애와 문학』, 한국, 건국대학교출판부, 1994, p.13.

수는 없었지만 그의 일생에 있어 큰 전환점이 되었다.

> 만약에 '5·4'운동이 없었다면, 나는 아마 평생 이런 사람이었
> 을 것이다. 성실히 초등학교를 관리하고 공손히 노모를 봉양하
> 면서 규정대로 결혼해 자식을 낳았을 것이다. 나는 결코 홀연
> 히 문예를 해야겠다는 생각을 하지 못했을 것이다. 이것은 작
> 가가 초등학교 교장보다 지위가 높거나 임무가 중요하다는 말
> 이 아니다. 결코 아니다! 내 말은 '5·4'가 없었다면 내가 작가
> 로 변신할 수 없다는 말이다. '5·4'는 나에게 작가가 되는 조
> 건을 만들어주었다.[33]

老舍의 말대로 '5·4'운동은 老舍에게 작가가 될 수 있는 조건을
만들어주었을 뿐만 아니라 그의 훗날 창작활동의 기본 사상과 시각
도 제시해주었다. 즉, 이 운동은 나로 하여금 애국주의의 구체적인
표현을 보게 하였고 죽음에서 벗어나 살길을 찾는 초보적인 방법을
이해하게 했다. 반봉건은 나로 하여금 인간의 존엄과 인간은 예교
(禮敎)의 노예가 돼서는 안 된다는 것을 깨우쳐주었고, 반제국주의
는 나로 하여금 중국인의 존엄과 중국인은 더 이상 서양의 노예가
될 수 없음을 느끼게 했다. 이 두 인식은 나의 훗날 창작의 기본적
인 사상과 감정이다.[34] 즉, 내우외환의 봉건전제 시대에 출생한 老
舍는 어려서부터 빈곤한 생활을 겪으면서 자신이 보고 들은 체험을

---

33) 仮若没有 "五四"运动, 我很可能终身作这样的一个人：竞竞业业地办小学, 恭恭顺顺地侍奉老母,
规规矩矩地结婚生子, 如是而已。我绝对不会忽然想起去搞文艺。这并不是说, 作家比小学校校长
的地位更高, 任务更重; 一定不是! 我是说, 没有 "五四", 我不可能变成个作家。"五四"给我创造
了当作家的条件(老舍, 「"五四"给了我什么」, 曾广灿等編, 『老舍研究资料』(上), 中国, 北京十月
文艺出版社, 1985 7월, p.118).

34) 这运动使我看见了爱国主义的具体表现, 明白了一些救亡图存的初步办法。反封建使我体会到人的
尊严, 人不该作禮教的奴隶; 反帝国主义使我感到中国人的尊严, 中国人不该再作洋奴。这两种认
识就是我後来写作的基本思想与情感。(上揭书, pp.118-119).

불합리한 사회와 결합하여 차츰 민족의식과 조국에 대한 불만을 토로하는 동시에 반제반봉건 세력의 비인도주의적인 면을 폭로하는 데 사상적으로 큰 영향을 끼쳤던 것이다.

1924년 여름 老舍는 연경대학(燕京大學) 시절 친분이 있던 영국계 교수의 추천으로 영국 런던 대학교 동방대학으로 건너가 5년간의 중국어 강의를 했다. 이때 老舍는 자신의 영어 실력을 향상시키기 위해 많은 소설작품을 읽으면서 한편으로 자신이 태어났고 20여 년간 생활했던 고국 생활을 묘사하고 싶은 창작의 충동을 느꼈다. 老舍는 창작회고문에서 다음과 같이 말하고 있다.

> 27세에 출국을 했다. 영어를 배우기 위해 소설을 읽었지만 아직 창작을 생각하지 않았다. 이국의 신선함도 점점 사라지고 반년이 지난 후 적막함을 느꼈고 자주 집을 생각했다. 14살부터 집을 떠나 살았다. 여기 말하는 '집 생각'은 사실 국내에 알고 있는 모든 것이었다. 이런 일들은 모두 다 지난 과거로 하나의 그림으로 떠올랐다. 대개 색채가 그리 농후하지 않은 것들은 생각이 나지 않았다. 이런 그림들은 내 마음속에서 왔다 갔다 했으며 매번 소설을 읽을 때 무엇을 읽고 있는가를 잊고 멍하니 자기의 과거를 회상하고 있게 했다. 소설 속의 것도 그림들이고 기억하는 것도 그림들인데 어째서 자신의 그림을 문자로 그려낼 수 없는 것일까? 나는 펜을 들 생각을 했다.[35]

---

35) 二十七岁出国。为学英语, 所以念小说, 可是还没想起来写作。到异乡的新鲜劲儿渐渐消失, 半年后开始感觉寂寞, 也就常常想家。从十四岁就不住在家里, 此处所谓 "想家"实在是想在国内所知道的一切。那些事既都是过去的, 想起来便象一些图画, 大概那色彩不甚浓厚的根本就想不起来了。这些图画常在心中来往, 每每在读小说的时候使我忘了读的是什么, 而呆呆的忆及自己的过去。小说中是些图画, 记忆中也是些图画, 为什么不可以把自己的图画用文字画下来呢? 我想拿笔了 (老舍,『我怎样写「老张的哲学」』, 上揭书, p.522).

이와 같은 창작동기에서 老舍는 『老張的哲學』을 발표하게 된다. 그 뒤 영국에서 생활하는 동안 『趙子曰』, 『二馬』 등 장편소설 두 편을 더 발표한다. 그 이후 老舍는 『猫城記』, 『離婚』, 『牛天賜傳』, 『駱駝祥子』 등의 장편소설과 많은 단편소설집을 발표했다. 그 뒤 1966년 '문화대혁명(文化大革命)'이 시작된 해, 老舍도 지식인의 한 사람으로 홍위병에게 끌려가 모욕과 구타를 당하고 귀가하게 된다. 이튿날 老舍는 자신이 울분을 억누르지 못하고 집을 나간 후 집에 돌아오지 않았고 그 날 저녁 老舍의 시체가 태평호(太平湖)에서 발견되었다. 현재 老舍가 자살했는지 타살되었는지 구체적으로 밝혀지지 않았지만,[36] 老舍의 죽음은 중국현대문학사에 있어서 아주 애석하고 안타까운 일이 아닐 수 없다.

老舍는 비록 장편소설로 국내외에서 많은 독자의 환영을 받았지만, 그의 몇몇 단편작품은 장편 못지않게 훌륭한 것이 적지 않다. 1932년 이후 문단에서 점점 명성을 높인 老舍는 많은 문학지와 신문으로부터 원고 청탁을 받게 되어 차츰 단편소설 창작을 시작했다. 이는 짧은 시간 내에 장편을 써서 그들의 요구를 들어줄 수 없었기 때문이다. 사실 老舍는 처음 단편소설을 창작할 당시 "쓰면서 즐기는"[37] 태도를 갖고 있었다. 여러 단편소설 중에서 도시 부녀자의 생활과 운명을 묘사한 작품 중 『月牙兒』는 1935년 8월에 출간된 老舍의 단편소설집 『櫻海集』에서 처음 발표되었다. 하지만 『月牙兒』는 이미 이전부터 老舍에 의해 구상되고 있었다고 할 수 있다. 老舍는 1930년에 영국에서 중국으로 돌아온 후 장편소설 『大明湖』를 창작

---

36) 老舍가 자살한 것인지 아니면 타살된 것인지에 관한 문제에 대해 黃東濤의 『老舍是自杀死的吗?』를 참고[黃東濤, 『老舍小识』(홍콩: 世界出版社, 1979), pp.87-95].

37) 写着玩的(老舍, 『我怎样写短篇小说』, 上揭書, p.552).

해 1931년 여름 이를 완성했다. 상해 상무인서관(商務印書館)에 보관 중인 원고가 "1·28"상해전쟁의 포화로 소각되자 다시 쓴 작품이 『月牙兒』이다. 老舍는 상당히 애석하게 여겼으나 다시 쓰고 싶은 마음은 없었다. 그러나 『大明湖』 중에서 가장 잊을 수 없는 단락을 다시금 가다듬어 발표한 것이 바로 『月牙兒』이다.[38] 즉, 소설 초승달은 장편소설 『大明湖』 중 가장 정체된 부분을 산문시를 쓰듯이 만들었다고 <老舍選集·自序>에서 밝히고 있다.

원래 『大明湖』는 1928년 濟南에서 발생한 '5·3慘案'을 중심으로 주인공인 가난한 모녀 두 사람의 삶을 중심 줄거리로 하고 있었는데 『月牙儿』는 곧 이들 주인공 모녀의 삶을 재정리하여 집필한 소설이다.[39] 『月牙儿』는 일인칭소설로 초승달을 통해 작품의 주인공 '나(我)'의 심리와 감정변화 등을 형상화하고 있다. 초승달은 주인공이 초승달을 바라보며 과거를 회상하는 서술방식으로 순수했던 주인공이 자신의 힘으로 세상을 헤쳐나가지 못하고 엄마의 뒤를 이어 사회적 구조의 한계를 극복하지 못하고 매춘을 할 수밖에 없는 온전치 못한 초승달과 같은 여성의 삶을 조명한 작품이다.[40] 老舍의 단편소설의 대표작인 도시 하층 여성의 생활을 적나라하게 묘사한 『月牙儿』의 이야기는 다음과 같다.

작품은 도시의 두 모녀가 가정의 경제적인 곤경으로 인해 모두 몸을 파는 창녀가 된다는 이야기이다. 작품의 주인공인 '나'는 본래 천진난만한 소녀 아이로 부친을 어린 나이에 여의고 어머니 밑에서

---

[38] 拿 『月牙儿』说吧。它本是 『大明湖』中的一片段。『大明湖』被焚之后, 我把其他的情节都毫不可惜的忘弃, 可是忘不了这一段。这一段是, 不用说 『大明湖』中最有意思的一段(老舍, 『我怎样写短篇小说』, 上揭書, p.555).

[39] 박준석, 「老舍 『月牙兒』 小考」, 한국, 『중국어문논총집』, 제2집, 1989, p.202.

[40] 김기주, 「老舍의 『月牙兒』와 『陽光』 상관성 연구」(서울: 숙명여자대학교), 2007, p.14.

성장한다. 어머니의 새로운 아빠와의 결혼으로 넉넉하지는 못하지만 비교적 안정된 소녀 시절을 보내지만 새아버지도 얼마 후 아무런 이유 없이 그들 모녀를 떠나고 만다. 그 뒤 모녀는 각박한 현실 생활 속에서 경제적으로 비참한 생활을 해나가게 되고 어머니는 경제적 어려움을 해결하기 위해 결국 자신의 몸을 판다. 어린 딸 '나'는 엄마의 매춘행위에 대하여 이해를 하지 못하고 엄마를 혐오하기 시작한다. 엄마는 후에 만두집 주인과 새로운 삶을 시작하지만, 주인공 '나'는 엄마의 그런 행위를 이해하지 못하고 혼자서 독립하게 된다. 학교 사환도 해보고 살아남기 위해 여러 직업을 가져보지만, 결국엔 자신도 자신이 그토록 미워하고 있는 어머니의 뒤를 따라 매춘을 하게 된다. 매춘행위를 하는 도중 경찰관에게 잡혀 감화원에서 생활하게 된다. 이는 남성중심주의 사회가 만든 비극으로 인해 도시 하층 여성이 독자적인 삶을 꾸려나가기가 어려운 현실을 반영하고 있는 것이다.

이 작품은 특히 밤하늘에 떠 있는 '초승달'을 상징적인 경물로 사용해서 주인공인 '나'가 처한 심리적인 상태를 세밀하게 반영해주고 있다. 즉, '초승달'은 "여러 가지 다른 감정, 여러 다른 경물을 띠고 있는 것"[41]으로서 작품 속에 존재하면서 주인공인 '나'의 심리상태를 묘사하고 있다. 그러나 경물 '초승달'을 통한 작품의 전개로 이루어진 작품 『月牙兒』는 작품의 뿌리이며 태동을 가져왔던 『大明湖』에서 작가가 강조했던 것처럼 성욕 문제는 크게 부각되지 않는다. 그것보다는 하고 싶지도 않고 또 해서는 안 되는 것을 할 수밖에 없게 되며, 그럼에도 갈수록 비참해지는 주인공의 운명적 비극에 보다 많은 비

---

41) 它帶着种种不同的感情, 种种不同的景物 (老舍, 『月牙儿』, 『老舍文集』 제8권, 중국, 人民文學出版社, 1985, p.263).

중을 두고 있다. 특히 그것을 묘사하는 과정에서 작가는 주인공의 심리적 갈등을 치밀하게 묘사했다. 그래서 심지어 작품 내의 사건들은 줄거리를 전개하기 위해 필수적이라기보다는 주인공의 심리변화를 추적하여 보여주기 위한 장치로서의 역할에 그쳐 보이기까지 한다.[42]

두 모녀의 비극은 아버지의 죽음으로 인한 가족경제의 곤경으로 인하여 시작된다.

> 나는 혼자 계단에서 초승달을 보았다. 아무도 나에게 관심을 주지 않았고 아무도 나에게 저녁밥을 해주지 않았다. 나는 집안의 비참함을 알고 있었다. 왜냐하면 모두들 아빠의 병이… 말했기 때문이다. 그렇지만 나는 내 자신이 비참함이 더욱 느껴졌다. 나는 춥고 배고팠고 아무도 나를 상대해주지 않았다. 나는 초승달이 떨어질 때까지 줄곧 서 있었다. 아무것도 없게 되자 나는 울지 않을 수 없었다. 그렇지만 내 울음은 엄마에 의해 삭여 들었다. 아빠는 아무 소리도 내지 않았고 얼굴엔 하얀 천이 덮였다. 나는 흰 천을 걷어 아빠를 다시 보고 싶었다. 그렇지만 할 수 없었다.[43]

주인공 '나'와 어머니는 가부장제의 중심인 아버지의 죽음으로 인하여 가족의 비극의 중심에 서게 된다. 특히 남성 중심 계급사회에서 금전-돈-은 빈부와 귀천의 격차를 늘리고 도시빈민층 여성의 삶의 운명을 결정짓는 중요한 요소이다. 특히 주인공 모녀는 도시 하층민으로서 돈을 벌어서 가정을 꾸려가는 가장인 아버지의 죽음으

---

42) 김의진, 「『月牙兒』와 『陽光』에 나타난 여성의 비극」, 한국, 가톨릭대학교, 12호, 2007, p.78.

43) 我独自在台阶上看着月牙, 没人招呼我, 没人顾得给我作晚饭。我晓得屋里的惨凄, 因为大家说爸爸的病……可是我更感觉自己的悲惨, 我冷, 饿, 没人里我。一直的我立到月牙儿落下去。什么也没有了, 我不能不哭了。可是我的哭声被妈妈的压下去; 爸, 不出声了, 面上蒙了块白布。我要掀开白布, 再看看爸, 可是我不敢。(老舍, 『月牙儿』, 上揭书, pp.263-264).

로 인하여 경제적인 고통을 헤쳐나가는 수단인 돈의 부족으로 결국 어머니의 매춘까지 이어지게 되는 가족의 비극을 가져오는 것이다. 아버지의 죽음으로 인하여 주인공은 어린 시절부터 '돈의 소중함'을 알았다. 가난한 가정 형편에 겨우 일곱 살도 안 된 계집아이가 돈의 중요함과 자신의 삶을 결정지을 수 있다는 현실 속에 놓이게 되는 것이다. 어머니는 아버지의 죽음으로 '나'를 굶겨 죽이지 않기 위해 새아버지를 찾아주었다. 그러나 그가 사라져 버린 탓에 먹고살 길이 막막해진 어머니는 매춘부의 삶을 선택할 수밖에 없었다. 어머니가 매춘을 선택할 수밖에 없는 상황은 돈이 지배하는 계급사회 속에서 가난이라는 두꺼운 장벽에 의해 정상적으로 살아갈 수 있는 길이 모두 막힌 그녀는 정신적인 버팀목을 잃고 '운명의 불가역성'에 순응하게 된 것이다.[44] 주인공은 어머니가 가족의 생계를 꾸려가기 위해서 창녀로 전락하는 과정을 지켜보며 주인공 자신도 어머니가 갔던 매춘부로 갈 수밖에 없는 현실을 직시하고 있었다. 그리고 그러한 것은 결국 주인공에게 현실로 다가왔다.

> 일은 내가 좋은 방법을 생각하는 것을 허락하지 않고 더욱 나빠졌다. 엄마가 내게 물었다. "어때?" 만약에 내가 정말 그녀를 사랑한다면 엄마는 내가 마땅히 그녀를 도와야 한다고 말했다. 그렇지 않다면 그녀는 더 이상 나를 책임질 수 없었다. 이것은 엄마가 할 수 있는 말이 아니었지만 그녀는 분명 이렇게 말했다. 그녀는 아주 정확히 말했다. "나는 이미 꽤 늙었다. 다시 몇 년이 지나면, 거저 준다고 해도 아마 아무도 안 원할 거다!" 이것은 맞았다. 엄마는 요즘 분을 엄청 많이 발랐지만 얼굴엔 주름살이 보였다. 그녀는 이렇게 할 생각이었다. 그녀는 오직 한

---

44) 주 후이링, 「돈·여성·남성: 『초승달(月牙兒)』의 주제 분석」, 上揭書, p.159.

남자만 시중들 생각이었다. 그녀는 여러 남자를 상대할 정신이
없었다.[45]

어머니의 매춘으로 손님들이 엄마의 방에 항상 찾아오면서 어린
딸을 바라보는 남성들의 눈이 마치 먹이를 앞에 둔 개처럼 침을 흘
리면서 주인공 '나'를 노려본다. 결국 주인공은 이러한 남성들의 육
욕적인 시선을 느끼면서 스스로 보호해야 한다는 보호본능을 지니
게 된다. 그러나 주인공의 어머니는 어린 딸에게 "나는 이미 꽤 늙
었다. 다시 2년이 지나면 거저 준다고 해도 아마 아무도 안 원할 거
다!"라고 푸념하며 딸에게 네가 나를 사랑한다면 나를 도와주어야
하지 않느냐고 말한다. 엄마는 경제적으로 생활하기가 너무 힘들어
서 어린 딸에게 몸을 팔아 돈벌이를 하여 생계를 꾸려가자고 제안
하는 것이다. 당시 도시 하층민들은 이들 모녀와 같이 새로운 경제
력을 지닌 남자를 만나 결혼하거나 아니면 가장 일반적인 돈벌이인
매춘밖에는 다른 생계수단이 없음으로 딸에게까지 매춘부를 강요하
는 처참한 남성중심주의 계급사회의 부산물이 주인공 '나'에게까지
어두움의 그림자가 다가오는 것이다. 주인공 '나'는 엄마와 같은 매
춘의 세계에 빠지지 않기 위해 열심히 공부하고 소학교를 졸업한
뒤 여러 일자리를 찾아보지만 쉽지가 않다. 주인공 자신이 사는 남
성중심주의 세계에서는 현실적으로 여성이 일자리를 얻는다는 것이
얼마나 어려운 것이라는 것을 깨닫고 자신의 엄마가 창녀가 왜 되
어야만 했는지를 서서히 알게 된다. 결국 주인공은 여성으로서 홀로

---

45) 事情不容我想好方法就變得更坏了。妈妈问我，"怎样?" 假若我真爱她呢，妈妈说，我应该帮助
她。不然呢，她不能再管我了。这不象妈妈能说得出的话，但是她确是这么说了。她说得很清楚:
"我已经快老了，再过两年，想白叫人要也没人要了!" 这是对的，妈妈近来擦许多的粉，脸上还露出
摺子来。她要再走一步，去专伺候一个男人。她的精神来不及伺候许多男人了。(老舍，『月牙儿』，上
揭書，p.271).

독립하여 일자리를 구하는 것이 힘들다는 것을 뼈저리게 인식한다. 주인공은 거리도 여성에게 눕는 것을 허락하지 않는다고 여기며 자신의 삶이 누워서 잘 곳이 있는 개만도 못한 삶이라고 자조한다. 경제적인 가난으로 당시의 도시 하층 여성들은 생계를 꾸려가기 위해서 육체뿐 아니라 정신까지도 처참하게 사회에 짓밟혔다. 이러한 현실 속에서 주인공은 한 가닥 불빛인 남자를 만나게 된다. 그러나 '나'는 그 남자가 이미 결혼한 몸이고 그 남자의 부인이 찾아와 관계를 청산하길 바라자, 사랑이라는 감정을 처음으로 가졌던 남자와의 관계도 정리한다. 남자와의 관계를 정리하고 난 뒤 '나'는 여자가 돈을 번다는 것이 너무 힘들다는 것을 느끼며 엄마가 옳았다는 것을 생각하고 여자가 갈 유일한 길은 바로 엄마가 간 길임을 생각한다. 결국 주인공은 엄마와 똑같은 매춘의 길을 가게 된다. '나'는 매춘의 길에서 모든 것을 팔았고 아주 싸게 팔았다. 어린 시절부터 전당포에 엄마의 물건을 저당 잡히면서 돈이 없으면 살 수가 없다는 것을 인지한 '나'는 도시 빈민층인 여성의 몸으로 계급 중심의 사회적 배경 속에서 불행한 삶으로부터 탈출하지 못하고 오히려 사회를 원망하면서 자신을 몰아넣었던 사회에 격렬한 저항을 하게 된다.

나는 옷을 입고 화장을 하고 침대에 누워 죽음을 기다렸다. 나는 내가 곧 죽을 것이라고 믿었다. 그러나 나는 죽지 않았다. 문밖에 문을 두드리며 나를 찾는 이가 있었다. 좋다. 그를 상대해서 병을 최대한 전염시키자. 나는 이게 미안한 일이라고 느끼지 않았다. 이것은 처음부터 내 잘못이 아니었다. 나는 다시 약간 기분이 좋아졌다. 나는 담배를 피우고 술을 마셨다. 나는 이미 30, 40대 같았다. 내 눈언저리가 창백해지고 손바닥에 열이 났다. 나는 더 이상 지탱할 수 없었다. 돈이 있어야 비로소

살 수 있다. 우선 배불리 먹고 다시 생각하자.[46]

주인공 '나'는 자신의 몸이 병에 걸렸다는 것을 발견하고 자신은
더 이상 살 필요가 없다고 느끼며, 자신의 몸을 산 남자들에게 자신
이 걸린 병을 사력을 다해서 전염시키자고 결심한다. 물론 그러한
행위에 대해서는 전혀 죄책감이나 미안한 일이라고는 느끼지 않는
다. 그러한 행위는 자신이 속한 사회에 대하여 원망하고 오히려 사
회에 보복하려는 물질 중심인 계급사회에 대한 저항이자 반기를 든
것이다. 주인공 '나'는 사회에 적응해 살아남기 위해 모든 노력을 다
했지만, 도시 빈민층 출신인 여성으로서 돈이 중심인 사회에서는 존
재가치를 찾기 힘들다는 것을 느낀다. "돈은 사람보다 더 악랄하고,
사람이 만약 짐승이라면 돈은 짐승의 담력이다"[47]라고 돈에 대한
정의를 내리며, 절망적인 탄식을 내뱉는다. 결국 '나'는 감옥이라는
폐쇄사회로 가게 되며 여성의 몸으로서 현실적인 남성중심주의 사
회를 뚫고 나아갈 수 없는 생존환경임을 직시하고 현실로 나아가기
보다는 감옥 세계가 오히려 더 좋다는 생각을 하게 된다. 이처럼
'세계=감옥이다'라는 섬뜩한 결론은 하층 여성의 생존환경에 대해
작가가 느낀 이미지이자 최종적인 판단이다.

『月牙兒』는 인물들의 삶과 정신적인 변화과정을 섬세한 필치로
그려내 계급사회에서 돈이라는 마수가 가난하고 선량한 여성들을
얼마나 잔혹하게 심연 속으로 빠뜨리는지 분명하게 보여주고 있다.

---

46) 我穿好了衣裳, 擦上了脂粉, 在床上躺着, 等死。 我相信我会不久就死去的。可是我没死。门外又
敲门了, 找我的。好吧, 我伺候他, 我把病尽力地传给他。我不觉得这对不起人, 这根本不是我的
错误。我又痛快了些, 我吸烟, 我喝酒, 我好象已是三四十岁的人了。我的眼圈发青, 手心发热, 我
不再管; 有钱才能活着, 先吃饱再说别的吧。(老舍, 『月牙儿』, 上揭書, p.285).

47) 钱比人更厉害一些, 人若是兽, 钱就是兽的胆子。(老舍, 『月牙儿』, 上揭書, p.285).

육체는 무참히 짓밟히고 정신은 소외되며 마음은 왜곡되는 등 인물들의 육체와 영혼이 차례차례 돈이라는 마수에 걸려 들어가는 과정을 통해 돈이 지배하는 계급사회를 철저하게 비판했다.[48] 결국 계급사회에서 모녀는 매춘을 통해 돈을 벌어 그 세계에서 인간다운 삶을 영위하기 위해 안간힘을 썼지만 벗어나지 못하고 비극적인 운명에 놓이게 된다.

2.3. 토머스 하디의 『테스』에 나타난 비극적 요소

토머스 하디의 시대인 빅토리아 시대는 "문화 연구의 일환으로 여성의 육체에 대한 관심은 당대 사회의 계급과 젠더 문제와 연루되면서 새로운 방법론의 연구들이 활성화되고 있다."[49] 특히 빅토리아 시대 소설에 재현된 여성 육체의 의미적 성향과 당시의 보수적 성 이데올로기의 관계는 다양한 방법론으로 접근되고 있는 실정이다. 남성 작가임에도 불구하고 당대 여성 문제에 지대한 관심을 보였던 토머스 하디의 소설에 재현된 여성 육체도 비평가들 사이에서 활발한 논의의 대상이 되고 있다. 특히 1980년대에 이르러서 하디 소설에 재현된 여성 육체의 의미에 대해 다양한 연구 방법론이 제기되고 있는데 하디 소설의 서술 특징을 논한 경우가 많다.[50]

---

48) 주 후이링, 「돈·여성·남성: 『초승달(月牙兒)』의 주제 분석」, 上揭書, p.161.

49) 특히 여성론 비평에서 여성의 육체와 여성의 성(female sexuality)에 대한 당대의 담론들을 다양하게 검토하고 있다. 대표적 연구로 매리 푸비(Mary Poovey)는 당대의 여성 육체에 대한 견해를 대변하는 그레그(W. R. Greg)의 『매춘』과 샬럿 브론테(Charlotte Bronte)의 『제인에어』를 비교하여 빅토리아 시대 여성의 성적 욕망이 재현되고 이해되는 방식을 검토하고 있다. 배숙(Allen Bassuk)은 빅토리아조 여성들이 겪었던 각종 신경증들을 분석하면서 여성의 육체에 대한 편견들을 극복하고자 하는 여러 움직임들 속에서 지배 이데올로기의 균열을 볼 수 있다고 주장한다(장정희, 『토머스 하디와 여성론 비평』(서울: L.I.E.), 2007, p.248).

50) 上揭書, p.248.

토머스 하디(1840-1928)의 작품들이 발표된 지 수십 년이 지났지만 그중 『더버빌가의 테스(Tess of the d'Urbervilles)』[51]는 아직도 많은 독자들의 애호를 받고 있으며 테스에 대한 많은 이견들이 존재하는 작품이다. 아마도 그 이유는 이 작품이 지닌 인간의 도덕적·사회적·종교적·심리적 문제들을 통찰케 하는 총체적인 영역의 문제점들을 다루고 있기 때문일 것이다. 작가 토머스 하디가 일관되게 작품에서 탐구하는 주제인 사랑의 문제가 사회변화와 예민하게 결부되어 있기 때문이기도 하다. 특히, 토머스 하디의 작품은 대부분 웨섹스(Wessex)를 배경으로 하고 있으며 이런 이유로 향토 소설가로 불리기도 한다. 웨섹스란 단순히 작품들의 지리적인 배경만이 아니라 하디 자신의 철학과 세계관을 담아내는 중요한 틀이었으며, 19세기 영국 남부 농촌 생활의 변화 과정을 실감나게 다루고 있다. 그는 14편의 장편 소설과 4권의 단편집, 8권의 시집(도합 918편의 시), 2편의 서사극시 등 많은 작품을 남겼다. 특히 『귀향(The Return of Native)』(1878), 『케스터브리지의 읍장(The Mayor of Casterbridge)』(1886), 『더버빌가의 테스(Tess of the d'Urbervilles)』(1891), 『무명의 주드(Jude the Obscure)』(1895) 등은 그의 4대 걸작으로 유명하다. 하디는 대표작으로 일컬어지는 『더버빌가의 테스』를 1885년에 쓰기 시작하여 1891년에 완성하였으며, 1895년에는 『무명의 주드』를 출간한다. 이 작품은 출간되자마자 그 도덕성과 윤리적인 문제로 인하여 엄청난 사회적 물의를 일으키고, 그는 사회적 비난의 한

---

51) 소설 『테스』의 초고는 부도덕하다는 이유로 『틸롯슨 앤 선즈(Tilorson and Sons)』로부터 출판을 거절당하고 『맥밀런』지로부터 연재를 거절당한 후 초고를 여러 차례 수정하여 『그래픽』지에 연재되었다. 1891년에 삭제 및 수정된 부분이 다시 복원되어 단행본으로 나왔으며, 이 단행본은 비극적 힘과 도덕적 진지성을 지닌 위대한 소설이라는 평도 받았으나 비평가나 독자들에게 격렬한 공격을 받기도 했다. 그러나 남성 작가로서 여성이 겪는 부당한 현실을 문제 삼았다는 점에서 『테스』는 최근 페미니즘 진영에서 매우 활발히 거론되는 작품이 되었다. 테스의 순수함, 삶의 고비마다 역경을 딛고 일어서는 강인한 생명력, 애절한 사랑은 세기를 초월하여 독자들에게 감동을 주었다(上揭書, p.251).

가운데에 놓이게 된다. 그리하여 이 작품을 끝으로 소설 쓰기를 그만두고 시작을 시작한다.

19세기 후반기 영국의 대표적인 작가의 한 사람인 토머스 하디의 문학세계는 그동안 영국의 어느 작가 못지않게 다양하고 폭넓게 논의되어 왔다. 오랫동안 하디 작품은 작가의 결정론적인 세계관에 근거해서 인간의 운명, 우연, 내재적 의지(Immanent Will) 등에 의해 지배받는 인간의 보편적 갈등을 드러내는 것으로 보았고, 그래서 작품에 나타나는 비관적이고 염세적인 경향에 대한 논의가 대세를 이루어왔다.[52] 특히 『더버빌가의 테스』는 성에 관한 문제에 있어 당대의 독자들에게 격렬한 반응을 불러일으켰는데 혐오스럽고 저속하며 사악한 소설로 평가되기도 하였지만 독자들에게서 가장 호평을 많이 받은 작품이기도 했다.

『더버빌가의 테스』에서 테스 더비필드는 가족들로부터 트랜트리지에 산다는 부자 친척에게 가서 자기들의 어려운 형편을 호소하도록 설득된다. 특히 그녀의 어머니는 이렇게 맺어지는 관계가 어떤 결과를 초래할지 모르면서 그런 어리석은 생각에 빠지며, 혹시 부자 친척집에 총각이 있으면 자신의 딸과 좋은 인연을 맺을 수도 있겠다는 희망을 품는다. 이 벼락 부잣집 바람둥이 알렉 더버빌은 놀고 지내는 호색한으로 테스를 농락한다. 테스는 순결을 잃고 고향집으로 돌아와 생후 얼마 되지 않아 후에 죽는 사내아이 쏘로우(Sorrow)를 낳는다. 그녀는 그 후 자신의 신원을 모르는 탈보세이즈 낙농장으로 가서 착유부로 일하게 된다. 에인젤 클레어는 장차 목장을 경영할 생각으로 이 낙농장에서 낙농의 기술을 실습 중인 선진사상을 지닌 청년이다. 그는 테스에게 마음이 끌려 그녀와 열렬한 사랑에 빠진다. 에인젤은 부모의 반대를 무릅쓰고 그

---

52) 허상문, 『영국소설의 이해』(인천: 우용), 2001, pp.171-172.

녀와 결혼한다. 결혼 초야에 테스는 자신의 불행한 과거를 고백하고 에인젤은 아내의 고백을 듣고 분노를 금치 못한다. 그는 그녀를 위해 어느 정도 생계대책을 세워준 후 그녀가 자기에게 먼저 소식을 전하는 일은 없도록 하라고 명하고 브라질로 떠나버린다.

테스는 아버지의 사망으로 가족을 부양해야 할 실질적인 가장으로서 어느 고지대의 농장에서 한겨울 동안 형언할 수 없는 힘든 환경에서 노동을 한다. 그녀의 불행은 한동안 종교적 일화들을 겪은 후 전날의 엽색행각으로 되돌아온 알렉이 나타나 그녀를 다시 유혹함으로써 더욱 커진다. 테스는 떠나버린 남편한테서 무슨 기별이 있으리라는 희망에서 과감히 저항한다. 더버빌가의 사람들은 소작권법에 의해 그들의 농가에서 강제 퇴거당하여 극빈의 상황에 처한다. 테스는 가족을 부양해야 할 책임과 남편이 그녀를 아주 버렸다는 생각에서 알렉의 원조제의에 굴복하며, 알렉은 어느 화려한 해변의 휴양지에서 테스를 자신의 정부로 호강시키는 생활을 벌인다.

한편 에인젤 클레어는 브라질에서 우연히 여행을 함께 한 어느 낯선 영국인과 신중한 대화를 나눈 후 테스를 아내로 다시 받아들이기로 결심하고 귀국한다. 그는 수소문 끝에 테스를 찾아가지만 그녀의 현재의 처지를 알고 발길을 돌린다. 테스는 알렉을 죽이고 남편 에인젤을 뒤쫓아 온다. 에인젤은 테스가 알렉을 죽인 것을 알게 됨으로써 그에 대한 그녀의 사랑을 또 그녀에 대한 자신의 사랑을 확인한다. 그들은 이리저리 도망치다가 어느 빈집에서 며칠 밤을 지내면서 처음으로 실질적 부부가 되지만 발각되어 다시 도망친다. 그들은 스톤헨지에 당도하게 된다. 테스는 고대원시인들이 속죄양을 바치던 제단 위에서 잠시 잠들었다가 깨어 경찰에 체포된다. 그녀의 처형을 알리는 검은 기가 올라감을 보고 땅을 향해 고개를 숙이고 있던 에인젤과 테스의 누이동생 리자 루는 손에 손을 잡고 걸어간다. 이러한 내용을 가진 작품『더버빌가의 테스』에서 토머스 하디는 순진무구한 농촌 소녀인 여주인공 '테스(Tess)'가 알렉과 에인젤을 만나면서 일어나는 비극적 인생을 통하여 순결한 테스가 파탄에 이르기까지 비극을 겪는 모습을 작품을 통해서 보여주고 있다. 그러나 간부요, 살인자인 테스를 '순결한 여인'이라고 한 것은 외적 순결성은 없어졌지만 내적 순결성은 최후까지 깨끗이 보존되었다는 것을 말해주고 있다. 결국 테스의 비극은 테스가 살고 있는 혹독한 환경 때문에 테스 자신의 내적 의지론 감당할 수 없는 어찌할 수 없이 운명에 내던져지는 우연의 희생물인 것이다.[53]

　토머스 하디의 작품들이 발표된 지 수십 년이 지났지만 본 논문이 다루는『더버빌가의 테스』는 아직도 많은 독자들의 애호를 받고 있다. 아마도 그 이유는 이 작품이 가장 근원적인 인간관계이자 인간의 도덕적·사회적·종교적·심리적 문제들을 통찰케 하는 총체적인 경험의 영역으로서의 사랑의 문제를 다루고 있기 때문일 것이다. 하디가 그린 테스는 빅토리아조의 관습적인 윤리 의식에서 탈피하고자 하는 인물로 부각되어 있으며, 그의 작품 세계는 대체로 비판론적인 색채를 띠면서 숙명과 대결하는 비극적 인생을 다루고 있다. 하디에게 있어서 비극은 개인이 의도적으로 추구하는 소망이 실현되지 못하고 좌절 또는 파멸될 때 일어난다. 알렉에게 정조를 유린당한 후 맞게 된 선택하지 않은 비극적 운명 속에서도 가장 원초적인 정열을 쏟아 자기를 내세울 수 있었던 순수하면서도 비극적인 테스 자신과 자기중심의 결백성과 도덕관념에 사로잡힌 이중성격을 가진 에인젤, 테스로 하여금 순결을 잃고 살인까지 범하게 한 핍박한 경제 사정과 가문으로부터 이어 받은 귀족성, 그녀가 갖고

---

53) 심규세,『토마스 하디 소설의 이해』, 한국외국어대학교출판부, 2002, pp.71-73.

있는 원초적인 관능성 그리고 그녀에게 최초의 불행을 제공한 자연 등이 그녀의 비극적 운명의 요인으로 보인다는 것이다. 여기에서 운명이라는 추상적인 개념은 인간 불행의 원인이 되는 우주 내의 어떤 힘인 "내재적 의지"라고 하는 맹목적인 의지에 의해서 지배되고 있다. 이 의지는 비극적 운명의 요소인 우연, 자연, 성격, 유전, 그리고 사회제도와 인습 등을 구성하는 구체적 원인이 되고 있다. 하디의 소설에서 내재적 의지는 내적으로는 성격이나 유전 등으로, 외적으로는 자연, 우연 그리고 모순된 사회의 관습으로 형상화하기도 한다. 즉, 하디가 말하는 내재 의지는 신을 대신해서 인간의 운명을 지배하고, 인간의 운명을 결정짓는 것은 인간의 선이나 악 또는 인간의 의지와는 상관없는 맹목적 의지(Blind Force)라고 볼 수 있다.54)

하디는 인간 스스로의 행위에 의해 발생하는 비극적인 상황보다는 우주적인 섭리나 자연만이 인간의 운명을 지배하는 것뿐만 아니라 인간이 만들어놓은 인습의 부조리와 사회제도의 모순도 특정한 상황에 처해 있는 사람들을 비극적 운명으로 이끌어간다고 생각한다. 테스를 비극에 빠트린 요인 중의 대표적인 하나는 당시의 사회제도와 인습이기도 했다.55)이 작품은 테스의 아버지 존 더비필드(John Durbeyfield)가 고고학자 트링햄(Tringham) 신부를 만나 우연히 자신의 가문에 대한 역사를 듣는 데서 시작한다. 존이 트링햄 신부에게 다음과 같이 말하는 장면에는 테스 집안이 현재 직면하고 있는 경제적인 곤경을 엿볼 수 있다.

---

54) 김숙희, 「『Tess of the d'Urbervilles』에 나타난 순결과 비극의 문제」, 조선대학교대학원 석사학위논문, 1997, pp.1-2.

55) 박지영, 「더어버빌가의 테스에 나타난 비극성」, 군산대학교 교육대학원 석사학위논문, 2003, p.30.

"하긴 저희 집안이 블랙모어로 이사 오기 전에는 지금보다 형편이 좋았다는 얘기를 한두 번 들은 적이 있어요. 하지만 아무리 그렇다 해도 '지금은 집에 말이 한 마리밖에 없는데 그때는 두 마리 정도쯤 있었겠지'라고만 생각했지요. 저희 집에는 낡아빠진 은수저 한 벌과 조각난 도장 하나가 있습니다만, 그따위가 무슨 소용이란 말입니까? 제가 그 유명한 더버빌 가문의 핏줄이라면⋯ 하기야 저의 증조부님도 말 못할 사정이 있어서였는지, 어디서 이사 왔는지를 좀처럼 말해주시지 않았어요. 외람된 말씀이지만 저희 가문은 지금 어디서 무얼 하며 살고 있을까요?" "어느 곳에도 살고 있지 않네. 이 고장의 명문으로는 혈통이 끊어진 셈이지."56)

테스의 아버지 존은 몰락하여 집안의 재산이란 벌통을 운반하는 말 프린스(Prince)뿐이다. 존은 집안의 유일한 생계수단인 프린스를 활용하여 근근이 가계를 꾸려가고 있다. 존 집안의 몰락상은 본래의 가문 이름을 완전히 상실하고 더비필드로 불리는 데서 이 작품의 비극성은 암시된다. 트링햄 신부에 따르면 존 더비필드는 옛 노먼(Norman) 왕조 때부터 내려오는 오래된 귀족 가문인 더버빌가의 직계후손이다. 명문 귀족 가문이었던 더버빌가는 그 화려했던 가문의 지위를 상실하고 지금은 향토사학자나 귀족의 족보를 연구하는 족보연구가의 관심의 대상이 되고 있을 뿐이다. 어리석은 존은 자신의 신분이 과거에 그 지역에서 유명한 귀족이라는 사실에 극도로 흥분하여 겨우 생계를 꾸려가는 행상

---

56) "Well, I have heard once or twice,'tis true, that my family had seen better days afore they came to Blackmoor. But I took no notice o't, thinking it to mean that we had once kept two horses where we now keep only one. I've got a wold silver spoon, and a wold graven seal at home, too; but, Lord, what's a graven seal? ... And to think that I and these noble D'Urbervilles was one flesh all the time. 'Twas said that my gr't-grandfer had secrets, and didn't care to talk of where he came from. ... And where do we raise our smoke, now, parson, if I may make so bold; I mean, where do we D'Urbervilles live? 'You don't live anywhere. You are extinct--- as a county family." (Scott Elledge, ed. *Tess of the d'Urbervilles*: A Norton Critical Edition. New York: W.W Norton & Company, 1991, p.2).

인일 뿐인 현재의 자신의 위치를 망각하고 가문의 내력을 바탕으로 귀족 행세를 하려 드는 시대착오적인 허세를 부린다. 이러한 허세가 결국엔 장녀인 테스로 하여금 가족의 생계를 꾸려갈 수밖에 없는 비극의 시발점이 되고 만다. 테스 일가의 경제적 상황은 자본주의의 발달로 인해 극도로 불안정한 상태에 놓여 있다. 산업화의 물결이 테스가 살고 있는 마을 말로트(Marlott)에도 몰아닥쳐 존 더비필드가 속한 농촌 중간 계급은 서서히 피폐화되어 가고 있음을 보여준다.[57]

> "전에는 마을에 농업 노동자 외에 그들보다도 분명히 신분이 높은 흥미롭고 지식도 많은 계급, 테스의 부모가 속해 있던 계급이 있었는데, 이 계급에는 목수, 대장장이, 제화공, 행상인, 농업 노동자와는 다른 이름 모를 여러 노동자들, 테스의 아버지처럼 종신 임대권 소유자나, 등기부에 명시된 토지소유자, 드물게는 소수의 자유부동산보유자라는 신분 때문에 목표와 행동이 어느 정도 안정되어 있었던 사람들도 있었다."[58]

실질적으로 마을을 이끌어왔던 이들 계급이 해체되어 감으로 말미암아 농촌의 빈곤화는 가속화되었다. 어느 정도 안정성을 지녔던 이들은 자신의 계급이 사라져 감에 따라 수 세대에 걸쳐서 살아오던 집과 토지에서 쫓겨나 다른 지역에서 일자리를 찾아 이리저리 떠도는 농촌의 일

---

57) 신덕봉, 「더버빌가의 테스에서의 경제적 압박과 성적억압」, 전남대학교대학원 석사학위논문, 2002, pp.10-11.

58) "The village had formerly contained, side by side with the agricultural labourers, an interesting and better-informed class, ranking distinctly above the former— the class to which Tess's father and mother had belonged— and including the carpenter, the smith, the shoemaker, the huckster, together with nondescript workers other than farm-labourers; a set of people who owed a certain stability of aim and conduct to the fact of their being life-holders like Tess's father, or copyholders, or, occasionally, small freeholders." (Scott Elledge, ed. *Tess of the d'Urbervilles*: A Norton Critical Edition. New York: W.W Norton & Company, 1991, p.277).

꾼이 되거나 도시의 빈민으로 전락한다. 농촌에 남아 있는 사람들도 테스 아버지의 경우와 같이 가족의 생계를 유지해나가기도 힘겨운 상황으로 내몰리고 있다. 농업 자본주의와 함께 도입된 자본주의적 고용과 영농 방식 및 새로운 영농기계(탈곡기 등)의 도입으로 경제적 기반이 취약한 중간 계급에게 엄청난 압력으로 작용하고 있음이 이들의 소멸 과정을 묘사하고 있는 대목에서 분명히 나타난다. 이러한 상업화된 영농 방식의 발달로 농촌 사회는 비인간화되고 있었다. 이와 같은 비인간화된 모습이 작품 전반에 드러나며 그로 인한 농촌계급은 서서히 붕괴되어 간다. 또한 지주들이 자신들의 손익계산에 따라 마을 사람들의 생존 공간인 가옥을 가차 없이 헐어버리거나 내쫓는 바람에 지금까지 살고 있던 소작농은 순식간에 거리로 내몰리게 된다. 테스의 가족도 아버지가 죽고 난 뒤 장기간의 임대권이 끊어지면서 결국은 가족이 살아왔던 고장에서 다른 곳으로 이사를 가야만 한다. 아버지의 죽음으로 인해 테스는 가족의 가장이 되어 가족을 부양해야 하는 의무로 인해 비극의 시발점인 알렉과 살게 되는 상황에 놓일 수밖에 없다. 당시 남성 중심의 사회에서 테스와 같은 가녀린 여성이 할 수 있는 일은 그다지 많지 않았다. 하디는 테스의 가족이 당한 사회적인 상황을 통해 농촌 사회에 몰아닥친 산업화의 압력에 의해 생존의 터전이었던 농촌을 떠나 도시로 이주를 강요당하고 있는 이들의 현실을 폭로하고 있다. 하디는 자본주의의 발달로 자신들의 삶이 뿌리째 흔들리며 고통을 당하고 있는 이들의 삶을 작품 속에서 형상화하고자 했던 것이다.[59] 테스는 이러한 농촌의 소작농계급의 가난한 가정에서 태어났다는 것부터가 테스의 운명을 비극으로 예시한 것이라 할 수 있다. 그녀가 술 취한 아버지를 대신

---

59) 신덕봉, 「더버빌가의 테스에서의 경제적 압박과 성적억압」, 전남대학교대학원 석사학위논문, 2002, pp.10-13.

해서 동생 에이브러햄과 함께 캐스터브리지로 벌통을 배달 갈 때 나눈 대화에서도 가난에 대한 비유를 엿볼 수 있다. 가난으로 인하여 테스와 테스 가족이 직면하는 비극의 암시인 것이다.

> "아마 그럴 거야. 가끔 별이 우리 집 사과나무에 달려 있는 사과처럼 느껴질 때가 있어. 별들은 사과처럼 거의가 싱싱하고 허물이 없어. 어쩌다 벌레 먹은 것도 있긴 하지만." "우리들 별은 어느 쪽이지? 벌레 먹은 거야, 아니면 싱싱한 쪽이야?" "벌레 먹은 쪽이지." "싱싱한 별이 저렇게 많은데 하필이면 벌레 먹은 쪽이라니…. 우린 운이 좋은 편은 아니구나." "그래."60)

말 프린스를 죽게 함으로써 집안의 경제적인 위기가 전적으로 자신 때문에 발생한 일로 받아들인 테스는 심각한 자책감에 빠져 어머니의 간곡한 요청으로 인근에 살고 있는 부자 친척으로 알려진 원래 스토크 가문인 가짜 더버빌가를 방문하여 일자리를 제의 받지만, 그녀가 만났던 더버빌가의 외아들 알렉을 신뢰할 수 없어 다른 곳에서 일자리를 구해 집안의 경제적 어려움을 해결하려고 시도한다. 만약 아버지가 선조의 몰락한 가문의 내력을 몰랐다면 테스가 아버지를 대신해서 동생과 함께 프린스를 몰고 가는 일은 생기지 않았을 것이며, 결국엔 경제적인 해결의 실마리를 풀기 위해서 알렉과 만나는 일은 없었을 것이고, 그로 인해 테스의 비극은 발생하지 않았을 것이다. "테스의 실질적인 비극의 시작은 아버지 더비필드의 알콜중독에 가까운 음주에 문제가 있다. 또한 위 예문에서도 동

---

60) "'I don't know; but I think so. They sometimes seem to be like the apples on our stubbardtree. Most of them splendid and sound---a few blighted.'
'Which do we live on---a splendid one or a blighted one?' 'A blighted one.'
'Tis very unlucky that we didn't pitch on a sound one, when there were so many more of 'em!'
'Yes.'(Scott Elledge, ed. *Tess of the d'Urbervilles*: A Norton Critical Edition. New York: W.W Norton & Company, 1991, p.21)."

생 에이브러햄이 자신들의 삶을 '벌레 먹은 별'로 비유하였듯이 현실적인 경제적 어려움을 헤쳐나가기가 너무 벅찬 것이다."[61] 즉, 그들은 자신들의 삶을 "아주 불행한 상황에 처해 있고 그들이 처한 경제적 현실을 벌레 먹은 별로 비유하면서"[62] 마차 충돌사고가 일어나고 집안의 유일한 경제적 수단인 프린스가 죽게 된다. 이러한 경제적인 빈곤이야말로 테스를 비극적으로 슬프게 만든 사회적 요인이라 할 수 있다.

토머스 하디의 소설 속에서는 말 프린스와 상대 우편마차의 충돌 같은 우연한 상황은 우발적 사고 또는 우연의 일치로 작품 내에서 중요한 비극적 요소로 묘사되는데, 이것들이 작품 내에서 자주 발생하며 또 다른 사건을 복잡하게 하거나 연결고리가 되는 경우가 많다. 인간의 생애에서 우연이 얼마나 큰 영향을 주는 부분을 차지하는가 하는 것은 실로 놀랄 만하다. 우연성은 어떤 특별하거나 명확한 이유도 없이 우리의 삶에 영향을 주거나 혹은 다른 사람이 결정한 것이 우연하게 우리의 일생에 큰 영향을 미칠 때가 많다. 하디 소설에 있어 우연은 작가 스스로 만들어낸 상황에서 안이하게 빠져나오기 위한 수단이 아니고 그의 제재의지로 구별한 것이고 작품의 비극성을 더해주기 위한 것이다. 테스에서 자주 사용되고 있는 우연의 예를 들자면 다음과 같다. 테스가 메이데이 댄스에서 에인젤을 만나지 못하게 되어 그녀에게 구애할 기회를 갖지 못했던 사건은 우연이며 운명의 장난이다. 그들은 첫눈에 원하고 춤을 추고 싶었지만 어떤 방해자들에 의해 춤추지 못한다.[63] 이 외에도 테

---

61) 허상문 · 김명균, 「소설 『더버빌가의 테스』와 영화 <테스> 및 드라마 <더버빌가의 테스> 비교 연구-테스의 비극적 요인을 중심으로」, 『영어영문학연구』, 제35권 3호, 대한영어영문학회, 2009, p.145.

62) Strong, Jeremy. "Tess, Jude, and the Problem of Adapting Hardy"*Literature/Film Quarterly*, 34-3, 2006, p.198.

63) 박지영, 「더어버빌가의 테스에 나타난 비극성」, 군산대학교 교육대학원, 석사학위논문, 2003, p.13.

스가 스스로 과거를 고백하기 위한 편지가 에인젤의 방밑 양탄자 밑에 끼어서 결국 에인젤이 보지 못하는 이야기, 결혼식 날 닭이 우는 것 등 많은 우연적 요소가 존재한다. 이러한 우연적 요소 중에 테스의 운명을 비극적인 상태로 몰고 가는 것은 존이 자신의 과거의 가문의 내력을 트링햄 신부를 통해 알게 되어 우쭐해져서 벌통 배달도 못 가게 되서 발생하는 말 프린스의 우발적 사고에 의한 죽음이다.

"무언가 큰일이 벌어졌다는 직감이 순간적으로 스쳐갔다. 급히 마차에서 뛰어내린 그녀는 무서운 사실을 발견하고는 온몸을 부르르 떨었다. 아버지의 가엾은 말 프린스가 피를 흘리며 간신히 몸을 지탱하고 서 있었다. 그 끔찍한 사고는 아침 우편 마차가 평소와 마찬가지로 쏜살같이 오솔길을 달려오다가, 불도 없이 느릿느릿 오고 있던 테스의 짐마차에 부딪히는 바람에 일어난 사건이었다. 우편 마차의 뾰족한 수레 채 끝이 불쌍한 말의 가슴을 정통으로 찔러, 그 상처에서 흘러나온 붉은 피가 그대로 길바닥으로 쏟아지고 있었다. 절망감에 사로잡힌 테스는 달려 나가 상처 구멍을 손으로 막아보았으나 얼굴과 옷으로 피가 튀기만 할 뿐이었으므로 넋을 잃고 멍하니 서 있었다."[64]

아버지를 대신해서 가족의 생계를 지켜주던 말이 새벽길에 우편 마차와 부딪혀 죽는 사건이 발생한다. 테스가 술에 취해 못 일어나

---

[64] "Something terrible had happened. The harness was entangled with an object which blocked the way. In consternation Tess jumped down, and discovered the dreadful truth. The groan had proceeded from her father's poor horse Prince. The morning mail-cart, with its two noiseless wheels, speeding along these lanes like an arrow, as it always did, had driven into her slow and unlighted equipage. The pointed shaft of the cart had entered the breast of the unhappy Prince like a sword, and from the would his life's blood was spouting in a stream, and falling with a hiss into the road.
In her despair Tess sprang forward and put her hand upon the hole, with the only result that she became splashed from face to skirt with the crimson drops." (Scott Elledge, ed. *Tess of the d'Urbervilles*: A Norton Critical Edition. New York: W.W Norton & Company, 1991, p.22).

는 아버지를 대신해 벌통을 에이브러햄과 싣고 가다가 졸았기 때문에 맞은편에서 질주해 오는 우편 마차와 정면충돌하여 말이 죽는다. 이것은 우연한 사고이지만 이 사고 때문에 생계수단인 프린스를 잃게 된다. 필사적으로 그 말의 상처를 손으로 막았지만 얼굴에서 스커트 끝까지 온통 피투성이가 되는데, 이것은 그녀가 알렉에게 순결을 잃게 되는 비극의 징조를 말해주는 것이다.[65] 또한 이러한 비극의 연결고리는 테스 주위에서 계속해서 발생하게 되며, 에인젤과 결혼하기 전 테스는 에인젤을 속였다는 고통 속에서 번민하며 자신의 과거를 고백하려고 여러 번 시도하지만 그때마다 다른 상황으로 인하여 기회를 갖지 못하게 된다. 테스는 자기를 너무 열정적으로 사랑하는 에인젤에게 직접적으로 말할 수가 없음을 인식하고는 편지라는 간접적인 방법을 선택한다.

> "그녀는 3, 4년 전에 있었던 일을 넉 장의 편지지에다 간추려 썼다. 편지를 봉투에 넣고 클레어 이름을 적은 다음 마음이 변하기 전에 얼른 2층으로 살며시 올라가 방문 밑으로 편지를 밀어 넣었다. 그날 밤 테스는 하얗게 밤을 새웠다. 새벽에 2층에서 들려오는 소리에 다른 날보다 더 예민하게 귀를 기울였다. 소리는 여느 때와 마찬가지로 들려왔고 클레어도 평소와 다름없이 아래로 내려왔다. 테스가 아래층으로 내려가자 그는 변함없는 뜨거운 키스를 퍼부었다."[66]

---

65) 박지영, 「더어버빌가의 테스에 나타난 비극성」, 군산대학교 교육대학원, 석사학위논문, 2003, p.13.

66) "She sat down and wrote on the four pages of a note-sheet a succinct narrative of those events of three years ago, put it into an envelope, and directed it to Clare. Then, lest the flesh should again be weak, she crept upstairs without any shoes and slipped the note under his door. Her night was a broken one, as it well might be, and she listened for the first faint noise overhead. It came, as usual; he descended, as usual. She descended. He met her at the bottom of the stairs and kissed her." (Scott Elledge, ed. *Tess of the d'Urbervilles*: A Norton Critical Edition. New York: W.W Norton & Company, 1991, p.164).

에인젤은 결혼식 전에 테스와 함께 하루를 즐기고 싶은 마음과 다시 못 올 아름다운 연예시절을 기념하는 낭만적인 나들이를 갔다가 예약된 여관으로 돌아온다. 마침 마구간에서 돌아온 에인젤이 자기를 기다리고 있는 테스를 우연히 지나가는 남자가 테스를 알아보고 아는 체를 하는 남자의 말을 들으면서 테스가 모욕을 당했다고 판단하고는 그 남자의 턱을 후려갈기면서 싸움이 벌어진다. 테스는 이 사건을 통해서 에인젤에게 자신의 과거를 말해야겠다고 생각하며 편지를 써서 에인젤 방의 문틈으로 밀어 넣지만 우연히도 양탄자 밑으로 들어가서 결국 에인젤은 테스의 과거를 알지 못하고 결혼하게 된다. 이러한 우연적인 요인으로 인하여 자신의 모든 과거를 고백할 수 없게 되자 테스는 결혼 후 신혼여행지에서 에인젤과 서로의 과거를 고백하게 된다. 그러나 영혼의 순수성을 소유하고 있는 테스는 과거의 고백으로 인해 에인젤의 이중성을 확인하면서 자신의 삶을 더 처참한 비극으로 몰아넣게 되는 계기가 되고 만다.

> "그러고 나서 그는 런던에서 한때 회의와 번민에 시달려 물 위에 떠다니는 코르크 병마개와 같이 방황하다가 낯선 여자와 함께 이틀 동안 방탕한 생활에 빠졌던 것을 테스에게 고백했다. 다행스럽게도 나는 곧 내 잘못을 뉘우치고 집으로 돌아왔소. 그 후 그런 실수는 두 번 다시 안 했지만 난 솔직하고 깨끗한 마음으로 당신을 맞이하고 싶었고, 그러기 위해서는 고백하지 않을 수가 없었던 거요. 날 용서하겠소?"[67]

---

[67] "He then told her of that time of his life to which allusion has been made when, tossed about by doubts and difficulties like a cork on the waves, he went to London and plunged into eight-and- forty hours' dissipation with a stranger. 'Happily I awoke almost immediately to a sense of my folly,' he continued. 'I would have no more to say to her, and I came home. I have never repeated the offence. But I felt I should like to treat you with perfect frankness and honour, and I could not do so without telling this. Do you forgive me?'" (上揭書, p.177).

결혼 후 에인젤은 자신이 런던에 있을 때 회의와 번민에 빠져서 방탕한 생활에 빠졌던 것을 테스에게 고백하며 용서를 구한다. 에인젤의 과거 이야기를 듣고 난 뒤 에인젤의 과거를 용서하면서 테스는 에인젤의 손을 꼭 쥐고서 자기 자신의 과거사를 고백하며 용서를 구한다. 그러나 행복한 결혼생활을 생각하면서 자신의 과거사를 고백했던 테스는 자신이 의도한 것과는 전혀 다른 방향으로 흘러서 결국 에인젤과 헤어지게 되는 비극을 초래하게 된다. 테스는 자신의 과거를 받아들이지 않는 에인젤의 이중적인 행동으로 인해 올데갈데없게 된다. 에인젤과의 순탄치 못한 결혼생활로 인해 경제적으로 어려운 테스는 에인젤로부터 버림을 받고 생활에 지쳐 있을 때 우연히 알렉을 다시 만나게 되고, 결국 가족을 부양해야 하는 자신의 처지로 인해 어쩔 수 없이 알렉에게 의지하고 만다. 이로 인해 테스는 더 큰 비극으로 빠져버리게 된다. 빅토리아 시대의 인습적인 도덕이 테스를 불행하게 만든 것이다. 따라서 당시의 순결을 강조하는 인습적인 사회규범으로부터 벗어나지 못한 에인젤은 결국 테스의 과거를 용서할 수 없게 된다. 에인젤이 자신의 과거를 고백하고 동정을 구하면서도 테스의 과거를 인정하지 않는다는 것은 빅토리아조 남성중심주의 인습으로 인하여 테스만이 강요당하는 비극적 요인이라 할 수 있다.[68] 테스는 트랜트리지를 떠난 후 알렉을 만난 적도 없고 소식을 들은 적도 없었다. 그런데 알렉을 우연히 만나게 되면서 알렉은 집요하게 그녀를 유혹하기 시작한다. 그녀는 계속해서 경제적으로 정신적으로 너무 힘들어져서 결국 에인젤에게 편지를 보낸다. 그러나 편지가 바로 전달되지 못하면서 에인젤의 귀국이 늦

---

68) 최기심, 「더버빌가의 테스에 나타난 삶의 비극적 요인」, 순천대학교 교육대학원, 석사학위논문, 2002, p.45.

어지자 테스는 가족을 부양하기 위해 알렉과 다시 동거생활에 들어가게 된다. 이와 같이 테스의 모든 비극은 자신의 의지와 상관없이 우연한 사고로 인해 알렉을 죽이게 되며 형장의 이슬로 사라져 가는 비극을 초래하게 된다. 작품 테스에 나타나고 있는 우연은 모두 비극적이라는 점이 특이하며 작품 전체를 이끌고 있다. 행복의 결과를 가져오는 우연도 얼마든지 있을 수가 있는데도 작품에서 발생하고 있는 우연은 가녀리고 순박한 시골 처녀 테스를 비극의 골짜기로 떨어뜨리게 된다. 행복의 결과를 가져오는 우연은 얼마든지 가능하지만 하디의 작품에서는 찾아볼 수가 없다.[69] 테스의 비극은 순결한 사랑으로 산 한 시골 여성의 비극이다. 만일 테스가 에인젤에 대한 사랑을 잃어버렸다면 처참한 비극적 사건과 긴장은 사라지고 평범한 이야기로 연결되는 작품이 되었을 것이다. 테스는 사회적·경제적 요인과 우연의 요인이 발생하는 사건들을 통해 결국 알렉을 살해하게 되며 윈체스터 감옥에서 형장의 이슬로 사라지지만 테스가 죽인 것은 알렉이 아니라 알렉으로 상징되는 당시 사회에 존재하는 사회의 악을 죽인 것으로 형상화한다.

2.4. 여성 주인공 '나'와 '테스'의 비극적 요소의 유사성과 차이

老舍(라오서)와 하디의 소설에서 여성들이 겪고 있던 비극적인 삶은 당시의 시대상과 깊은 연관을 갖고 표출되었다. 老舍 작품에서 비극의 시작은 아버지의 사망으로 인하여 도시 하층민인 모녀가 남성중심주의 사회에서 경제적인 곤경을 해결할 수 있는 일자리를 구

---

69) 박지영, 「더어버빌가의 테스에 나타난 비극성」, 군산대학교 교육대학원, 석사학위논문, 2003, pp.18-20.

하지 못하고 결국 매춘을 택함으로써 시작된다. 하디 작품의 비극은 가족의 생계를 책임지고 있는 아버지 더비필드가 자신의 귀족신분을 알고 난 뒤 밤늦게까지 술에 만취하자, 주인공 테스가 아버지를 대신해서 벌통을 배달 가는 도중에 가족의 생계수단인 말 프린스를 죽게 함으로써 시작된다. 이 두 소설은 동서양 여성들의 생활방식과 당시의 여성들의 삶의 애환을 사실적으로 묘사하고 있다. 하디의 작품 주인공인 '테스'는 생계수단인 말 프린스가 죽자 가족 전체의 생계가 위험에 처하게 된다. 테스는 본인으로 인한 가족의 고통을 알기에 어린 나이에 가족의 생계를 책임지는 역할을 감당하게 된다. 老舍의 작품의 주인공 '나'도 어머니와 같은 매춘을 결국 택함으로써 어머니를 부양하게 되는 동일한 비극적 구조를 가지고 있다. 그러나 '테스'는 돈을 벌기 위해 가짜 더버빌가에 일하러 가지만 육체를 팔아서 가족의 생계를 꾸려나가는 것이 아닌 정당한 노동을 통해서 가족의 어려운 상황을 해결해나가려 한다. 물론 '테스'는 농촌 소작농의 집안 출신이므로 육체적인 노동을 통한 가족생계를 꾸려가는 가장 역할을 수행하지만,『月牙兒』주인공 '나'는 도시 하층민으로서 정당한 노동을 통하여 삶을 영위하기가 힘들어서 몸을 파는 매춘을 선택하게 된다. 老舍의 소설에 등장하는 여성 주인공은 하류층 여성이어서 거의 대부분이 가난에 허덕이며 돈만을 추구하는 사회 속에서 살아가는 삶이다. 老舍 작품 속에서의 "가난은 당대의 자본주의의 도래와 소자본 집단의 붕괴라는 시대적 상황과 밀접한 관련이 있다. 작품 속의 주인공은 모두 가난을 극복하기 위해 돈을 추구하다가 불행에 빠지고 만다."[70]『月牙兒』의 주인공 '나'도 역시

---

70) 劉麗雅,「蔡萬植과 老舍의 小說에 나타난 女性의 悲劇的 삶에 관한 比較 硏究」, 한국,『中國學論叢』, 제1권 1호, 1992, p.172.

잔인한 돈을 추구하는 중에 매춘하다 병이 걸려 결국 감옥에 갇히고 마는 불행에 빠지고 만다.

하디의 작품『테스』는 원치 않는 알렉과의 관계를 통해 아이를 갖고, 그 아이가 죽고 난 뒤 사랑하는 사람 에인젤을 만나는 행복한 생활도 갖게 되지만, 에인젤에게 자신의 과거를 고백함으로써 첫 남자인 알렉을 살해함으로써 교수형을 당하는 비극을 맞게 된다. 물론 『月牙兒』의 주인공 또한 한 남자를 만나게 되고 사랑이라는 감정을 갖지만 그 남자는 결혼한 몸이어서 그 남자의 부인의 요청으로 결별하고 난 뒤 매춘으로 생계를 꾸려나가서 결국 비극적인 삶으로 빠지는 유사 구조를 가지고 있다. 그러나『테스』는 사랑하는 남자와 결혼을 하고 사랑하는 남자이기에 자신의 과거사를 이야기함으로써 비극을 맞는 구조를 갖고 있지만,『月牙儿』의 '나'는 결혼과는 상관이 없이 결혼한 남자와 만나 결국 몸을 파는 비극의 구조를 지니고 있다. 이렇듯 두 작품의 불행에 빠진 여성들은 순진하고 선량하며 아름다운 미모를 갖춘 가녀린 여성들이다. 작가 하디는 작품 속에서 무능한 부모를 대신해 가족의 생계를 꾸려가는 아름다운 영혼의 여인 '테스'를 본인의 의지와는 상관이 없는 그 어떤 절대적인 힘에 의하여 조정되는 것을 형상화했다. 특히 이러한 지배적인 힘과 대립하고 갈등하는 상황에서 '테스'의 비극은 끊임없이 나타나게 된다. 이러한 비극적 요인을 조정하는 내재적 의지는 자연·우연·유전·사랑·종교·색상 등 여러 가지 요인들로 설명할 수 있다.71) 老舍의 작품『月牙兒』는 상품화 과정을 통해 여성은 남성에게 몸을 파는 서비스를 제공함으로써 생존해나가며 여성의 가치는 돈으로

---

71) 허상문·김명균,「소설『더버빌가의 테스』와 영화 <테스> 및 드라마 <더버빌가의 테스> 비교 연구-테스의 비극적 요인을 중심으로」,『영어영문학연구』, 제35권 3호, 2009, p.158.

계산되는 이미지를 묘사한다. 주인공 '나'의 기억에 따르면 돈은 사람보다 더 지독하다. 사람이 짐승이라면 돈은 짐승의 쓸개이다. 이처럼 '나'는 "남성=짐승=돈"이라는 결론을 내린다. 老舍는 주인공 '나'라는 대변인을 통해 심각한 성 차별 문제를 고발하며 남성 지배 문화를 강렬하게 비판한 것이다.[72] 『테스』는 본인의 의지와는 상관없는 내재적인 의지에 의한 '테스'의 비극적 삶을 하디는 작품 속에서 여러 가지 비극적 요소를 통해 형상화하였으며, 老舍는 도시 하층 여성으로서 계급사회 질서 속에서 여성은 남성의 도구이자 몸을 파는 하나의 '상품'으로 전락하는 여성의 비극적 삶을 '나'를 통해서 형상화했다.

마지막으로 하디의 소설에서는 농촌의 소작농 생활과 산업사회로의 변모의 시기에 농촌의 피폐화에 대한 농촌 소작농 여성을 작품의 주인공으로 서술하였으며, 老舍의 소설에서는 남성 중심의 사회에서 농촌의 삶과 농촌 여성은 전혀 찾아볼 수 없는 도시 하층 여성을 중심으로 서술했다.

2.5. 결론

본고는 동서양의 문학작품이 상호 간의 영향이나 교류가 없으면서도 공통적으로 나타나는 특성을 비교 검토하는 연구방법으로 老舍와 토머스 하디의 작품을 탐구한 것이다. 필자는 이를 비교 연구하면서 비극적인 요소들이 당시의 여성들의 삶에 어떻게 영향을 끼치는지에 초점을 맞추어 공통된 모티브를 집중적으로 분석했다. 老

---

72) 주 후이링, 「돈·여성·남성: 『초승달(月牙兒)』의 주제 분석」, 한국, 한양대학교 여성연구소, 『젠더와 사회』, 제7권, 2008, pp.163-164.

숨와 토머스 하디는 각각 작품 속에서 도시 하층민 태생의 '나'와 농촌 소작농 출신의 여성인 '테스'를 통해서 전통적인 가치관에 대한 연약한 여성의 비극적인 삶을 제시하며 사랑과 삶에 대한 그리고 돈과 육체에 대한 사고방식이 어떻게 변화되어 가는지를 사실감 있게 형상화했다.

老舍는 사회적·문화적 시각에서 하층 여성의 생존 환경에 대해 심층 분석함으로써 성적 차별과 경제적 차별 속에서 비극적 운명을 맞이할 수밖에 없는 불가역성을 역설했다. 작품 내에서 주목할 사항은 남성중심주의 계급 제도의 문제점을 풍자하는 한편, 계급 제도와 남성 지배 문화의 틈바구니 속에서 어렵게 살아가는 여주인공의 저항정신을 부각시켰다는 사실이다.[73] 반면, 하디의 『테스』는 약하고 순결한 여성이 본인의 의지와는 상관없이 무자비한 운명의 힘에 압도당하는 비극이 아니라 당대 농촌 변화에서 초래되는 산업사회로의 전환에 따른 계층이동 현상과 성문제, 변화하는 여성의 역할과 현실 간의 괴리라는 구체적 상황에서 기인한 빅토리아 당시 여성성의 문제를 다룬 것으로 볼 수 있다. 하디는 농촌의 소작농 출신의 중간 계층의 여성이 경제적인 곤경으로 피폐해져 가는 현실에서도 자신의 사랑과 주체적 자아를 추구해가는 일련의 과정을 통해 당대의 이상적 여성상을 전복시키는 여성상을 제시하고 있다.[74]

이러한 여성의 문제와 당시 시대적 상황 및 주체적 여성상 이외 본고에서는 老舍의 『月牙兒』에 나오는 '나'와 토머스 하디의 작품 『테스』에 나오는 여주인공 '테스'의 파멸의 원인에 대한 많은 의견이 있을 수 있으나, 주인공 '테스'는 본인의 내재적 의지로 저항할

---

73) 주 후이링, 「돈·여성·남성: 『초승달(月牙兒)』의 주제 분석」, 上揭書, p.164.
74) 장정희·조애리, 『페미니즘과 소설읽기』(서울: 동인), 1998, p.275.

수 없는 그녀를 둘러싸고 있는 사회적 상황들에 의하여 파멸을 당한 것이라고도 할 수 있으며, 주인공 '나'는 아버지의 죽음으로 인한 경제적 곤경인 돈이 없음으로 인해 어머니가 행한 매춘을 택함으로써 파멸을 하게 된 주요 원인이라고 할 수 있다. 순수한 농촌 처녀인 '테스'를 비극의 희생 제물로 만든 여러 가지 요소들 중에서도 작품『테스』에서는 주인공 '테스'가 인습적인 사회의 압력과 경제적 상황 및 위선적인 도덕률에 의하여 철저하게 유린당하며, 불행하고 고된 삶을 살다가 살인이라는 큰 죄를 범하고 결국엔 형장의 이슬로 사라지면서 자신의 불행한 인생을 마감한다.『月牙兒』의 주인공 '나'는 엄마처럼 매춘으로 인생을 살지 않기 위해 열심히 삶을 개척하지만 남성 중심의 지배 문화에 의해 한풀 꺾이지만 본인의 주체 의식을 잃지 않고 살아간다.

물론 두 작가의 작품 속에 등장하는 주인공 여성들의 시대나 소속계층이나 가난을 극복하는 방법에 있어서는 많은 차이를 보여준다. 하디 작품의 주인공은 삶을 절망하지 않고 가족을 부양하기위해 적극적으로 대처하면서 살아가는 반면, 老舍의 주인공은 가난을 적극적으로 해결하기 위하여 행동으로 실행하는 것보다는 소극적인 자세를 보여준다.

이상과 같이 토머스 하디와 老舍는 상호 간에 문화 및 문학적인 영향이나 교류가 없으면서도 당시의 여성들이 겪어야 하는 가난을 통한 비극적인 모티브를 소설화하면서 각자의 독특한 서술방식과 리얼리티를 공통적으로 보여주었다.

소설과 영화 및
드라마상의 비극적 요소

3.1. 원작 소설 『더버빌가의 테스』와 영화 〈테스〉 및 드라마 〈더버빌가의 테스〉75)

　문학과 영상물의 불가분의 관계는 문학작품의 영상화에 대한 연구의 필요성을 제기한다. 바로 이러한 불가분의 관계로 인해 영화에 대한 소설 원작과의 연구는 바로 각색의 연구이며, 영화연구에 있어서 각색 연구가 차지하는 중요성과 필요성을 말해주고 있다. 앤드류는 "각색의 연구는 영상과 언어의 전적으로 다른 의미 체계 속에서 대등한 내러티브를 성취해내는가에 주목해야 한다"고 말한다. 이것은 언어로 되어 있는 문학을 시각적인 영상의 등가물로 어떻게 구현해내는가에 대한 분석이다. 엘런 벨턴(Ellen Belton)은 각색의 의미는 원작을 영상으로 재현하는 것에서 더 나아가 새로운 방법으로 재해석함으로써 텍스트를 재발견하고 원작과 영화 모두를 감상하는 것이라고 주장한다. 즉, 각색된 한 편의 영화는 원작을 독창적으로 재구성함으로써 두 장르의 예술을 동

---

75) 2009년 가을 영어영문학연구에 발표한 「원작소설 『더버빌가의 테스』와 영화 <테스> 및 드라마 <더버빌가의 테스>」를 중심으로 편성했다.

시에 감상하도록 해준다.

각색은 영상제작자가 자신의 시대의 렌즈를 통해 다른 시대의
내러티브를 다시 읽고 그 내러티브 위에 자신의 세계에 대한
감각을 투영하는 기회를 제공한다. 성공적인 각색은 원작과 대
화를 시작하는 것이고, 관람자는 영화와 내러티브 양자를 즐기
게 된다. 각색의 목적은 이전의 텍스트를 재발견하는 것일 뿐
아니라 그것을 이해하는 새로운 방법을 찾는 것이다. 각색을
통해 자신의 목적에 맞게 내러티브의 의미를 전유하고자 한다.

The adaption offers an opportunity for filmmakers to reread a
narrative from another age through the lens of their own time
and to project onto that narrative their own sense of the world.
A successful adaption enters into a conversation with the original
that animates the viewer's pleasure in both works. The goal of
the adaption is not only to rediscover the prior text but also to
find new ways of understanding it and to appropriate those
meanings for the adaptor's own ends.

문학작품을 근거로 한 각색 방법을 연구하기 위해 많은 사람들은 각
색의 종류를 주로 세 가지 범주로 구별하고 있음을 볼 수 있다. 카힐은
문자 그대로(literal), 전통적인(traditional), 급진적인(radical) 방법으로 앤
드류(Andrew)는 차용(borrowing), 교차(intersecting), 변형(transforming)
으로 구분한다. 와그너(Geoffrey Wagner)는 전환(transposition), 논평
(commentary), 유추(analogy)로 구분하고 있다.76) 이런 각색의 종류는

---

76) 앤드류는 '차용'은 예술 역사에서 가장 흔한 문학의 각색의 형태로서 이전의 성공적인 텍스
트의 소재, 아이디어, 형태를 광범위하게 채택하는 것이라고 말한다. 회화, 음악, 오페라 등에
서 사용하는 예술적 차용이라고 본다. 성서적인 일화나 기적, 장면을 중세 회화에서 사용하
는 것을 들고 있으며, 문학에서는 셰익스피어의 작품은 물론 오페라의 문학적 각색이 모두
이 범주에 속한다. 이것들은 원작의 제목을 그대로 사용하고 있으며 원작에 대한 존경심을

용어적인 차이와 약간의 의미적인 차이는 있지만 공통점이 많다. 첫째는 문학 원작에 충실한 영화적 각색으로, 문자적 텍스트를 시각적 이미지로 재현한 각색(visual story telling)이다. 이런 관점은 각색된 영상물을 문학의 한 변형으로 본다. 앤드류가 각색의 성공 여부는 원작에 대한 충실도(fidelity)가 아니라 원작의 풍요성(fertility)이라고 주장하는 것은 아무리 충실한 각색이라도 자체로서 독창성을 갖지 않는 각색은 성공적일 수 없음을 말해준다. 그는 영화의 "분석은 영화의 특수성 내에서 원작의 특수성에 주의를 기울여야 한다"라고 말한다. 원작 충실도에 근거한 비평에 반대하는 카힐(Linda Costanzo Cahir)은 영화비평가 고다르(Jean Luc Godard)의 이론에 동조하면서 원작에 충실한 번역이나 각색은 잘못된 가정에 근거를 두고 있으며, 문학을 영화로 바꾸는 과정에서 독서의 과정처럼 어쩔 수 없이 각자의 독창성이 가미되는 것은 필연적이라고 한다.

> 영화제작자이며 이론가인 장 뤽 고다르는 모든 문학의 영상으로의 번역에는 독창성이 개입될 수밖에 없다고 주장함으로써 문제를 더욱 복잡하게 만든다. 고다르가 보기에는, 영화제작자가 문학 원작에 충실해야 한다는 주장은 그의 믿음처럼 어느 한 작품을 읽는 무수한 방식이 있다고 보는 것이 아니라 영화가 꾸준히 번역할 수 있는 핵심적인 고정된 텍스트가 있다는 잘못된 가정에 근거하고 있다. 고다르에게는 누군가가 문학을

가지고 관객에 호소하려는 경향을 지닌다. 그 예를 스트라우스(Straus)의 <돈키오테(Don Auixote)>를 들고 있다. 빌려오기의 반대 개념으로 '차용'은 원작의 특성을 각색에서 동화되지 않도록 어느 정도까지 의도적으로 남겨놓은 것이라고 한다. 그 예로 브레숑(Robert Bresson)의 <시골신부의 일기(Diary of a Country Priest)>를 들고 있다. 변형은 각색에 관한 논의 중 가장 흔하고 지루한 것이며, 각색이 해야 할 일은 원작에 관한 본질적인 것을 영화 속에 재생산하는 것이라고 정의한다. 이 종류는 원작의 내용을 충실하게 영화로 만들어내려고 하는 것으로서 초창기의 영화작업 방식을 말하고 있다(전봉주, 「제인 오스틴의 영화적 재생산-<오만과 편견>」, 광운대학교 박사학위논문, 2007, p.35 재인용).

읽기 시작하는 순간 어쩔 수 없이 독창성이 개입하게 된다. 그
리고 텍스트를 읽는 피할 수 없는 독창적인 방식이 작품을 영
화로 번역하는 방식에 영향을 끼친다.

The matter is further complicated by filmmaker and theorist
Jean Luc Godard's position that originality is inevitable in all
cinematic translations of literature. For Godard, an insistence on
a filmmaker's fidelity to literary source is based on a false
assumption, i. e., that there is a core, stable text which the film
can steadfastly translate, instead of, as he believes, an infinite
number ways of readings of any one work. For Godard,
originality invariably enters the moment someone begins reading
the literature; and unavoidably original way in which one reads
a text affects how one translates the work into film.[77]

실제로 문학을 근간으로 하는 많은 영화들이 매체의 차이와 시간적
인 문제 때문에 약간의 생략과 수정을 하기는 하지만, 원작의 등장인물,
사건과 줄거리, 플롯을 충실하게 영화에 담고 있는 것은 소설을 충실하
게 재현하는 것이 영화의 주요 목적이기 때문일 것이다. 물론 이런 영화
의 각색이라고 해도 영화가 단순히 문학의 변형이라고 보기는 어렵다.
둘째는 원작의 핵심적인 스토리나 등장인물 등은 충실한 반면 제작자
의 독창적인 의도에 의해 변형과 재해석, 해체나 전복이 가해진 각색이
다. 이런 각색은 원작과는 독립적인, 그리하여 대등한 관계를 갖는 것이
다. 각색자나 시나리오 작가의 의도에 따라 자신만의 창의적인 방법으
로 영상화함으로써 원작에 새로운 영역을 추가하거나 비판을 가하는
각색이다. 마지막으로는 원작에서 영감을 받거나 힌트를 얻어 원작을

---

77) 전봉주, 앞의 논문, 2007, pp.34-37.

소재로 전혀 다른 작품을 만들어내는 각색이 있다. 이것은 원작의 은유적인 이미지만을 지니고 있을 뿐 전혀 다른 작품을 다시 쓰는 것이다. 소설을 단지 하나의 출발 지점으로 여길 뿐 새로운 관점에서 작품을 다시 쓰는 것이다. 그러나 모든 각색이 이 세 가지 범주에 정확한 구별이 이루어지는 것은 아니다. 완전히 충실한 각색도 있을 수 없으며, 실제 그런 작품은 언어적 기호를 시각적 기호로 전화하는 데에 따르는 변화에 적응하지 못하는 접근방식이라고 볼 수 있다. '각색의 작업은 원작의 핵심적 요소를 영화로 재생산'하는 것이다. 영화는 종이 위에 인쇄된 글자로 나타나는 스토리의 평면적 공간이 아니라 구체적인 장소와 인물, 배경, 소리와 음악, 그리고 이런 요소들을 선택하기 위한 지리적·역사적·문화적 지식 등의 다원적인 공간과 메커니즘의 결과물이기 때문에 불가피하게 원작에 대한 해석이 가해질 수밖에 없다. 영화 제작자가 하나의 문학 텍스트를 이에 상응하는 시각적 이미지의 등가물로 재생산하는 것을 영화의 주된 목적으로 한다 하더라도 제작자의 해석과 변형이 불가피하다. 각색의 가장 기본적인 특성은 소설이라는 원작을 통한 출발점을 기초로 하여 관객을 위한 감독의 연출에 주안점을 두고 있다. 물론 감독은 원작자의 의도를 깊이 고려하지만 원작에 스며든 모든 내용을 영상으로 표현하는 의무를 지니고 있는 것은 아니다. 단순히 작품에서 주는 메시지를 토대로 영상으로 전달하는 경우도 있으며, 원작이 주는 전체적인 이미지를 토대로 재생산하는 경우도 있으며, 영감을 받고 완전히 원작이 주는 메시지와는 별개로 감독의 재해석을 통하여 표현하는 경우도 있는 것이다. 즉, 각색은 영화를 제작하는 제작자나 감독의 의도에 따라 달라지는 경우가 허다하다. 예를 들어 토머스 하디의 『더 버빌가의 테스』를 영상으로 표출한 폴란스키 감독은 영화 <테스>에서 원작이 주는 테스의 이미지보다는 관음적인 이미지로의 테스에 더 많은 비중을 두어서 표현했다. 이렇듯 각색은 제작자나 감독에 의해서 다양한 부분으로 영상화되어 관객에게 전달하는 것이다.[78]

실질적으로 많은 문학작품의 한 변형으로 영화 및 드라마로 영상화했을 경우에는 작품 주제와 등장인물들의 재현으로 많은 부분에서 상호 유사성을 지니면서도 차이점을 보여주게 된다. 영화 및 드라마에서는 감독과 연출자가 원작이 담고 있는 메시지를 그 시대의 사상적 맥락으로 재해석하여 새로운 창조를 하기 때문이다. 원작과 영상의 차이는 그 시대의 사회적인 분위기나 이데올로기에 많은 영향을 받으며, 그러한 특징들을 미학적으로 표현하는 방식에 있다고 할 것이다. "문학과 영상 매체와의 결합 가운데 가장 일반적인 형태는 소설의 영상화일 것이다. 특히 여타의 장르보다 늦게 생겨난 TV 드라마는 20세기 중반 이후 가장 지배적인 이야기 장르로서의 위치를 지켜오고 있지만 이야깃거리가 늘 부족했다. 이에 따라 TV 드라마의 소재로 소설이 관심을 모으기 시작했다."[79] 우리는 흔히 "TV 영상과 영화는 아주 다르다고 생각하고"[80] 있어서 문학작품과 영화 및 드라마로 영상화된 작품을 비교해보는 연구는 "소설과 영화 및 드라마라는 각기 다른 장르별 재현의 차이를 살피는 데 유용할 뿐만 아니라, 그 차이를 초래한 여러 가지 기법을 점검해보는 데도 긴요하다. 이는 궁극적으로 원작 소설의 이야기 구성이나 서술기법상의 독창성을 반증하는 작업이 될 수도 있다."[81] 이러한 원작 소설의 이야기 구성이나 서술기법상의 독창성을 가

---

78) 전봉주, 앞의 논문, 2007, pp.34-38.

79) 손정희, 『소설, TV 드라마를 만나다』, 푸른사상, 2008, p.15.

80) Anonymous. "The Literature/Film Reader: Issues of Adaptation." *Literature/Film Quarterly* 36.3(2008), p.233.

81) 고영란, 「워더링 하이츠의 영화화와 멜로드라마」, 『문학과 영상』, 2, 문학과 영상학회, 2002, pp.191-192.

지고 있는 "문학 텍스트와 영화 텍스트 사이의 가장 일반적이며 빈번한 상호 교류를 우리는 '각색(adaptation)'[82]이라 할 수 있을 것이다."[83]

특히 문학 텍스트를 영상화했을 경우에 비평가들은 원작 소설을 그대로 옮겨놓았는지, 원작 소설의 핵심적인 내러티브 구조를 나름대로 유지하면서 재해석이나 이탈을 하였는지, 혹은 원작 소설의 충실성과는 전혀 상관없이 완전하게 새로운 작품으로 변형했는지를 판단하여 각색영화의 평가기준으로 삼았다. 각색영화에 대한 평가기준으로 "지프리 와그너(Geoffrey Wagner)는 『소설과 시네마(The Novel and the Cinema)』(1975)에서 각색의 세 가지 범주를 첫 번째로 '원작 소설을 그대로 옮겨놓은 각색인 전환', 두 번째로 '원작을 따르지만 의도적으로 또는 무심코 어떤 부분을 변화시키는 논평' 그리고 세 번째로 '전혀 다른 예술작품을 만들어내기 위해 원작으로부터 상당히 많이 이탈하는 유사' 등으로 나누고 있다. 마이클 클라인(Michael Klein)과 길리안 파커(Gillian Parker) 두 비평가가 주장하고 있는 각색과정에 대한 주요 접근법으로는 '원작 그대로의 각색', '비판적 각색', 그리고 '자유각색' 등이 있다. 그리고 루이스 자네티(Louis Giannetti)는 '원작에서 어떤 아이디어나 상황을 선택하여 원작과 상관없이 독자적으로 자유롭게 영화를 진행시켜 나가는 느슨한 각색', '최대한 원작의 정신에 가깝

---

82) 각색이란 시, 희곡, 소설 등 활자로 이루어진 문학작품이 시각적 이미지로 전환되어 영상화되는 것을 지칭한다. 현대의 영화비평가들 사이에서 논의되는 가장 두드러진 이슈들 중의 하나는 바로 이 각색에 관한 것이라 말할 수 있는데 사실 문학작품을 이용해서 영화를 만드는 것은 거의 영화라는 매체가 지니는 역사만큼이나 오래된 것이며 소설을 영화로 옮기는 각색뿐 아니라 일반적인 각색의 의미는 원전을 바탕으로 새로운 작품을 창조하는 것을 말한다(이형식·정연제·김명희, 『문학텍스트에서 영화텍스트로』, 동인, 2004. pp.15-103). 토머스 라이치(Thomas Leitch)는 수동적인 독자들에게 적극적으로 독서에 대한 의욕을 불러일으키는 것이 각색이라고 평하면서 "각색은 원작을 모방하거나 재창조하는 것만이 아니고 자신의 영역을 가지고 있다(Raw Laurence, "Adaptation Studies: Its Past, Present, and Future." *Literature/Film Quarterly*, 36.1(2008), p.78)"라고 주장한다.

83) 이형식·정연제·김명희, 2004, p.11.

게 문학작품을 영상적 시각에서 재창조하는 것을 말하는 충실한 각색' 그리고 '오리지널 연극 작품을 각색하는 경우에만 한정된다고 할 수 있는 원작 그대로의 각색'으로 세 가지 각색을 제시하고 있다."[84] 각색의 종류에 따라 비평가들은 많은 논의를 하고 있지만 반드시 원작과 충실하게 각색했다고 하여 그 영화가 최고의 작품이라고 평가할 수는 없다. 원작의 저자가 전하고자 하는 의도와 감독이 관객에게 전하고자 하는 메시지가 반드시 일치하는 것은 아니기 때문이다. 즉, 원작의 영상화에 대한 각색의 논의는 이와 같이 다양하지만 "원작 소설이나 각색 영화 양쪽에 모두 유용하게 적용할 준거를 찾는 일은 쉽지 않았다. 한 편의 영화를 놓고도 평자에 따라 원작의 충실도, 영화예술의 독립성, 시장의 영리적인 측면 중에서 어느 한쪽에 치우쳐 상이한 평가가 이루어지고 있기 때문이다. 그 결과 원작의 줄거리에 충실하지 못한 영화는 열등한 문화의 쓰레기로 취급하거나, 아니면 원작 소설은 단순히 영화 소재의 일부라고 성급한 결론에 이르는 경우를 보게 된다."[85] 본 논문은 비평가들에 따라 다양하게 이루어지고 있는 각색에 대한 평가를 바탕으로 토머스 하디(Thomas Hardy, 1840-1928)의 원작 소설 『더버빌가의 테스(Tess of the d'Urbervilles)』(1891)와 1979년 로만 폴란스키(Roman Polanski)에 의하여 영화화된 <테스>와 2008년에 9월에서 12월까지 방영된 BBC-TV 4부작 드라마 <더버빌가의 테스>를 비교 분석하고자 한다. 특히 원작과 영상에서 재현된 주인공 테스가 처한 비극적 상징과 요인들을 중심으로 얼마나 '충실하게 각색'되었는지에 초점을 맞추어 원작과 영상을 분석하고자 한다.

---

84) 이형식·정연재·김명희, 앞의 책, 2004, pp.17-21 재인용.

85) 이향만, 「소설 각색영화와 비평의 패러다임: 미국소설 영상읽기」, 『문학과 영상』(문학과 영상학회) 2(2003), pp.181-182.

3.2. 원작 소설을 각색한 영상화에 대한 특성

하디는 남성 작가이면서도 작가가 살던 당대 사회의 여성의 지위, 가정에서의 위치와 역할에 대한 문제에도 지대한 관심을 보였다. "1980년대에 하디 소설에 재현된 여성 육체의 의미에 대해 다양한 연구 방법론이 제기되고 있는데 하디 소설의 서술 특징을 논한 경우가 많다."[86] 하디의 작품들이 발표된 지 수십 년이 지났지만 그중『더버빌가의 테스』[87]는 아직도 전 세계 많은 독자들의 애호를 받고 있으며 테스에 대한 많은 논의들이 거론되고 있는 작품이다. 아마도 그 이유는 작품이 지니고 있는 인간의 도덕적·사회적·종교적·심리적 문제들을 통찰케 하는 총체적인 영역의 문제점들을 다루고 있기 때문일 것이다. 그중에서도 하디가 일관하게 작품에서 추구하는 주제인 사랑의 문제가 당대 사회 변화에 예민하면서도 밀접하게 결부되어 있기 때문이기도 하다. 하디의 작품은 대부분 웨섹스(Wessex)를 배경으로 전개하고 있기 때문에 웨섹스 소설이라고도 한다. 웨섹스는 단순히 하디 작품들의 지리적인 배경만이 아니라 하디 자신의 철학관과 세계관을 문학적 배경으로 삼은 것이기도 하지만 19세기 산업문명의 발달로 영국 남부 농촌 생활의 산업화와 도시화의 물결 속에서 해체되는 사회 변화 과정을 다루고 있는 역사적 공간으로 기능하고 있기 때문이다. "『더버빌가의 테스』를 쓰기 시작했을 때 하디는 입센처럼 '사회의 기둥'을 흔들어보려는 마음을 품고 있었다"[88]라고 포부를 밝혔다. 19세기 후반기 영국의 대표적인

---

86) 장정희, 앞의 책, 2007, p.248.

87) "소설『테스』의 초고는 부도덕하다는 이유로『틸롯슨 앤 선즈(Tilorson and Sons)』로부터 출판을 거절당하고『맥밀런』지로부터 도 연재를 거절당한 후 초고를 여러 차례 수정하여『그래픽』지에 연재되었다. 1891년에 삭제 및 수정된 부분이 다시 복원되어 단행본으로 나왔으며, 이 단행본은 비극적 힘과 도덕적 진지성을 지닌 위대한 소설이라는 평도 받았으나 비평가나 독자들에게 격렬한 공격을 받기도 했다(장정희, 2007, p.251)."

88) 문학과 영상학회,『영미문학 영화로 읽기』, 동인, 2001, p.183.

작가의 한 사람인 하디의 문학세계는 찰스 디킨스(Charles Dickens)나 브론테(Bronte) 자매들 등 영국의 어느 작가 못지않게 다양하고 폭넓게 논의되어 왔다. "오랫동안 하디 작품은 작가의 결정론적인 세계관에 근거해서 인간의 운명, 우연, 내재적 의지(Immanent Will) 등에 의해 지배받는 인간의 보편적 갈등을 드러내는 것으로 보았고, 그래서 작품에 나타나는 비관적이고 염세적인 경향에 대한 논의가 대세를 이루어왔다."[89] 특히 『테스』는 성에 관한 문제에 있어 비평가들에게 온갖 찬반 논란의 시비에도 불구하고 혐오스럽고 저속하며 사악한 소설로 평가되기도 하였지만 독자들에게서 가장 호평을 많이 받은 작품이기도 했다. 하디 작품 중에서 『테스』가 성에 관한 논란이 끊임없이 제기되고 있으면서도 빅토리아조 당대 여성의 위치에 관한 연구대상이 된 이유는 "당시 여성의 삶의 위치를 이해하는 데 큰 역할을 하고 있기 때문이다. 이와 더불어 하디의 '순결한 여인(Pure Woman)'이라는 부제는 당시 여성 이데올로기와 상반되는 개념으로 많은 논란을 낳았고 '순결한 여인'이 함축하는 복합적인 의미에 대해서는 문화적 재생산을 통해서도 다양한 각도에서 재해석의 작업이 이루어져 왔기 때문이다."[90] 이렇듯 '순결한 여인'에 대한 부제가 여전히 하디 소설의 주요 논란의 배경이 된 이유는 "절반은 여인으로서 절반은 유혹하는 뱀(serpent)으로서의 테스의 캐릭터를 묘사하여 '순결한 여인'의 부분과 유혹하는 요부의 부분을 이분법적 성격"[91]으로 연관시켜 강조함으로써 비롯된 것이다. 하디는 농촌공동체의 중심이 되고 있는 자연과 문명의 관점을 대조시

---

89) 허상문, 2001, p.172.

90) 전혜선, 「토마스 하디의 『더버빌가의 테스』와 로만 폴란스키의 <테스>: 빅토리아시대 여성성을 중심으로」, 광운대학교 석사학위논문, 2005, p.10.

91) Christopher Harbinson, "Echoes of Keats's 'Lamia' in Hardy's Tess of the D'Urbervilles." Notes and Queries. 49.1, 2002, p.74.

키면서 '집안의 천사'라는 빅토리아조의 이상적 여성상을 뛰어넘어서는 새로운 여성상의 모습을 『더버빌가의 테스』에서 재현하고자 했다. 이러한 특성을 바탕으로 폴란스키 감독은 작가가 전하고자 하는 메시지를 충실히 각색하여 <테스>라는 영화로 영상화시켰다.

영화 <테스>를 감독한 폴란스키는 1979년 발표한 영화 <테스> 이외에 2005년 찰스 디킨스의 원작을 영화화한 <올리버 트위스트>도 원작 자체가 주는 무섭고 음산하면서 폭력을 배경으로 하는 원작의 틀을 크게 벗어나 변형적인 형태로 영화를 완성하고자 원했던 것 같지는 않다.[92] 이렇듯 폴란스키 감독은 흔히 원작을 변형하여 각색 처리하지 않고 원작의 의도를 관객에게 충실히 옮겨놓으면서 저자가 의도하는 바를 전달하고자 했다. 또한 영화 <테스>에서 주연을 맡아서 세계적인 스타로 떠오른 나스타샤 킨스키(Nastassja Kinski)는 투명한 신비스러움과 관능적인 아름다움을 간직한 배우이며, 도발적인 입술과 혼란스러운 듯하면서도 깊이를 가늠하기 힘든 눈빛 등이 원작의 여주인공 테스를 가장 잘 반영하고 있다고 평가받았다. 폴란스키는 영화 <테스>의 주요 배우들의 이미지와 원작 속의 주요 캐릭터의 성격을 철저히 연구하며, 연구와 고증을 통하여 원작이 주는 이미지와 성격에 맞는 배우선정과 원작의 주요 플롯의 흐름에 따라 각색을 하여 감독 자신의 메시지를 관객에게 전달하는 특이한 역량을 가지고 있다. 소설과 영상의 각색의 특성을 보면 "원작 소설과 영화의 상호 교류가 가능한 것은 동일한 내러티브를 공유한다는 데 있다.[93] 소설이 영화화할 때 장르의 성격에 따라 어느 정도의 각색은

---

92) 허상문, 『주제별로 보는 우리 생애 최고의 영화』, 영남대학교출판부, 2009, pp.171-172.

93) "영화에는 이야기에 대한 잠재성이 매우 분명하므로 영화는 회화나 연극보다는 소설과 가장 강한 연관성을 맺으며 발전해왔다. 영화와 소설은 모두 긴 스토리를 전한다. 소설로 인쇄될 수 있는 것은 무엇이든 보이고 이해될 수 있다(전혜선, 2005, p.49 재인용)."

당연한 것이며 영화에서 각색이 차지하는 비중은 크다고 할 수 있다. 대부분의 영화가 원작의 기본적인 형태를 유지하면서 상업적이고 예술적인 의미를 고려하여 재창조된다."[94] 폴란스키 역시 원작소설 『테스』의 여주인공 테스에 대해 깊은 애정을 드러내면서 "<테스>를 만들 때까지 나의 가장 깊은 감정과 정확히 부합하는 영화를 만든 기분은 일찍이 없었으며 <테스>는 이러한 감정을 충족시키는 영화로서 분명히 나의 성숙된 영화이다"[95]라고 말한다. 사도프 (Sadoff)에 따르면 폴란스키는 테스를 너무도 사랑해서 "낭만적이며 감상적이기조차 한 분위기의 아름답고 비극적인 러브 스토리로 영화를 제작하려 했다는 것이다."[96] 그래서 폴란스키의 <테스>[97]는 비극적 요소들과 연관되어 있지만, 작품 전체의 흐름은 테스와 알렉과 에인젤의 애정관계의 중심에 서 있는 테스의 사랑에 초점이 맞추어져 있다. 폴란스키는 테스에 대한 각별한 애정만큼 영화라는 장르에 따른 중요하다고 여긴 부분에 대한 각색을 제외하고는 원작의 서사에 충실하게 각색하여 재현했다고 볼 수 있다. 영화가 원작 소설을 각색할 때 원작의 요소들에 얼마나 근접했는지에 따라 영화의 가치가 결정되기 때문에 원작의 구도를 살리는 것은 중요한 관건이 된다.[98] 이러한 각색의 평가기준에 따라 영화 <테스>는 플롯, 농촌생활의 배경, 주요인물 등을 원작 소

---

94) 전혜선, 앞의 논문, 2005, p.49.

95) 전혜선, 2005, p.50 재인용.

96) 장정희, 앞의 책, 2007, p.262 재인용.

97) "폴란스키 감독의 <테스>는 원작보다 테스의 성에 더 초점을 두고 있다. 원작의 건강한 아름다움 보다는 연약하고 고통받는 여성 이미지에 더 중점을 두고 있는데, 이는 테스의 삶의 궤도가 남성적 욕망의 논리에 의해 지배됨을 보여주려 하는 의도에서이다. 이러한 의도는 배우 나스타샤 킨스키에 의해 완성되었다(문학과 영상학회, 2001, p.187)."

98) 영화비평가 존 오어(John Orr)는 "각색문제를 다루는 가장 일반적인 방법은 어느 정도까지 영화가 원작 텍스트를 '확실하고(credible)', '충실하게(faithful)' 표현했는지 평가하는 것이다. 영화는 원작을 정확하게 그려내고 있는지 아니면 원작을 배신하고 있는지가 가장 중요한 관심사이다(전혜선, 2005, p.50 재인용)"라고 지적한다.

설과 유사하게 다루어 사실성을 최대한 살리고 원작의 구조를 충실하게 각색하여 이끌어간다. 원작을 이끌어갔던 대부분의 사건이 영화 속에 그대로 드러나면서 주요 등장인물들 사이의 대화 역시 원작 소설 속의 언어를 최대한 원작에 맞게 살리고 있다. 찰스 피어츠(Charles Fierz)는 하디의 『더버빌가의 테스』의 비극적인 주인공 테스를 영상화하는데 폴란스키가 의도한 것은 무엇인가라는 물음에 대해, 코스탄조(Costanzo)에 따르면, 폴란스키는 보다 잔인하면서도 엄격한 사회 속에서 평범하게 전개되는 시련과 인간 감정의 저변에 흐르는 어떤 것들에 대해서 말하고자 했다[99]라고 말한다. 폴란스키는 자신의 개념을 영상으로 재현하면서 영화 <테스>를 관람하는 영화 팬들에게 고전작품에 대한 향수와 함께 하디의 원작 소설 『테스』를 '다시 읽게(rereading)' 하는 의미를 부여했다.

폴란스키 감독 자신의 개념을 영상으로 재현한 영화 <테스>와 비교되는 2008년 9월부터 12월까지 방영한 BBC-TV 드라마 4부작 <더버빌가의 테스>는 데이비드 블래어(David Blair)에 의해 연출되었고, 데이비드 니콜스(David Nicholls)의 각색으로 영상화되었다. 드라마는 테스 역에 007 본드걸인 젬마 아터튼(Gemma Arterton), 알렉 역에 한스 메디슨(Hans Matheson), 에인젤 역에 에디 레드메인(Eddie Redmayne)을 캐스팅해서 2008년 봄에 영국 남서부지방 서머싯(Somerset), 윌트셔(Wiltshire), 글로스터셔(Gloucestershire)와 도싯(Dorset)에서 하디 원작의 느낌을 살리기 위해 촬영하여 상영했다. 드라마 각색을 담당한 니콜스는 드라마에서 하디는 "열정적이면서 감성적이고 멜로드라마적이다. 그렇지만 엘리엇(Eliot)이나 디킨스에서 볼 수 있는 빈틈없이 짜인

---

99) Charles L. Fierz, "Polanski misses: A Critical Essay Concerning Polanski's Reading of Hardy's Tess", *Literature/Film Quarterly*, 27.2, 1999, p.103 재인용.

작가는 아니다"라고 평가하면서 "일반 대중들은 하디를 감상적인 작가라고 생각할 수 있으나 그의 작품에는 강간, 살인 및 자살이 존재하고 있으며 한 사람에 의해서 폭행을 당하고, 또 다른 한 사람에 의해 버려지지만 테스는 토머스 하디의 불멸의 작품에 존재하는 웅대하면서도 활기찬 여성 주인공임에 틀림이 없다"[100]라고 덧붙인다. 특히 "당대의 뛰어난 문학작품인 로드 바이런(Lord Byron)과 괴테(Goethe)의 시에서부터 샬럿 브론테(Charlotte Bronte)와 토머스 하디의 소설까지 이 대부분은 멜로드라마적인 플롯과 상황들의 지배적인 정서를 가지고 있어서"[101] 그들 작품을 영화화하여 대중들에게 보여줌으로써 영상을 통해 고전문학의 흥미를 불러일으킬 수 있는 것이다. 이들 문학작품 중 하디의 원작 소설 『더버빌가의 테스』와 이를 영상으로 각색한 국내외 학자들의 연구논문을 살펴보면, 장정희는 2004년에 발표한 논문을 수록한 『토머스 하디와 여성론 비평』에서 활성화되고 있는 여성의 육체 연구 가운데 중심 논의의 대상이 된 원작 소설 『테스』와 폴란스키 감독의 영화 <테스>에 재현된 여성 육체의 의미를 비교 검토해보며 원작에서 재현한 여성 육체의 특성이 영화로 만들어지면서 어떻게 변형되었는지, 소설과 영화 두 매체를 통해 제시한 여성상은 어떠한 차이를 지닌 것인지, 이를 여성론적 관점에서 어떻게 평가할 수 있는지 보여줬다.[102] 전혜선은 2005년에 발표한 논문에서 하디가 소설 『테스』에서 재현한 여성성을 빅토리아 시대 여성성이라는 맥락을 중심으로 페미니즘적인 관점에서 분석함으로써 하디의 여성론적 인식을 검토하고 있다. 특히,

---

100) 출처: http://www.bbc.co.uk/tess/

101) Timothy Corrigan, *Film and Literature: An Introduction and Reader*. New Jersey: Prentice-Hall, 1999, p.13.

102) 장정희, 앞의 책, 2007, p.251.

폴란스키의 <테스>에서 이는 어떤 방향으로 재생산되었는지 비교·검토를 하며 테스를 중심으로 여성성이 어떻게 재현되고 이러한 특징이 영화로 제작되면서 어떻게 변형되었는지 분석하여 여성성의 재현문제를 보여줬다.103) 고영란은 2005년 발표한 논문에서 세 개의 가설을 논증하기 위해 먼저 소설에서 당대 사람의 마음속에 깊이 내면화된 순결관의 이중성과 여성에게 가해진 경제적 억압을 비판하는 데 전지적 작가 시점을 통한 논평이 가해진 양상을 살펴보며, 그다음 영화에서 성적 유혹으로 인해 테스의 비극이 초래되었음을 드러내기 위해 사용한 촬영방법을 고찰하고 있다.104) 윤천기는 2009년 발표한 논문에서 바르트(Barthes)의 이론을 차용한 맥파레인(Brian Mcfarlane)의 분석틀을 통해서 어떻게 하디의『더버빌가의 테스』의 '플롯 기능자'들이 폴란스키의 <테스>로 옮겨졌느냐 그리고 어떻게 하디 소설 속의 '색인자'들과 '촉매자'들이 폴란스키의 영화로 옮겨졌느냐, 즉 어떻게 각색되었는가를 살펴보는 것이며 크고 작은 변환성·치환성의 궁극적인 의미를 밝히는 데 초점을 맞추었다.105)

국외학자 중 찰스 피어츠는 1999년 발표한 논문에서 폴란스키는 원작의 테스의 캐릭터를 훼손하면서 테스가 속한 가족-테스의 부모-의 알콜중독의 플롯의 촉매적인 역할과 연관된 하디의 중요한 논제를 영상으로 다루지 않음으로써 하디 소설을 잘못 이해하고 있다고 밝혔다.106) 제레미 스트롱(Jeremy Strong)은 2006년 발표한 논문에

---

103) 전혜선, 앞의 논문, 2005, pp.14-15.
104) 고영란, 「소설『테스』의 전지적 작가시점과 영화 <테스>의 클로즈업」, 『수원대학교 논문집』, 23, 2005, p.79.
105) 윤천기, 「텍스트의 충실성의 문제: 폴란스키의『테스』와 하디의『더버빌가의 테스』」, 『신영어영문학』, 42, 신영어영문학회, 2009, pp.111-112.
106) Charles L Fierz, 1999, p.103.

서 토머스 하디의 두 작품 『더버빌가의 테스』와 『무명의 주드』는 다른 형태의 읽기의 다양성을 가지고 있다. 특히 두 작품은 문학적인 장르와 모드의 범위에서 연관을 가지고 있지만 두 작품의 많은 부분들이 1979년 폴란스키에 의해 만들어진 영화 <테스>와 1997년에 발표한 영화 <주드>에서 각색 부분을 의도적으로 피했다고 밝히고 있다.107) 지금까지 살펴본 대로 최근까지 발표된 국내외 학자 논문들의 분석대상은 원작 소설과 1979년에 상영된 폴란스키 감독의 영화 <테스>를 각색 차원에서 비교 분석하였으나, 본 논문은 두 작품과 함께 2008년 9월에 방영된 BBC-TV 드라마 4부작을 분석대상에 추가함으로써 세 작품이 얼마나 '충실한 각색'을 하였는지 심도 있게 다루고자 한다.

3.3. 소설 원작을 중심으로 영화와 드라마 분석

영화 <테스>의 촬영 장소는 원작에 나타난 도싯(Dorset)과 유사한 분위기를 주는 노르망디 왕의 브르타뉴 지방에서 행해져 리얼리티를 더 했으며 등장인물 역시 원작의 틀을 크게 벗어나지 않는다. BBC 드라마 4부작 <테스>도 영국 남서부지방 서머싯(Somerset)과 도싯(Dorset) 등에서 하디 원작의 느낌을 살리기 위해 촬영되었다. 영화와 드라마는 하디 원작의 플롯을 따라가면서 자연의 변화와 함께 달라지는 주인공 테스의 삶과 그녀가 처한 비극적 상황의 변화를 섬세하게 재현했다. "하디가 그린 테스는 빅토리아조의 관습적인 윤리 의식에서 탈피하고자 하는 인물로 부각되어 있으며, 비극은

---

107) Jeremy Strong, "Tess, Jude, and the Problem of Adapting Hardy" *Literature/Film Quarterly*, 34.3, 2006, p.195.

개인이 의도적으로 추구하는 소망이 실현되지 못하고 좌절 또는 파멸될 때 일어난다. 즉, 하디 소설에 흐르고 있는 특유한 이념을 데이비드 세실(David Cecil)이나 리처드 카펜터(Richard Carpenter) 같은 비평가는 '내재적 의지'에 따른 '비극적 비전'이라고 강조했다."108) 본 논문에서는 이러한 비극적 요소를 포함하며 테스와 그녀 가족의 삶 속의 비극적 상황들을 제공하는 비극적 요인인 우연, 자연, 경제적 상황 및 유전적 요인 등을 중심으로 폴란스키 감독의 영화 <테스>, BBC 드라마 <더버빌가의 테스>와 원작을 비교 분석하려고 한다.

원작에서의 비극은 블랙모어 인근의 골짜기에서 비틀거리면서 걸어가고 있는 더비필드가 족보를 연구하는 트링엄 신부와 만나서 이야기하면서 시작된다.

> "이렇게 몇 번씩이나 저를 '존경'이라고 하시는 건 무슨 뜻인가요? 전 그저 평범한 장사꾼 잭 더비필드입니다."

> "Then what might your meaning be in calling me "Sir John" these different times, when I be plain Jack Durbeyfield, the haggler?"(*Tess*, 1)109)

이 대화에서 테스의 아버지 더비필드는 자신에게 존경이라는 경칭으로 트링엄 신부가 인사하면서 전해주는 자신의 오래된 가문의 내력을 알게 됨으로 인해서 작품 전체에 미치는 비극적 상황의 발단이 된다. 이 단순한 두 사람의 대화가 결국 작품 전체에 미치는

---

108) 김숙희, 「Tess of the D'Urbervilles에 나타난 순결과 비극의 문제」, 조선대학교 석사학위논문, 1997, p.1 재인용.

109) Thomas Hardy. *Tess of the D'urbervilles*. Ed. Scott Elledge. New York: Norton & Company Inc., 1991에서 인용한 인용문헌은 Tess로 표기한다.

영향은 지대하였으며, 소녀 가장인 테스가 결국 교수형에 처해지는 비극을 잉태하게 했다. 폴란스키의 영화에서는 원작과는 달리 말롯 마을의 오월제 무도회 행렬을 첫 화면에 보여주면서 시작되고, 그 후 트링엄 신부가 더비필드에게 더버빌 가문의 이야기를 설명해주면서 전개된다. 반면에 BBC 드라마는 원작에 충실하게 더비필드와 트링엄 신부와의 만남 뒤 바다를 옆에 끼고 있는 초원으로 행렬하여 젊은 여성들이 춤을 추는 광경으로 연결되면서 밝은 색채를 통한 자연의 아름다움을 보여준다. 마치 이러한 밝은 모습으로 인해 작품 전체가 주는 어두운 면보다는 밝은 면을 보여줄 것과 같은 감정을 불러일으킨다. 춤을 추는 장면에서 폴란스키의 영화와 BBC 드라마는 테스와 에인젤이 서로 인사나 춤을 추진 않지만, 에인젤은 춤을 마치고 헤어지면서 뒤돌아서서 테스를 바라보는 애절함과 아쉬움을 남기는 모습으로 영상화했다. 마치 폴란스키의 영화와 BBC 드라마는 테스를 중심으로 작품 전체에 흐르는 비극적인 내용과는 동떨어진 남녀 간의 애절한 사랑 이야기의 암시로 여길 수 있는 영상 전략을 취함으로써 멜로드라마적인 분위기를 보여준다.

테스의 실질적인 비극은 아버지 더비필드의 알콜중독에 가까운 음주의 문제에서 시작된다. 더비필드는 우연히 가문의 내력을 알게 된 것에 대해 자랑하기 위해 롤리버 술집에서 술을 마시고 취해서 가정을 이끄는 경제수단인 벌통배달을 못 하게 된다. 이런 연유로 테스는 동생 에이브러햄과 프린스를 몰고 배달을 간다. 배달 도중에 집안의 경제적 상황과 불행에 대해 에이브러햄은 누나 테스에게 다음과 같이 묻는다. 이 대화를 통해서 얼마나 테스의 집안이 경제적으로 힘든 상황인지 인지할 수가 있다.

"우린 어디에 살고 있어-싱싱한 별이야 벌레 먹은 별이야?" "벌레 먹은 별이야." "싱싱한 별도 많은데 우린 그런 별을 못 골랐으니까 운이 아주 나쁜 거네!"

"Which do we live on---a splendid one or a blighted one?" "A blighted one." "'Tis very unlucky that we didn't pitch on a sound one, when there were so many more of 'em!'" "Yes."(*Tess*, 21)

그들은 자신의 삶을 "아주 불행한 상황에 처해 있고 그들이 처한 경제적 현실을 벌레 먹은 별로 비유"하면서[110] 말하며 졸다가 오솔길에서 맞은편 우편 마차를 들이박는다. 충돌로 인한 프린스의 죽음으로 테스는 "이게 모두 다 나 때문이야-나 때문이야! 변명의 여지가 없어-하나도 없어. 이제 어머니와 아버지는 어떻게 살아가지?" ("'Tis all my doing---all mine!" the girl cried, gazing at the spectacle. "No excuse for me---none. What will father and mother live on now?" *Tess*, 23)라고 말하며 이 모든 불행은 자기 때문에 일어났다고 이야기한다. 이와 같이 원작에서는 비극의 중요한 플롯의 기능을 수행하고 있는 프린스의 죽음에 대해 테스 스스로가 책임감과 죄책감을 느껴 알렉 더버빌 집을 가게 되지만, 폴란스키의 영화에서는 테스 가정의 경제적인 수단인 말 프린스의 죽음과 연관된 상황이 아닌 단순히 경제적인 압박감으로 인해 알렉의 집으로 가는 것으로 처리한다. 결국 폴란스키는 자신 때문에 집안이 궁핍하게 되었다고 생각하며 일자리를 구하러 가는 하디가 추구하였던 강한 여인의 이미지인 테스를 수동적이면서 나약한 이미지로 전락시켜 버렸다. 이와 반대로 BBC 드라마는 원작을 충실하게 살려서 집안을 책임지는

---

110) Jeremy Strong, 2006, p.198.

강한 이미지의 테스로 각색하여 처리했다. 말 프린스가 우편 마차의 끝채에 찔려 죽고 그 구멍으로부터 쏟아지는 강렬한 피의 분사에 온몸이 피투성이가 되는 테스는 후에 닥치는 자신의 처녀성 상실을 예시한다. 즉, 프린스의 죽음은 체이스 숲에서 알렉에게 강간을 당하고 순결의 피를 흘리는 것과 연관하여 앞으로 테스에게 닥칠 비극적인 상황을 암시하는 것으로 본다.[111] 폴란스키의 영화는 첫 장면인 오월제 무도회에서 아버지 더비필드가 마차를 타고 가며 "웨섹스에서 나보다 더 위대한 남자는 없어!"라고 말하자 테스가 친구에게 "피곤하셔서 저러시는 것뿐이야. 우리 말이 죽어서 마차를 타신 거고"라고 언급하고 있으며, 원작의 비극의 플롯 기능인 프린스의 죽음에 대해서는 전혀 영상화되지 않았다. 또한 원작의 이 장면에서는 "테스 더비필드, 저기 마차를 타고 집에 가시는 분이 너의 아버지시잖아!"("The Lord-a-Lord! Why, Tess Durbeyfield, if there isn't thy father riding home in a carriage!" *Tess,* 7)라고 친구가 말하자 "이것 봐, 만약 우리 아버지를 놀리면 너희들하고는 한 걸음도 같이 안 갈 거야!"("Look here; I won't walk another inch with ye, if you say any jokes about him!" *Tess,* 7)라고 말하며 테스는 아버지의 술 취한 행위는 좋아하지 않지만 남들이 놀리는 것에 대해서는 싫어하는 '이중적인 모습의 성격묘사'를 보여준다.[112] 이 장면에서 하디는 "테스가 친구와 함께 있을 때에는 부끄러워하면서도 수비적인 자세를 취하고 자존심에 큰 상처를 입는 태도"[113]를 취하는 모습을

---

111) 곽세, 「Tess of the D'urbervilles에 나타난 비극의 상징과 요인」, 충남대학교 교육학 석사학위논문, 1992. p.6.

112) Charles L Fierz, 1999, p.104.

113) Charles L Fierz, 1999, p.103.

독자들에게 전달했다. 또한 "알콜중독자를 부모로 둔 자녀들이 전형적으로 고통스러워하면서 동시에 모순된 감정으로 고통을 당하는"114) 이중적인 성격묘사를 확연하게 보여준다. 이러한 이중적인 성격과 테스의 수동적인 자세 또한 단순하게 지나칠 수는 없다. 페니 보멜라(Penny Boumelha)는 소설 플롯의 중요한 순간-말 프린스의 죽음의 순간, 체이스 숲에서의 알렉이 테스를 유혹하는 순간, 몽유병자인 에인젤이 테스를 관에 매장하는 순간 등- 등에서 테스의 잠들어 있는 모습이나 공상적인 상태에 놓여 있는 모습 등의 수동적인 자세에 의해 비극의 발단은 시작되고 계속되는 것이라고 주장한다.115) 이 장면들에서 폴란스키는 테스의 수동적인 모습인 잠자는 부분이나 공상적인 태도 등을 화면에서 처리하지 않았다. 그러나 BBC 드라마는 테스의 수동적인 모습 등을 부각시켰다.

폴란스키의 영화에서는 테스를 둘러싼 모든 비극적인 요인의 발단인 테스의 수동적인 자세와 그녀 아버지 더비필드의 알콜중독으로 인해 발생하는 성격묘사 부분이 생략되었고, BBC 드라마에서는 "만약 아빠를 계속 조롱한다면 너랑 춤 안 추겠다"라고 말하는 테스의 아버지에 대한 '이중적인 모습의 성격묘사'가 영상으로 처리되어 관객들에게 하디가 추구하는 원작의 전체적인 느낌을 전달한다. 말 프린스의 죽음 부분에 대해 BBC 드라마에서는 에이브러햄과 집안의 경제적인 압박에 대해서 '벌레 먹은 별(a blighted one)'로 비유하는 대화 부분은 생략하고, 테스 홀로 오솔길에서 프린스를 몰고 가다 조는 사이에 맞은편의 우편 마차와 충돌하며 프린스가 고꾸라

---

114) Charles L Fierz, 1999, p.104.

115) Adam Gussow, "Dreaming Holmberry-Lipped Tess: Aboriginal reverie and spectatorial desire in Tess of the D'urbervilles." Studies in the Novel, 32.4, 2000, p.443 재인용.

지자 상대편 마부가 총으로 프린스를 안락사를 시키는 장면으로 테스의 비극적 상황을 재현했다. 결국 프린스의 죽음으로 집안의 경제적 상황이 급속도로 어려워지자 테스는 가짜 더버빌이 살고 있는 스토크 더버빌 집안으로 찾아가게 된다. 그곳에서 테스는 자신을 비극으로 몰고 가며 형장의 이슬로 사라지게 하는 알렉과의 첫 대면을 하게 된다. 알렉과의 대면에서 테스는 "어머니가 가라고 해서 왔는데. 사실은, 저도 그럴 생각이 있었지만요. … 저는 우리가 당신 집과 친척이라는 걸 알려드리러 왔어요"("Mother asked me to come", Tess continued; "and, indeed, I was in the mind to do so myself likewise. But I did not think it would be like this. I came, sir, to tell you that we are of the same family as you." *Tess,* 28)라고 말하자, 알렉은 가문에 관한 이야기와 더불어 테스를 위해 딸기를 먹여주고 장미 꽃밭에 가서 장미꽃을 꺾어 가슴에 꽂으라고 주고 모자에도 꽂아주고 난 뒤 천막으로 와서 식사를 하는 테스의 예쁜 모습을 지켜본다. 하디는 이 부분에 대해 "여성을 대상화하여 관음적인 입장을 강조하게 만드는 장면"[116]으로 강조했다. 폴란스키는 원작이 주는 관음적인 특성을 살리기 위해 카메라로 나스타샤 킨스키의 딸기를 먹는 매혹적인 입술 모습을 단계적으로 클로즈업하여 보여주면서 관음적 이미지를 강조했다. 이와 더불어 폴란스키는 원작에 없는 장면인 알렉이 테스에게 고기를 썰어서 주는 장면을 강조하여 영상으로 처리하면서 테스 입술의 붉은색, 딸기의 붉은색, 장미의 붉은색 그리고 고기의 붉은 색상이 주는 비극성을 강조하기보다는 테스에 대한 알렉의 성적 욕망을 드러내 보이는 것으로 표

---

116) Peter Widdowson, *On Thomas Hardy: Late Essays and Earlier*. Basingstoke: Macmillan, 1998. p.131.

현했다. 이 장면에서 BBC 드라마는 원작이 주는 관음적인 이미지의 모습은 강조하지 않고 단순하게 알렉이 테스에게 딸기를 먹여주는 모습만을 보여주었다. BBC 드라마는 하디 원작의 내용에 충실하게 각색하였지만 원작이 주는 관음적인 이미지와 색상이 주는 비극적 요인 등에 대해서는 재현하지 않고 생략하여서 원작과 폴란스키의 영화만큼 그 의미가 비중 있게 전달되지 않았다.

9월 축제일에서 돌아오는 길에 테스는 알렉과 함께 트란트릿지로 가기위해 체이스 숲으로 들어간다. 어둠과 안개로 덮여 있는 비극을 잉태하는 체이스 숲에서 테스는 알렉에게 반강제적으로 순결을 잃는 가장 비극적인 부분을 원작에서는 애매모호하게 처리했다.

> "알렉은 무릎을 굽혀 테스의 따뜻한 숨결이 그의 얼굴에 닿을 때까지 몸을 아래로 숙였다, 그리하여 순식간에 알렉의 뺨이 그녀의 뺨과 닿았다. 그녀는 깊은 잠에 빠져 있었고 속눈썹에는 눈물 자국이 남아 있었다. 주위는 어둠과 적막뿐이었다."

> "He knelt, and bent lower, till her breath warmed his face, and in a moment his cheek was in contact with hers. She was sleeping soundly, and upon her eyelashes there lingered tears. Darkness and silence ruled everywhere around."(*Tess*, 57)

테스의 비극적인 요소 중에 가장 큰 요인이 된 사건이 전개되는 장면이다. "하디의 원작에서 가장 생생한 부분인 '희생의 이미지(sacrificial images)'"[117]를 불러일으키고 있는 체이스 숲에서의 알렉과 테스와의 관계를 폴란스키는 로맨스적 요소를 삽입하여 알렉은

---

117) Dale Kramer, *Critical Essays on Thomas Hardy: The novels.* Boston: G. K. Hall & Co. 1990, p.221.

테스로 인해 말에서 떨어지게 되고 두 사람의 성적인 관계가 달빛과 안개 속의 분위기에서 처리되면서 원작과는 다르게 변형되어 각색 처리되었다. 또한, 폴란스키는 체이스 숲에서 관계를 맺은 후 원작에는 전혀 없는 부분을 할리우드식 멜로드라마 요소를 가미해서 알렉이 테스에게 모자를 사주고 호수에서 뱃놀이를 하는 아름다운 연인들의 관계로 처리했다. 반면에 BBC 드라마에서는 말을 타고 오는 중에 테스는 알렉에게 기대어 잠깐 졸고, 짙은 안개 속에서 알렉과 테스가 관계를 맺는 장면은 다소 어둡게 묘사 되고 있다. 그러나 원작과 다르게 테스와 관계를 맺고 난 후 알렉이 숲에서 눈물을 흘리면서 넋이 반쯤 나가 있는 상태인 테스에게 "안개가 사라지고 있어. 우리는 집에 가는 길을 찾을 수 있을 거야"라고 말하고 떠나는 알렉의 무책임성을 보여주었다. 이 장면에서 테스는 순결 상실로 인해 눈물을 흘리고, 옷이 풀어 헤쳐진 상태에서 울면서 새들에게 휘파람을 불어주는 장면으로 원작이 변형되어 각색 처리되었다. 그렇지만 원작의 많은 부분이 변형되어 영상으로 처리되었다고 볼 수는 없다.

체이스 숲에서 알렉에게 순결을 빼앗기고 말롯의 집에 돌아왔을 때, 테스는 어머니 조안이 "그 사람을 결혼하게 붙잡을 생각이 없었으면 좀 조심하지 그랬어!"("You ought to have been more careful if you didn't mean to get him to make you his wife!" *Tess,* 64)라고 나무라자, 테스는 다음과 같이 처절하게 자신의 처지를 비참하게 여기며 어머니 조안에게 울분을 토해낸다.

"아, 엄마, 엄마! 처절한 심정으로 어머니 조안을 쳐다보며 울분을 토해낸다. 내가 어떻게 알 수 있었겠어요? 넉 달 전에 집을 떠날 때 난 겨우 어린애였는데요. 왜 모든 남자들은 위험하다고 말해주지 않았어요?"

"O mother, my mother!" cried the agonized girl, turning passionately upon her parent as if her poor heart would break. "How could I be expected to know? I was a child when I left this house four months ago. Why didn't you tell me there was danger in men-folk?"(*Tess*, 64)

위 대화는 테스가 알렉에게 체이스 숲에서 처녀성을 잃고 집으로 돌아와서 엄마와 원망 어린 대화를 하는 장면이다. 하디의 독자는 순결을 잃고 슬픔에 차 있는 테스에게 순결의 책임이 자식에게 있는 것처럼 말하는 테스의 엄마 조안을 "테스는 엄마 조안이 아버지 더비필드와 선술집에 술 마시러 갈 때 어머니를 대신하여 동생들을 돌보는 역할이며, 테스가 생각하는 엄마는 테스가 집을 떠나야 하는지 말아야 하는지 결정할 수 없을 정도로 무기력한 존재"[118]로 기억하게 한다. 그러나 폴란스키는 가정에서의 테스의 존재를 강하게 피력하는 이 장면을 영상화하지 않고 들판에서 아이에게 젖을 먹이는 테스의 모습으로 전환시킨다. 즉, 나스타샤 킨스키가 이러한 테스의 삶의 측면들을 연기하지 않았다는 것은 폴란스키가 "테스의 비극을 남성들로 인하여 결정되는 것이 아니고 비극적인 가족관계에서 비롯된 것임을 빠뜨렸기 때문에 생긴"[119] 일이다. 이 장면에 대해 BBC 드라마는 슬픔에 차서 집에 돌아오는 테스가 엄마 조안

---

118) Charles L. Fierz, 1999, p.107.
119) Charles L. Fierz, 1999, p.107.

에게 "위험한 것도 있다고 왜 말 안 했어? 왜 나한테 경고를 안 했어?"라고 말하며 슬피 우는 테스를 엄마 조안이 안타깝게 내려다보는 것으로 영상화했다. BBC 드라마에서 테스는 집안의 경제적 압박감을 해결해나가는 강한 여성의 이미지를 드러내 보이면서도 한 남자에게 순결을 빼앗긴 나약한 여성의 이미지 또한 보여준다. 테스는 알렉에게 순결을 빼앗기고 말롯에 돌아와 슬픔이라는 뜻을 가진 '쏘로우(Sorrow)'를 낳는다. 그러나 아기가 세상에 태어난 것 자체가 죄를 지은 것이라고 생각한 아버지는 가문의 이름을 더럽혔다고 하여 신부가 세례를 주기 위해 집 안으로 들어오는 것을 거절한다. 결국 테스는 동생들을 모두 깨워 본인 스스로 세례 줄 것을 결심한다.

> "기다란 흰색의 잠옷에다, 검은 머리채를 등 뒤로 곧게 허리까지 땋아 늘이고 있었기 때문에 그녀는 이상하게 키가 커 보이고 또 위압적인 인상을 주었다. 가물거리는 촛불의 희미한 빛은 다행스럽게도 그녀의 모습으로부터, 햇빛 속에서라면 드러났을 그녀의 작은 흠집들-그루터기에 긁힌 손목의 상처와 피곤에 지친 두 눈-을 감추어주었다. 지극히 열정적인 그녀의 모습은 불행의 원인이 되었던 그녀의 얼굴을 변모시키는 효과를 발휘하여, 거의 제왕의 풍모에 가까운 위엄이 가미된 완벽한 아름다움을 갖춘 아름다운 모습으로 드러냈다. 졸음에 벌게진 눈을 끔벅거리며 무릎을 꿇고 앉은 어린것들은 놀라움을 잠시 멈추고 준비가 다 되기를 기다렸다. 밤이 너무 늦은 까닭에 그들의 둔감한 신체는 놀라움이 지속되는 것을 허용하지 않았던 것이다. 동생들 중에서 가장 놀란 아이가 물었다. "누나, 정말로 아기한테 세례를 줄 거야?" 소녀 같은 어머니는 엄숙하게 그렇다고 대답했다. "이름은 뭐라고 할 건데?" 쏘로우, 성부와 성자와 성령의 이름으로 그대에게 세례를 주노라."(김보원, 2000: 112-113)

Her figure looked singularly tall and imposing as she stood in her long white night-gown, a thick cable of twisted dark hair hanging straight down her back to her waist. The kindly dimness of the weak candle abstracted from her form and features the little blemishes which sunlight might have revealed--the stubble-scratches upon her wrists, and the weariness of her eyes--her high enthusiasm having a transfiguring effect upon the face which had been her undoing, showing it as a thing of immaculate beauty, with a touch of dignity which was almost regal. The little ones kneeling round, their sleepy eyes blinking and red, awaited her preparations full of a suspended wonder which their physical heaviness at that hour would not allow to become active. The most impressed of them said: "Be you really going to christen him, Tess?" The girl-mother replied in a grave affirmative. "What's his name going to be?" … "Sorrow, I baptize thee in the name of the Father, and of the Son, and of the Holy Ghost."(*Tess*, 74)

위 장면은 당시 가장 논란이 되는 부분이다. 특히 사생아를 낳은 죄 많은 여성인 테스가 자신의 아이에게 세례를 준다는 것 자체가 당시 사회에선 논란이 되었다. 세례를 주는 이 부분에서 테스는 기독교 문화가 정의하는 타락한 여인의 모습보다는 제왕처럼 강한 위엄을 지닌 당당한 여성의 모습을 보여준다. 원작의 종교적 색채 중에 가장 논란이 되는 이 부분에 대해 폴란스키는 세례를 주기 위해 찾아온 신부에게 아버지 더비필드가 "신에게 가서 그렇게 전해요. … 이 집에 한 발자국도 못 들어와"라고 주장하여 결국 신부는 집에 들어오지 못해 아이는 세례를 받지 못하는 것으로 처리한다. 결국 테스 혼자 "제게 벌을 내리시고 아이에겐 자비를 베푸소서" 하는 것으로 영상화하여 원작과는 달리 세례식을 생략한다. 다음 날 테스는 신부에게 찾아가서 세례식의 적법한 절차와 기독교식 장례식을 부탁하지만 거절당하자 나뭇가지 두 개와 끈으로 조그마한 십자가를 만들어 매장하는 것으로 세례식에 대한 암시와 장례를 재현했다. 특히 기독교식 윤리에 대해 비판하고 있는 하디의 원작과는 다르게 폴란스키는 비극적 요소의 매체가 되고 있는-알렉이 회개하여 전도하는 부분에서 테스를 만나 새로운 비극을 향하는 부분 등- 많은 종교적인 부분들을 영상으로 처리하는 것을 생략하여 원작의 충실성은 현저하게 떨어지게 만들었다. 폴란스키는 종교적인 권위를 가지고 있는 모습으로 등장하는 BBC 드라마와는 다르게 교구 신부의 모습을 양봉업자의 옷차림을 하고 있으며 성직자의 제의적 의상에 대한 여성화된 패러디처럼 보이게 했다. 표면상으로 편협한 교회와 종교에 대한 비판의 시각을 지닌 하디의 비판적 사고에 대해 폴란스키는 위선적인 종교의 모습으로 풍자화하여 영상으로 처리하는 전략을 취했다.[120] 그러나 BBC 드라마는 폴란스키의 영화와는 다르게 대부분 종교적인 부분들을 원작과 충실하게 각색하여 처리했다. 특히, 세례를 직접 동생들과 함께 주는 장면에서 테스는 나약하고 수동적인 모습에서 벗어나며, 종교적인 타락한 여인의 죄의식을 탈피한 당당한 모습을 지닌 여성으로 처리했다.

아이를 잃고 슬픔에 빠진 테스는 집안의 가장으로서 생계를 꾸리기 위해 탈보테이즈 낙농장으로 일하러 떠난다. 그곳에서 선진적인 사상을 가지고 있는 에인젤을 만나게 되고 마음의 평화를 찾으며 삶에서 가장 행복한 날을 보내게 된다. 탈보테이즈 낙농장에서 에인

---

120) 윤천기, 앞의 논문, 2009, pp.120-121.

젤은 테스에게 결혼해달라고 청하지만 테스는 "묻지 마세요. 이유를 말씀드렸잖아요-어느 정도는요. 저는 어울리지가 않아요-자격이 없어요"("Don't ask me. I told you why--partly. I am not good enough--not worthy enough." *Tess,* 137)라고 말하며 거절한다. 그러나 에인젤이 집요하게 구애해오자 테스는 "전-전 더비필드가 아니라 더버빌 집안이에요-우리가 지나쳐온 그 옛날 저택의 주인이었던 사람들과 같은 집안의 후손이에요!"("I--I--am not a Durbeyfield, but a d'Urberville--a descendant of the same family as those that owned the old house we passed." *Tess,* 147-148)라고 말하면서 거듭 거절하지만 결국엔 에인젤에게 결혼을 승낙한다. 결혼 승낙 후 테스에게 다가오는 비극의 암시와 불길한 징조는 계속된다. 그러나 폴란스키는 결혼하기 전 세 번 일요일에 교회에서 결혼을 예고하는 '결혼예고', 결혼하는 당일 언급되는 더버빌 가문의 마차 살인사건 및 오후에 수탉의 우는 소리 등 "초자연적인 부분과 연관되어 있는 부분"121)들은 대부분 영상화하지 않고 생략했다. 폴란스키는 비극적인 요인을 암시하는 이러한 초자연적인 부분들에 대해 영상으로 처리하지 않았지만 탈보테이즈 낙농장에서의 삶을 밝은 빛으로 처리하여 테스와 에인젤의 로맨스적 요소를 희망의 장소로 재현했다. 또한 에인젤이 연주하는 아름다운 음악과 자연의 아름다움을 화면 전체에 묘사하면서 아름다운 남녀의 사랑노래로 테스에게 희망을 전해주는 부분으로 영상화했다. BBC 드라마는 폴란스키의 영화와 마찬가지로 탈보테이즈 생활을 테스에게 꿈과 희망으로 가득 차 있는 행복한 곳으로 보여주고, 또한 낙농장에서의 생활을 통해 테스가 주

---

121) Jeremy Strong, 2006, p.197.

위사람들로부터 인격적인 존중을 받는 장소로 영상을 처리하였으며, 테스에게 다가오는 불길한 비극의 암시인 초자연적인 부분들은 생략했다. 테스와 에인젤은 결혼식 전 여행에서 테스를 알아보는 한 남자를 만나게 되고 에인젤은 테스가 모욕을 당했다는 생각에 주먹으로 후려친다.

이 사건을 계기로 테스는 고백편지를 써서 에인젤의 방 문지방에 넣어두었으나 2, 3일 후에 문지방 밑에서 고백편지를 발견하게 된다. 즉, 테스가 생각하는 기적은 아직 일어나지 않았던 것이다. 테스는 편지가 잘못 들어갔다는 사실을 알고 재차 과거를 고백하려 한다. 테스가 층계참에서 에인젤을 만났을 때 "꼭 해야 될 얘기가 있어요-제 실수와 잘못을 모두 말씀드리고 싶어요!"("I am so anxious to talk to you--I want to confess all my faults and blunders!" *Tess,* 166)라고 말하자 에인젤은 이젠 시간이 많으니 결혼 후에 서로 간의 잘못에 대해서 고백하자고 한다.

> "…테스, 내 사랑하는 이여 적어도 결혼하는 오늘만은 당신은 완벽한 사람이 돼야 해요! 결혼식 후에 시간이 많으니 그때 고백합시다. 나도 잘못을 같이 고백하겠소."

> "No, no--we can't have faults talked of--you must be deemed perfect today at least, my Sweet!" he cried. "We shall have plenty of time, hereafter, I hope, to talk over our failings. I will confess mine at the same time."(*Tess,* 166)

위 대화는 결혼 전 마지막으로 테스는 다시 한번 용기를 내어 자신의 죄 많은 과거에 대해 털어놓고 싶었으나 결혼에 취한 에인젤이 결국 결혼 후로 서로 간의 고백을 돌리는 장면이다. 결혼 후에 서로 간의 고백을 하지만 에인젤의 과거에 대해 테스는 용서하지만, 테스의 과거에 대해 에인젤은 용서하지 않고 오히려 "다시 말하지만, 내가 사랑했던 여인은 당신이 아니요"("I repeat, the woman I have been loving is not you." *Tess*, 179)라고 말하며 자비를 요청하는 테스를 일종의 가증스러운 위선자이자 사기꾼으로, 그리고 순결의 가면을 쓴 죄인으로 여기며 테스의 사고나 태도를 자신이 속한 계층보다 더 낮은 계층의 사람들의 태도로 정의를 내리는 위선적인 모습을 보인다. 선진적인 사고를 지니고 있는 에인젤이 결국은 기독교적 여성의 순결관을 극복하지 못하고 테스를 압박하는 이중적인 모습을 보이며 당대의 순결관과 이상적인 여성관에 고착화된 모습을 보여준다. 테스는 본인이 예전부터 예감했던 불길한 일들이 결국 일어나고 있다는 것을 느끼고 있었다.

> "하지만 그의 두 눈이 이상하게 허공에 고정되어 있는 것을 발견하면서… 그는 방 한가운데에 이르자 조용히 멈춰서더니 슬픈 목소리로 중얼거린다. '죽었구나! 죽었어! 죽었어!'라고 외치며 때때로 걸어 다니기도 하고 심지어 이상한 행동까지 했다. … 그가 이제 몽유병 상태에 빠져버린 것을 테스는 알 수 있었다. … 그녀의 입술에 키스를 했다. … 아! 그가 무슨 꿈을 꾸고 있는지 그녀는 그제야 알아차렸다. … 수도원장의 텅 빈 석관이 북쪽 벽에 바짝 붙어 놓여 있었는데, … 클레어는 그 속에다 테스를 조심스럽게 눕혔다. 그녀의 입술에 두 번째 키스를 한 다음 그는 마치 몹시 바라던 일이 끝나기라도 한 것처럼 깊은 한숨을 내쉬었다. 테스는 관에서 일어나 앉았다. … 그다음 날 아침 그를 만나자마자 테스는 지난밤의 짧은 여행에 자신이 얼마나 관계하였는지를 에인젤이 모르고 있다는 사실을 깨달았다.

다만 자기 스스로는 조용히 잠을 자지는 않았구나 하는 것은 알고 있는 듯했다. 사실 그날 아침 그는 죽음처럼 깊은 잠에서 깨어났다. 삼손이 머리를 흔들 듯이 뇌가 활동을 시작하는 처음 얼마 동안 그는 밤새 무슨 이상한 일이 일어났다는 느낌은 있었다. 하지만 임박한 현실의 문제들이 곧 그 문제에 대한 생각을 밀어내고 말았던 것이다.”(김보원, 2000: 303-308)

“···and her first flush of joy died when she perceived that his eyes were fixed in an unnatural stare on vacancy. When he reached the middle of the room he stood still and murmured in tones of indescribable sadness-- “Dead! dead! dead!”
Under the influence of any strongly-disturbing force Clare would occasionally walk in his sleep, and even perform strange feats, such as he had done on the night of their return from market just before their marriage, when he re-enacted in his bedroom his combat with the man who had insulted her. Tess saw that continued mental distress had wrought him into that somnambulistic state now. ···As soon as they met the next morning Tess divined that Angel knew little or nothing of how far she had been concerned in the night's excursion, though, as regarded himself, he may have been aware that he had not lain still. In truth, he had awakened that morning from a sleep deep as annihilation; and during those first few moments in which the brain, like a Samson shaking himself, is trying its strength, he had some dim notion of an unusual nocturnal proceeding. But the realities of his situation soon displaced conjecture on the other subject.”
(*Tess*, 193-196)

이 장면에서 독자와 테스 둘 다 에인젤이 드디어 테스의 과거를 용서하고 결혼 전의 서로 사랑하는 사이로 되돌아가 행복한 결혼생활을 이끌어가려 한다고 생각한다. 그렇지만 우리는 곧 에인젤이 "몽유병에 걸렸음을 깨닫게 되며 헛된 희망"[122]이라는 것을 인식한다. 이 부분에서 하디의 소설에서는 에인젤이 스스로가 느끼는 순결 문제를 극명하게 표현하고 있으며, 결국 에인젤이 생각하는 순결한 테스가 죽었다고 인식하며 다가오는 불행을 고조시킨다. 원작에서 중요하게 묘사되는 이 부분이 폴란스키의 영화와 BBC 드라마에서는 테스를 순결한 여인이라고 생각한 에인젤이 충격을 이기지 못하고 절망 어린 모습으로 멍한 모습을 보이며 밖으로 걸어가는 장면으로만 처리했다. "테스는 여자로서 그리고 노동계급으로서 착취를 당하는"[123] 플린트컴-애쉬-하디의 소설 플롯에서 중요하게 여겨지는 장소로 일하러 가는 도중 숲에서 잠을 청하기도 한다. 이렇듯 소설 플롯에서 중요한 장소인 탈보테이즈와 플린트컴-애쉬에 대해 잉햄이 언급한 것처럼 탈보테이즈는 여성으로서 그리고 노동자의 모습으로서 테스에게 꿈과 희망을 제시하는 장소였다면, 플린트컴-애쉬는 비인간적인 노동의 모습과 붉은 독재자인 탈곡기로 인한 노동착취의 현장인 것이다. 즉, 탈보테이즈와 플린트컴-애쉬는 소설 플롯의 중요한 장소이자 그 성격이나 실제상황이 현저하게 대조적인 모습을 띠고 있다. 폴란스키의 영화와 BBC 드라마에서도 소설의 "주요한 플롯 기능자로서 역할을 하는"[124] 탈보테이즈와 플린트컴-애쉬 생활을 통해 테스에게 희망과 절망감을 대비시키며 보여주는 영상 전략을 취했다. 특히, 플린트컴-애쉬는 테스에게 자연은 때

---

122) Jeremy Strong, 2006, pp.195-196.

123) Patricia Ingham, *The Language of Gender and Class.* London and New York: Routledge, 1996, p.167.

124) 윤천기, 2009, p.115.

로는 안식처가 되고 때로는 비극의 요인이 된다는 것을 더욱 강조하며 보여준다. 원작에서 묘사되는 숲 중 체이스 숲은 알렉에게 순결을 빼앗기는 비극의 장소가 되었고, 플린트컴-애쉬로 가는 숲은 테스를 쉬게 하는 잠자리가 되어주면서 '꿩'의 죽음을 통해 다가오는 테스의 죽음 또한 암시해주는 역할을 한다.

> "마침내 날이 샜다. 잠깐 사이에 하늘이 훤해지더니 숲속도 밝아졌다. 세상이 활동하는 시간을 확실하게 알리는 낯익은 햇살이 좀 더 강해지자 그녀는 곧 낙엽 더미에서 빠져나와 대담하게 주변을 둘러보았다. 그제야 그녀는 자기를 불안하게 만들었던 소리가 무엇인지 깨달았다. … 나무 밑에는 화려한 깃털이 피범벅이 된 몇 마리 꿩이 흩어져 있었다. 어떤 것은 죽어 있었고, 또 어떤 것은 힘없이 날개를 파닥거렸으며, 하늘을 쳐다보는 놈, 가쁜 숨을 내쉬는 놈, 몸부림을 치는 놈, 몸을 축 늘어뜨린 놈-모두 고통스럽게 몸뚱이를 비틀고 있었고, 다만 더 이상 견디지 못한 운 좋은 몇 마리만 밤새 고통이 끝나 있었다. … 고통을 받고 있는 새들이 마치 자기 자신인 것 같은 충동이 들어 테스는 그 꼼짝 못하고 있는 살아 있는 새들을 고통에서 해방시켜 주어야겠다는 생각이 먼저 들었다. 그렇게 하기 위해 그녀는 눈에 띄는 새들은 모두 찾아서 제 손으로 목을 비틀어 죽인 다음, 사냥터지기들이 찾으러 다시 올 때까지-그들은 십중팔구 오게 되어 있었다- 원래 있던 그곳에 그대로 놓아두었다."(김보원, 2000: 342-343)

"Directly the assuring and prosaic light of the world's active hours had grown strong she crept from under her hillock of leaves, and looked around boldly. Then she perceived what had been going on to disturb her. The plantation wherein she had taken shelter ran down at this spot into a peak, which ended it hitherward, outside the hedge being arable ground. Under the trees several pheasants lay about, their rich plumage dabbled with blood; some were dead, some feebly twitching a wing, some staring up at the sky, some pulsating quickly, some contorted, some stretched out--all of them writhing in agony, except the fortunate ones whose tortures had ended during the night by the inability of nature to bear more. ···With the impulse of a soul who could feel for kindred sufferers as much as for herself, Tess's first thought was to put the still living birds out of their torture, and to this end with her own hands she broke the necks of as many as she could find, leaving them to lie where she had found them till the game-keepers should come--as they probably would come--to look for them a second time."(*Tess*, 218-219)

위 장면은 다르게 생각하면 테스가 총을 맞고 꿈틀거리는 꿩들을 죽인 모습에서 잔인성을 볼 수 있으나 테스 자신이 처한 상황과 작품의 전체를 비교해보면 또 다른 테스의 모습을 보여준다. 사냥 후에 테스의 주위에서 죽어가는 꿩의 고통 속에서 우리 인간들의 "냉혹성과 잔인성"[125]을 엿보며 테스는 스스로가 세상에서 가장 불쌍하다고 여겼지만 사냥꾼의 총에 맞아 죽어가는 꿩들의 몸부림을 보며 자신만이 세상에서 가장 불행하다고 여겼던 것을 부끄럽게 여긴다. 테스는 꿩의 죽음과 자신이 처한 현재의 삶에 대한 동질감을 느끼고, 하디는 꿩의 죽음을 테스의 파멸과 비교하여 암시하고 있다. 폴란스키의 영화에서는 짙은 안개가 긴 들판에서 사냥꾼들이 개들을 데리고 다니며 사냥하는 모습이 나오고 테스가 숲에서 잠을 자

---

125) 곽세, 앞의 논문, 1992, p.17.

기 위해 나뭇잎을 모으고 "모든 것이 덧없구나"라고 독백하는 순간에 가장 순수함을 상징하는 사슴을 보게 되는 장면을 영상 처리하였으나 꿩의 죽음 등 자연이 주는 비극적 암시는 시각적인 이미지인 영상으로 처리하지 않았다. 폴란스키는 이러한 자연이 주는 비극성에 대한 시퀀스가 생략되어서 체이스 숲을 제외한 자연은 단순한 소설 플롯의 정보제공자로서 존재하는 영상의 전략을 취했다. 폴란스키와는 약간 다른 모습으로 BBC 드라마는 플린트컴-애쉬로 일하러 가는 도중에 결혼 전 여행에서 만난 그로비와 사냥을 하고 있는 그로비의 동료들에게 놀림을 당하자 테스는 스스로 울부짖으면서 흙으로 자기 얼굴을 비비며 상처를 내는 처참한 모습을 보여준다. 이러한 자기 학대의 모습을 영상으로 보여주면서 자연을 단순한 아름다움과 희망의 상징이 아닌 비극의 모습을 지닌 영상으로 처리했다. 그러나 꿩의 죽음이라는 자연이 주는 비극적 암시는 영상으로 처리하지 않았다. 즉, 폴란스키의 영화와 BBC 드라마는 에인젤과의 사랑 및 탈보테이즈 낙농장의 밝은 모습 등에서 자연은 아름답고 밝은 모습으로 처리하였으나 플린트컴-애쉬와 체이스 숲이 주는 자연은 어둡고 비극적인 요소를 지닌 캐릭터로서 묘사했다. 원작의 43장 척박한 플린트컴-애쉬의 생활에서 테스는 삶이 너무 힘들고 희망이 없다고 판단하여 에인젤의 부모를 만나기 위해 사제관이 있는 에민스터로 찾아가지만 차마 만날 수가 없어서 멀리서 바라만 본다. 테스는 자기 인생의 위기가 다가오고 있음을 느끼면서 척박하고 고통스러운 플린트컴-애쉬 농장으로 되돌아오는 중에 자신은 죄인 중의 죄인이었으나 클레어 신부를 만나 회개했다고 하는 소리를 듣게 된다.

"하지만 테스에겐 성경의 구절보다 그 내용을 말하는 목소리가 더욱더 놀라웠다. 그 목소리는 있을 수 없는 것처럼 보였지만 정확히 알렉의 음성이었다."

"But more startling to Tess than the doctrine had been the voice, which, impossible as it seemed, was precisely that of Alec d'Urberville."(*Tess*, 238)

위 장면은 테스가 고통과 아픔 속에서 에민스터에 있는 에인젤의 부모에게 모든 상황을 설명하기로 굳은 결심을 하고 갔으나 결국 만나지 못하고 돌아오는 길에 자신을 불행의 구덩이로 몰아넣었던 사람의 목소리를 듣는 장면이다. 바로 그 목소리는 테스 자신을 비극으로 몰아넣었던 결코 용서할 수 없는 사람의 목소리였던 것이다. 그러나 자신의 순결을 앗아간 알렉과의 우연한 만남이 테스를 다시 한번 거대한 비극적인 메커니즘으로 몰아넣는 요인이 되게 한다. 이러한 눈에 보이지 않는 거대한 힘에 좌우되는 우연한 만남을 한마디로 표현한다면, 그것은 우주 속에 내재해서 세계의 모든 것을 통찰하는 '내재적 의지'라고 보고 있다.126) 이러한 내재적 의지는 인간의 힘으로는 도저히 어찌할 수 없는 것이며, 인간의 외부세계에만 존재하는 것이 아니고 인간 내부에서도 존재하는 초자연적인 운명의 주관자를 의미하는 것이다. 하디의 작품 『테스』에서의 "비인간적인 잔인성은 이러한 내재적 의지"127)에 연관되어 있으며 작품 전체를 지배하는 거대한 메커니즘으로 자리 잡고 있는 것이다. 특히 원작의 '제5장 여자는 값을 치른다(The Woman Pays)', 이것은 남자

---

126) 곽세, 1992, pp.25-26.

127) Satoshi, Nishimura, "Language, Violence, and Irrevocability: speech acts in Tess of the D'urbervilles." Studies in the Novel. 37.2, 2005, p.221.

들로 인해 고통을 받는 불행한 테스에 대한 안타까움을 표현한 장이다. 또한 이 장은 에인젤도 알렉과 다를 바 없이 잔인하고 억압하는 남성상을 보여주는 장으로 전개되며 테스가 알렉뿐만 아니라 에인젤에게서도 똑같은 슬픔과 고통을 맛보게 되는 부분이다.[128] 그러나 폴란스키의 영화와 BBC 드라마에서는 에인젤은 알렉만큼 난폭하게 표현되지는 않았다.

이처럼 테스가 에인젤의 부모를 만나지 못하고 플린트컴-애쉬로 돌아올 때 설교하고 있는 알렉과 우연히 만난 후 보게 되는 돌기둥 '크로스 인 핸드(Cross-in-Hand)' 부분을 폴란스키는 색다른 영상으로 그려내고 있다. 폴란스키는 원작의 흐름을 바꾸어서 에인젤의 부모를 만나기 위해 에민스터 사제관으로 가는 도중에 사제관에서 에인젤 부모와 상면이 이루어지지 않을 것이라는 암시와 평생 만나고 싶지 않은 알렉을 만남으로써 발생하는 우연이 만들어낸 비극적 요소를 상징적으로 암시하기 위해 '크로스 인 핸드'의 의미를 지나가는 노인한테 듣는 장면으로 처리했다. 또한 내재적 의지로 인한 비극의 씨앗인 알렉과의 만남과 알렉의 설교 장면 등은 영상화하지 않고 알렉이 말을 타고 플린트컴-애쉬로 테스를 찾아오는 장면으로 처리하면서 비극적 요소보다는 로맨스적인 요소를 가미했다. BBC 드라마는 비극적인 요소를 동반하면서 원작에 충실하게 알렉이 천막 안에서 사람들에게 성서의 갈라디아서를 설교하며 본인은 죄인이라는 말을 하는 중에 테스를 발견하게 되는 것으로 처리한다. 이 장면과 더불어 천막에서 도망가는 테스를 쫓아가서 자기가 저지른 과거를 용서하라고 말하는 알렉의 모습을 보여주면서, 알렉의 말을

---

128) Charles L. Fierz, 1999, p.107.

들고 슬픔에 가득 찬 얼굴을 한 테스가 아이를 낳았고, 그 애의 이름이 '쏘로우'였다고 말하는 것으로 폴란스키의 영화와는 다르게 테스가 처한 비극의 부분들을 더욱 강조하면서 애절하게 말하는 테스의 모습을 영상화했다. 또한 알렉이 말하는 교회를 "당신네 훌륭하고 고귀한 교회가 그 애에게 허락한 거라곤 거지의 무덤이 전부였어!"라고 알렉이 믿는 종교를 비판하면서 다시는 알렉 당신을 보고 싶지 않다고 말하며 떠나는 것으로 묘사하였으나 비극의 상징인 '크로스 인 핸드'는 영상으로 처리하지 않고 생략했다. 이 장면에서 BBC 드라마가 폴란스키의 영화처럼 인간 스스로가 헤쳐나가기 힘든 비극적 메커니즘을 비유한 크로스 인 핸드를 영상으로 처리하였더라면 과거의 욕망으로 가득 찬 모습을 지닌 알렉과의 비극적인 만남이 더욱 강조되었을 것이다.

하디의 원작에서는 플린트컴-애쉬로 돌아와서 일하는 테스를 쫓아온 알렉이 테스에게 결혼하자고 말하는 장면, 붉은 탈곡기의 노동의 착취 장면 그리고 알렉과의 논쟁 속에서 장갑으로 알렉을 쳐서 피가 나오게 하는 장면 등의 에피소드를 통해 더욱더 테스의 비극성을 강조하고 있다. 그러나 폴란스키는 탈곡기의 노동착취 등 원작에 충실하게 영상으로 처리하였으나, 에인젤의 브라질 생활과 테스에게 저지른 뉘우침 장면, 동생 리자 루가 어머니가 편찮으시다고 말하는 장면 등을 생략하거나 일부는 변형적으로 각색하여 영상 처리했다. 또한 아버지 더비필드가 위독하여서 돌아가시면 테스 가족이 쫓겨나니 자신이 도와줄 수 있게 해달라는 것으로 영상화하였지만 당시의 산업사회의 발전으로 농촌생활의 피폐화와 노동자 계급의 열악한 조건 등에서는 원작의 의미를 전달하지 못하고 단순히 이사하는 모습으로 처리하는 아쉬움을 갖게 했다. BBC 드라마는 폴란스키의 영화보다는 원작의 의미를 최대한 살려서 비극적인 요소들을 제공하거나 암시하면서 각색 처리하였으나 폴란스키와 유사하게 당시의 사회적 요인들에 대한 설명 없이 영상 처리하는 한계를 지니고 있다. 즉, 이러한 사회적 요인들을 영상으로 처리하지 않음으로 인해 BBC 드라마와 폴란스키의 영화에서는 농촌의 경제적인 현실이 만들어낸 비극적인 요소들의 시퀀스를 원작의 의미를 살려서 사실적으로 각색하지 않고 변형하여 원작이 주는 감동을 충분하게 전달하지 못했다.

이어서 테스는 아버지의 사망으로 인하여 이사 가는 중에 알렉이 와서 다시 한번 더버빌 집안의 마차에 관한 살인사건을 언급하면서 앞으로 일어날 살인사건에 대한 비극적 암시를 상기시켜 준다. 테스는 집안이 처한 "경제적 현실을 해결할 수 있는 가장 쉬운 방법"129) 으로 알렉에게 돌아가는 것을 선택하게 되는 것이다. 브라질에서 돌아온 에인젤은 테스를 찾아다니면서 어머니 조안을 만나 테스가 샌번에 산다고 듣고 찾아 나선다. 폴란스키는 원작에 충실하게 각색하여 재현하였으나 테스에게 닥칠 비극적 암시인 더버빌 집안의 마차에 관한 살인사건은 영상으로 처리하지 않음으로써 유전적으로 내려오는 비극적인 요인들에 대해서는 작품 전체에서 생략했다. BBC 드라마는 폴란스키의 영화와 마찬가지로 테스가 경제적인 현실을 해결하기 위해 알렉에게 돌아가는 부분을 영상으로 처리하였지만, 비극적 암시인 더버빌 가문의 조상들이 벌인 유전적인 상황과 연결된 마차 살인사건은 영상에서 생략하는 전략을 취했다. 결국 BBC 드라마와 폴란스키의 영화는 트링엄 신부를 통한 더버빌 가문의 내

---

129) Charles L. Fierz, 1999, p.107.

력을 통해 집안의 불행이 시작되었음을 보여주고 있으나, 조상부터 내려오는 마차의 살인사건을 영상화하지 않음으로써 하디가 전하고 자 하는 인간의 힘으로는 거부할 수 없는 내재적 의지로 인한 비극 적 상황들이 관객들에게 효과적으로 전달되지 못하는 결과를 가져왔다. 이처럼 전체적인 틀에서 보면 영상과 소설작품은 확실히 매체 적인 측면에서 차이가 존재하기에 관객과 독자들에게 동일한 효과를 줄 것이라고 생각하는 것은 무리한 작업일 것이다. 원작에서의 비극의 정점의 촉매인 에인젤과 테스의 만남의 장면, 테스와 알렉의 말다툼 장면, 그리고 알렉을 살해하고 도주하는 장면들을 폴란스키는 테스와 알렉과의 격렬한 말다툼 없이 아침을 먹는 알렉과 식탁에 엎드려서 슬피 우는 테스의 모습으로 처리했다. 그리고 알렉의 집에 일자리를 구하러 갔을 때 알렉이 고기를 썰어주는 칼과 유사한 칼을 영상으로 보여주면서 특별한 살해 장면 없이 급하게 계단을 내려가는 테스의 모습과 집안일을 하는 브룩스 부인이 천장에 피가 고이는 것을 보고 이층으로 올라가서 소리 지르는 것으로 살해 장면을 처리했다. 이 장면을 BBC 드라마는 원작에 충실하게 에인젤을 만나고 온 테스와 침대에 누워 있는 알렉과 격렬한 말다툼과 몸싸움을 하는 광경을 브룩스 부인이 문틈으로 보고 급하게 내려오고, 잠시 후에 브룩스 부인이 천장에 피가 고이는 것을 보고 올라가서 반라의 몸으로 앞가슴에 칼이 꽂혀 있는 알렉을 보면서 소리 지르는 것으로 살해 장면을 처리했다. 그러나 원작에서는 내러티브를 통해 보여주었듯이 테스가 알렉을 살해하게 되는 심리적인 경향은 가족에서부터 야기된 산물이며, 알콜중독의 상황인 가족의 구조에서 발생된 것임에도 불구하고 폴란스키의 영화와 BBC 드라마에서는 이 비극적 장면에 대한 가족의 구조 등에 대해선 아무런 영상의 제시도 하지 않은 채 단순히 살해의 사실만을 영상화했다.[130] 살인이라는 비극의 최대 요인을 폴란스키의 영화와 BBC 드라마는 원작을 최대한 충실하게 각색하려고 하였지만 테스의 캐릭터에 대한 가족관계의 영향력에 대한 증거를 충분하게 보여주지 않고 처리함으로써 부분적으로는 실패했다.

원작의 마지막 장면에서 테스는 살해를 하고 에인젤과 도주를 하고 서로의 사랑을 확인하며 스톤헨지에 도착해서 에인젤에게 자신의 진심 어린 심정으로 사랑하는 동생 리자 루는 자기의 분신과 같아서 동생을 보살펴달라고 부탁하며 자신의 죽음이 리자 루를 통해서 다시 이어진다고 한다.

> "리자 루는 제가 가지고 있는 것 중에서 나쁜 건 하나도 없고 좋은 것만 가지고 있어요. 리자 루가 당신의 여인이 된다면, 죽음도 우리를 갈라놓지 못한 셈이 되는 거예요."

> "She has all the best of me without the bad of me, and if she were to become yours it would almost seem as if death had not divided us⋯."(*Tess*, 311)

위 장면은 작품의 마지막 장면이고 작품 전체를 투영하는 가장 인상적인 장면이다. 테스는 알렉을 죽이고 도망치는 중에 에인젤에게 자신의 동생 리자 루를 부탁하고 그 리자 루를 통해서 자신과 연결될 거라는 것을 강조하는 부분이다. 그리고 스톤헨지의 돌을 가리키면서 "여기에서 하느님께 번제물[131]을 바쳤나요?"("Did they

---

130) Charles L. Fierz, 1999, p.108.

131) 번제물의 의미는 <기독교> 구약 시대에, 짐승을 통째로 태워 제물로 하느님께 바친 제사. 안식일, 매달 초하루와 무교절, 속죄제에 번제물로 제사를 지냈다.

sacrifice to God here?" Tess, 311)라고 에인젤에게 물으면서 테스 자신에게 다가오는 '번제물의 이미지'인 죽음을 암시하고, 결국 교수형으로 테스의 비극적 상황들을 종결했다. 폴란스키는 테스가 스톤헨지에 도착해서 에인젤에게 "더버빌 가문보다 더 오래되었어요. 죽은 후에도 다시 만날 수 있을까요?"라고 말하며 돌 위에서 잠을 잔다. 그러나 원작의 마지막 장면에서 하디는 내러티브를 통해 죽음의 과정들을 스톤헨지를 통해 "테스의 과거와 그녀가 저지른 범죄 및 그녀의 죽음까지 냉혹하게 독자들에게 제시하지만"132) 폴란스키는 테스가 체포되어 카메라에서 멀어지는 것으로 처리하면서 리자 루에 대해서는 전혀 언급 없이 자막으로 "웨식스의 수도인 윈톤체스터에서 교수형당했다" 하는 것으로 처리하여 종결한다. BBC 드라마는 스톤헨지에 도착해서 테스는 에인젤에게 "당신이 그 애와 결혼하면 죽음도 우릴 갈라놓지 못할 것 같아요"라고 말한다. 잡히고 난 뒤 감옥에 있는 테스의 모습을 영상 처리하여 보여주면서 형장으로 가는 테스의 모습에 테스와 에인젤의 만남의 장면, 오월제의 춤 장면 등이 오버랩 처리되고, 내레이터를 통해 원작과는 다르게 '주님의 기도' 소리와 함께 사형당하는 장면을 보여준다. 에인젤은 교도소 언덕에서 사형을 집행한 표시인 검은 깃발이 올라가는 것을 보고 슬피 울면서 리자 루와 손을 잡고 같이 떠나는 것으로 원작의 마지막 부분을 충실하게 처리했다. 폴란스키의 영화와는 다르게 BBC 드라마는 작품 전체에서 종교적인 색채를 영상으로 처리하면서 하디가 전하고자 하는 종교적인 색채를 최대한 전달하였고 마지막 장면에서는 종교적인 부분을 변형적으로 각색하여 원작에 없는

---

132) Charles L. Fierz, 1999, p.108.

부분인 주님의 기도를 삽입함으로써 테스의 비극적인 삶을 더욱 슬프게 처리했다. 결론적으로 폴란스키의 영화와 BBC 드라마는 원작과는 다르게 변형하여 각색하였지만, 영상이라는 매체의 특성을 최대로 활용한 결론 부분은 원작보다 더 잘 재현된 장면이라 하겠다. 이와 같이 원작 『테스』의 주요 플롯을 비교적 충실하게 각색한 폴란스키의 영화 <테스>는 원작에서 보이는 여성상의 재현과 계급적 상황, 종교적인 색채 및 테스를 둘러싼 비극적인 요인들을 생략하거나 다른 형태로 제시한다. 폴란스키는 영화의 여주인공 테스 역을 맡은 나스타샤 킨스키를 원작에서 보이는 "심신의 고난을 견뎌내는 강인한 인내력이 있고, 모진 역경에 처해서도 수치스러운 선택을 피하려는 강한 자존심이 있는"[133] 여인으로 처리하기보다는 남성들이나 관객들에게 볼거리의 한 부분으로서 응시의 대상이 되게 하는 여성의 육체와 성적인 부분에 중점을 두고 있다. 그러면서도 실질적인 가정의 가장으로서 주체적이며 적극적인 행동의 인격체인 테스보다는 할리우드식 멜로드라마의 유형을 띤 시각적인 아름다움의 대상으로 재현해내고 있다. 그러나 BBC 드라마에서의 주인공 테스는 원작의 이미지를 충실하게 각색하여 가정의 경제적인 상황을 헤쳐나가는 강한 여성의 이미지를 보여준다. 폴란스키의 영화와 BBC 드라마는 압도적인 비주얼을 사용해서 자연의 아름다움과 비극적인 요소를 전해주고 있는 음악 등 관객들을 위한 다양한 볼거리를 제공한 이미지는 성공적이었지만, 원작이 전해주는 초자연적인 비극적 요소, 자연과 연관된 비극적 암시와 종교적인 특성들이 많이 생략되었다는 것은 한계로 지적되지 않을 수 없다.

---

133) 양영수, 『산업사회와 영국소설』, 동인, 2007, p.157.

3.4. 결론

하디는 테스의 사랑을 아름답고도 치밀하게 묘사하였으며, 비열하고 탐욕스럽고 욕망에 불타는 알렉과 위선적인 에인젤을 등장시켜 빅토리아조의 인습, 기독교 사상의 비판과 도덕성에 비판을 가하고 있다. 작품 전반에 테스의 의지는 본인의 의지와는 상관이 없는 그 어떤 지배적인 힘에 의하여 조정된다. 이러한 지배적인 힘과 대립하고 갈등하는 상황에서 테스의 비극은 나타나게 된다. 이러한 비극적 요인을 조정하는 내재적 의지는 자연, 우연, 유전, 사랑, 종교, 색상 등 여러 가지 요인들로 설명될 수 있다. 테스의 성격은 내적인 비극의 요인으로써 테스를 비극적 상황으로 몰고 가는 데 중요한 역할을 수행한다. 또한 에인젤의 순결에 관한 집착과 알렉의 지나친 소유욕의 추구와 같은 성격은 테스의 비극적인 운명에 작용하는 가장 큰 요소로 존재하고 결국에는 주인공 테스에게 살인동기를 제공하여 파멸로 몰아넣는다. 이 외에 다른 비극의 요인으로써 말 프린스의 죽음, 에민스터를 다녀오는 도중에 개종한 알렉과의 우연적인 만남, 그리고 에인젤과의 결혼 전 여행지에서 과거를 아는 남자와의 만남 등은 이해하기 힘들지만, 하디는 우연을 운명의 대행자로 빈번하게 사용하여 비극적 요소를 피해갈 수 없는 것으로 강하게 묘사했다. 체이스 숲과 플린트컴-애쉬로 가는 도중 숲에서의 노숙 및 꿩 등 동물들의 죽음이 그려지는 자연은 작품의 배경으로만 있는 것이 아니고, 어둠, 안개의 모습을 한 하나의 비극적 요인들로 테스를 불행에 빠지게 하는 데 중요한 역할을 하고 있다. 과거를 고백하며 용서를 구하는 테스에게 계급적 제도를 인식시키는 에인젤, 가족의 경제적인 압박과 가난을 헤쳐나가는 가장으로서 시달리는 테스의 모습, 사회적인 인습 등이 그녀를 더욱 불행의 상황 속으로 몰아넣는다. 즉, 테스의 비극은 알렉에게 잃은 순결 자체보다는 사회적인 인습과 종교관에 더 큰 원인이 있다고 볼 수 있다.

하디의 소설 『테스』가 전하는 이러한 원작의 비극적 의미는 폴란스키의 영화와 BBC 드라마에서는 새로운 형태로 영상화된다. 원작과 영화, 그리고 드라마를 비교 분석한 결과를 보면, 먼저 폴란스키는 여주인공 나스타샤 킨스키를 할리우드 영화의 멜로드라마의 여성으로 각색하고 있음을 볼 수 있다. 폴란스키는 테스라는 여성을 주체적이며 자기주장이 강한 여성의 모습보다는 관능적인 여성의 모습을 강하게 영상화해서 남성들의 볼거리로 만들어 관객들에게 즐거움을 선사했다. 이러한 영상이미지는 영화가 가지고 있는 대중성과 상업성을 동시에 획득하고 있다. 3시간이라는 긴 상영시간에도 불구하고 지속적으로 발생하는 비극적 상황으로 인한 테스의 모습으로 관객은 지루한 느낌이 없이 영화에 몰입하게 된다. 물론 원작에서 하디가 의도한 자연, 종교적인 색채, 우연적인 상황, 자연과 연관된 비극적인 요인 및 암시 그리고 당대 농촌사회의 몰락과 계급적 상황 및 조상에 얽힌 유전적인 특징 등은 영상화되지 못하는 한계를 보인다. 이와 더불어 작품 전체의 비극을 이끌고 있는 테스 부모의 알콜중독으로 인한 경제적 압박, 말 프린스의 죽음, 당대 기독교적 종교관을 비판한 쏘로우의 세례와 장례식, 더버빌가에 내려오는 마차 살인, 결혼 예고와 수탉의 울음, 에인젤의 몽유병 장면, 마지막에 교수형의 암시와 슬퍼하는 에인젤과 리자 루의 모습 등은 영화에서 생략되고 있다. 오히려 알렉과 에인젤, 그리고 테스의 관계가 지나치게 할리우드식 사랑에만 포커스가 맞추어져 있어서 아쉬움은 남지만 전체적으로 원작에 충실하게 각색했다. BBC 드라마는 원작이 주는 깊이와 영상 매체 간의 대중성을 적절하게 조화시켜서 놀라울 만큼 원작에 충실하였고, 폴란스키의 영화에서 다루지 않았던 세밀한 부분까지 각색하여 영상으로 처리했다는 것이 가장 큰 장점이라 하겠다. 영화로는 원작의 깊이를 충분히 파악할 수 없었으나 오히려 BBC 드라마와 함께 감상하여서 '충실한 각색'의 의미를 더 잘 느낄 수 있는 계기가 되었다. 이렇게 폴란스키의 영화 <테스>, BBC 드라마 <더버빌가의 테스>는 각각 그 장르적 특성을 살리면서 각색과 변형을 통하여 원작에서 묘사하기 힘든 영상미학을 우리들에게 보여주고 있다.

『Wuthering Heights』와 『Alice's adventure in Wonderland』에 나타난 자아추구

4.1. 서론

전통적으로 문학작품은 독자에게 전달해야 할 의미가 있어야 하며 전달하고자 하는 의미가 존재하지 않는다면 그 작품은 문학으로서의 역할을 성실하게 수행했다고 할 수 없다. 본 논문에서 다루고자 하는 두 작품 『Wuthering Heights』(1847)와 『Alice's adventure in Wonderland』(1865)[134]가 출판된 시기는 모든 분야에서 상충하는 설명과 이론들의 시대였고, 과학과 경제에 신뢰를 두는 시대이자 사회적・영적 비관론의 시대였다.[135] 빅토리아 시대(Victorian era)[136]

---

134) Lewis Carroll, Alice's Adventure in Wonderland(Alice in Wonderland, A Norton Critical Edition, 1992)를 텍스트로 사용했다. 이후부터는 "이상한 나라"로 표기하고, 인용되는 구절은 본문에 포함하여 페이지만 표시하겠다. Emily Bronte, Wuthering Heights(Wuthering Heights, A Norton Critical Edition, Third Edition, 1990)를 텍스트로 사용했다. 인용되는 구절은 본문에 포함하여 페이지만 표시하겠다.

135) 앤드류 샌더즈, 정규환 역, 『옥스퍼드 영문학사』(동인, 2003), p.537.

136) 빅토리아 시대(Victorian era)는 영국의 빅토리아 여왕이 통치하고 있던 1837년부터 1901년까지의 기간을 의미한다. 이 시대는 영국 역사에서 산업혁명의 경제 발전이 성숙기에 도달하여 대영제국의 절정기로 간주되고 있다. 빅토리아 시대는 위와 같은 사회 변화의 관점에서 보통 초기(1843-1850년), 중기(1850-1870년대), 후기(1870-1901년)의 세 단계로 분류한다. 초기에는 빅토리아 이전 1832년에 열린 제1차 『선거법』 개정과 1846년의 「곡물법」 폐지 등에서 볼 수 있는 것처럼, 산업자본가 세력이 기지개를 커는 시대이다. 중기에는 1860

의 영국은 산업혁명의 결과, 기계문명과 경제적인 발전으로 다양한 변화와 활동이 팽배된 사회였으며, 인간들이 동물보다 우월한 종이 아니라는 빅토리아 시대의 두려움이 팽배하며, 이 거대한 변화로 말미암은 사회적 불안과 혼란은 실업, 저임금, 기아, 빈곤, 질병 등의 많은 사회문제를 불러일으키기에 충분했다. 이러한 빅토리아 시대의 환상문학으로서 루이스 캐럴(Lewis Caroll, 1832-1898)[137]의 『Alice's adventure in Wonderland』는 앨리스가 토끼 굴로 뛰어들어 온갖 모험을 하는 이야기로서 동화의 구조를 가지고 있는 환상문학이다. 『Alice's adventure in Wonderland』는 1862년 7월 4일 루이스 캐럴이 앨리스 자매들과의 뱃놀이에서 들려준 이야기를 바탕으로 수정·보완하여 이야기책으로 출판한 것이다. 캐럴은 앨리스 이야기책을 동화[138]라고 하였고, 따라서 이 작품들은 누구보다도 어린이를 위한 것이다. 특히, 『Alice's adventure in Wonderland』는 꿈이나 형식적인 예의, 광기의 논리 등을 적절히 혼합함으로써 영국 빅토리

년에 「영국-프랑스 통상 조약」 및 글래드 스톤 총리가 기반을 닦은 자유 무역체제가 갖추어져, 영국 제국은 전성기를 맞았다. 후반에는 영국 국내 생산 설비 노후 및 자본 중심의 지연에서 중화학 공업으로의 전환이 늦은 반면, 미국과 독일 등은 공업 기반을 늘려서, 영국이 경제 패권에 흔들리기 시작했다.
(https://ko.wikipedia.org/wiki/%EB%B9%85%ED%86%A0%EB%A6%AC%EC%95%84_%EC%8B%9C%EB%8C%80)

137) Lewis Carroll [pseudonym of Charles Lutwidge Dodgson](1832-1898), English author, mathematician, and Anglican clergyman wrote Alice's Adventures in Wonderland(1865). Charles Lutwidge Dodgson was born on 27 January 1832 at the parsonage in Daresbury, Cheshire County, England, the third child and eldest son born to Frances Jane Lutwidge (1804-1851) and Anglican Archdeacon Charles Dodgson(1800-1868). Charles had two older sisters, Frances Jane(1828-1903) and Elizabeth Lucy(1830-1916) and eight other siblings: Caroline Hume(1833-1904), Mary Charlotte(1835-1911), Skeffington Hume(1836-1919), Wilfred Longley(1838-1914), Louisa Fletcher(1840-1930), Margaret Anne Ashley(1841-1915), Henrietta Harington(1843-1922), and Edwin Heron(1846-1918). They were a large family and very close, strictly adhering to High Church values and morals.
(http://www.online-literature.com/carroll/)

138) 캐럴은 "거울 나라의 앨리스(Through the Looking Glass, 1872)"의 서문의 시에서 그의 이야기를 동화라고 한다. 너는 사랑이 넘치는 미소로 동화라는 사랑의 선물을 반기겠지. The loving smile will surely hail / The love gift of a fairy-tale.(103)

아 시대의 사회상을 엿볼 수 있으며, 또한 『Alice's adventure in Wonderland』의 "누가 꿈을 꾸었는가" 하는 문제는 당시 빅토리아 시대에 만연했던 자아의 근원에 대한 물음과 일치한다.[139]

본 논문의 또 다른 작품인 『Wuthering Heights』의 저자 에밀리 브론테(Emily Bronte)[140]는 요크셔 황야의 조그만 마을 하워스(Haworth)에서 거의 모든 생애를 보내며 190여 편의 시와 함께 단 한 편의 소설인 『폭풍의 언덕』을 썼다. 여성 작가인 에밀리의 인생은 19세기 여성의 평범한 삶으로 보이지만 다른 많은 방면에서 에밀리의 삶은 평범하지 않을 뿐 아니라 기묘하기까지 했으며 이러한 그녀의 삶의 독특한 부분들은 그녀의 소설의 독창성에 기여를 했다.[141] 에밀리 브론테의 『Wuthering Heights』는 캐서린-히스클리프-린튼과 캐시(캐서린의 딸)-린튼-헤어튼의 남녀 간의 사랑에 관한 것이다. 그런데 이 작품에서 주목해야 할 것은 그 사랑의 주제가 단순한 개인적 애환의 차원이 아니라 사회적이고 경제적인 차원까지 포괄하는 광범위한 성격의 것이라는 사실이다.

작가는 문명과는 담을 쌓고 황야에 무방비 상태로 있는 지역인 "워더링 하이츠"와 계곡에 안온하게 자리 잡고 있는 문명의 저택인 "스

---

139) Alice in Wonderland. Nina Auerbach. p.336.

140) Emily Bronte(1818-1849), English author and one of the famed Bronte sisters wrote Wuthering Heights(1847). She was born on 30 July 1818 at 74 Market Street in Thornton, Bradford, Yorkshire, England. She was the fourth daughter of Maria Branwell(1783-1821), who died of cancer when Emily was just three years old, and Irish clergyman Patrick Bronte(1777-1861). After her youngest sister Anne(1820-1849) was born the Bronte's moved to the village of Haworth where Patrick had been appointed rector. Emily had four older siblings; Maria (1814-1825), Elizabeth(1815-1825), Charlotte(1816-1855) and Patrick Branwell "Branwell"(1817-1848). Emily's "Aunt [Elizabeth] Branwell"(1776-1842) had moved in to the Parsonage after her sister Maria's death to help nursemaids Nancy and Sarah Gars raise the six young children.
(http://www.online-literature.com/bronte/)

141) Bronte, Emily. Wuthering Heights Edited by Linda H. Peterson. 2nd Ed. 2003, pp.3-13.

러쉬크로스 그랜지"를 대비시킴으로써 자연과 문명, 이상과 현실, 경제적 소외와 계급의 문제들 그리고 자아상실과 자아추구, 선과 악으로 비교되는 특징 등 복잡다단한 문제들을 소설 속에 형상화하고 있다.[142] 본 논문의 주제인 『Wuthering Heights』와 『Alice's adventure in Wonderland』의 등장인물인 앨리스와 히스클리프 및 캐서린 등의 자아상실 및 자아추구 등을 정신분석학적인 측면으로 살펴보며 각 소설 등의 특징인 환상적인 측면의 성격과 연계해서 살펴보고자 한다.

4.2. 루이스 캐럴의 『Alice's adventure in Wonderland』와 에밀리 브론테의 『Wuthering Heights』

4.2.1. 환상문학인 『Alice's adventure in Wonderland』의 특징과 앨리스의 정체성 추구

루이스 캐럴은 빅토리아 시대의 문학 판도를 뛰어넘어 난센스와 환상이 가득한 세계를 보여준 천부적인 이야기꾼의 면모를 지니고 있는 작가이다. 특히, 캐럴은 어린아이의 시점을 채택하여 환상의 영역을 만들어 성인들에 의해 주도되는 빅토리아 시대의 규칙과 규정에 존재하는 불합리를 드러내고 있다는 것이다.[143] 로즈마리 잭슨(Rosemary, Jackson)은 그녀의 환상이론에서 "캐럴의 작품들은 분명하게 '환상적 (fantastic)'이다. 그 작품들은 절대적인 의미 혹은 '현실'의 재현을 주장하지 않는 혼란스럽고 전도된 현실을 표현하면서 의미작용의 문제에 관심을 기울인다"[144]라고 정의했다. 캐럴은 환

---

142) 근대영미소설학회, 『19세기 영국소설 강의』, 신아사, 1999, p.274.

143) 송진, 「캐럴의 환상문학에 나타난 욕망과 언어」, 한남대학교 석사학위논문, 2004, p.1.

144) Jackson, Rosemary. Fantasy: The Literature of Subversion. New York: Routledge, 2001, p.141.

상의 세계를 만들어 난센스 기교인 단어게임, 어순도치 및 복합어 만들기, 패러디 그리고 말장난 등을 사용하여 빅토리아 시대를 풍자하고 있음을 보여줄 뿐만 아니라 언어의 혼란으로 인한 정체성의 문제까지도 다루고 있다.

앨리스는 신비스러운 약병에서 그 내용물을 마시거나 작은 케이크를 먹는 욕망은 자기 신분을 불신케까지 하는 신체의 커다란 변화를 경험하게 된다. "Who in the world am I? Ah, that's the great puzzle."(15) 욕망을 향한 모험을 통틀어서 앨리스는 자기 동일시(self identification)에 관한 불신에 봉착하게 되는데, 이것은 대부분 이상한 나라의 모순에서 비롯되고 또한 악화된다. 또한 안정의 파괴를 통해서 작품 속의 "이상한 나라"는 미쳐버린 것이 온전한 것이라는 궤변을 정당화하고 있다. 앨리스가 가장 걱정하는 것은 정체성의 상실이다. 왜냐하면 그녀가 매달릴 수 있는 것은 이름이 전부이지만, 그녀는 그것이 무엇을 의미하는지를 알지 모르기 때문이다.[145] 또한 앨리스는 언어가 없이는 자아를 타자와 변별할 수 없기 때문에 그녀는 의미를 영원히 상실하게 될 위험에 처한다. 캐터필러의 질문 "Who are you?"(35)는 경멸적일 뿐만 아니라 앨리스가 겪었던 어려움을 털어놓는 데 안절부절못하게 만든다. 이렇듯 앨리스는 신체변화를 통해서 자신의 정체성의 상실에 대한 확인 및 원래의 모습으로 돌아가려는 끊임없는 노력을 기울이지만 앨리스는 자신의 정체성에 대한 인식을 명백하게 말하지 못하는데 이것은 마치 말 더듬던 도지슨이 말장난과 난센스를 사용할 때만 자유롭게 이야기할 수 있었음과 무관하지 않다.[146]

---

145) Jackson, Rosemary. p.142.
146) Alice in Wonderland. Nina Auerbach. pp.340-341.

작품 속의 "이상한 나라"의 체셔 고양이는 앨리스와 이상한 나라의 광기 사이에서 자신의 정체성을 명백히 할 수 있는 유일한 생명체이다. 앨리스는 모두가 미쳤다는 고양이의 말을 받아들이기 힘들어 침묵하지만[147] 자신의 정체성의 귀환으로 끊임없는 노력을 통해 인정하려 하지 않지만 결국 앨리스에게 해답을 줄지도 모른다. 그러나 비둘기는 앨리스에게 "You are a serpent; and there is no use denying it. I suppose you'll be telling me next that you never tasted an egg!"(43) 뱀이라고 정확하게 지칭한다. 결국 '아이들의 낙원'인 "이상한 나라"에서 앨리스는 사악한 뱀이 되고 달걀은 곧 되고야 말 여성을 의미하며, 결국 순수와 순결이 타락의 원천이 된다.[148] "이상한 나라"의 다양한 정신분석학적 해석들은 앨리스의 의미상실의 악몽을 통제력의 상실에 대한 두려움, 즉 안정적인 정체성을 갖지 않은 두려움이며 원래의 자아로 돌아가기 위한 추구로써 신체의 변화를 가져오는 먹고 마시고 웃고 울고 춤추면서 동시에 육체가 변화하는 것에 대한 강박적인 두려움에 사로잡혀 있다. 또한 그녀의 육체는 사물, 즉 움츠러들고 확장되고 한 차원에서 다른 차원으로 변형되는 대상이 된다. 앨리스는 원래의 고정된 형태를 갈망한다. 그녀의 탐색은 그녀가 원래의 "알고 있는" 본래의 자아 상태로 되돌아가려는 것이다.[149] 이렇듯이 환상적인 문학은 감추어진 것을 폭로하고, 그렇게 함으로써 낯익은 것을 낯선 것으로 교란시켜 변형하는 효과를 지닌다.[150] 오히려 뭔가 신기한 것을 도입한다기보다

---

147) Alice in Wonderland. Nina Auerbach. pp.340-341.
148) Alice in Wonderland. Nina Auerbach. p.342.
149) Jackson, Rosemary. p.143.
150) Jackson, Rosemary. p.65.

는 세상에 익히 알려진 것 그대로를 폭로한다.

4.2.2. 『Wuthering Heights』의 히스클리프와 캐서린의 자아상실과 자아추구

에밀리 브론테의 『Wuthering Heights』가 출판된 직후의 비평들은 그 작품을 괴팍하고 언어구사가 조잡하며 문학적으로 서툰 작품이라고 평했다. 어떤 것은 반기독교적이며 동물적・야성적 심리를 다룬 저속하고 추악한 작품이라고까지 혹평했다.[151] 이 작품의 서술상의 기법 중 가장 중요한 특색은 화자가 두 사람(록우드와 넬리 딘)인 액자식 이중구조로 되어 있다는 점이다. 이야기의 대부분은 넬리 딘의 말을 그대로 전하는 것인데, 록우드가 넬리의 이야기를 듣는 것과 마찬가지로 독자들은 이 텍스트를 읽는 것이다.[152] 결국 독자들은 이러한 서술구조를 통하여 이중구조를 재확인해 주는 효과를 내기도 한다. 『Wuthering Heights』는 기존의 문화 속에서 욕망을 실현시키기란 불가능하다는 점을 강조한다. 친숙한 인간적 기원을 갖지 않는 존재에 대한 고전적 환상물인 『Wuthering Heights』을 읽는 비평가들은 에밀리의 히스클리프가 절대적인 '타자성'의 영역에 속한다는 것을 깨달을 필요가 있다.[153] 캐서린과 히스클리프의 자아상실과 추구에 대한 부분은 캐서린이 스러쉬크로스 그랜지 저택에서 머무르는 동안 그들의 유복하고 세련된 생활에 매우 좋은 인상을 받는다. 또한 캐서린은 이 시기에 자신의 자아에 혼란을 크게 일으키게 된다. 그리고 캐서린의 이러한 변모된 모습은 히스클리

---

151) 나영균 외, 『제인오스틴에서 앨리스워커까지, 영미여성소설의 이해』, 민음사, 1994, p.91.

152) 나영균 외, 1994, pp.92-93.

153) Jackson, Rosemary. p.128.

프에게 큰 비극이 된다. 5주 동안 스러쉬크로스 그랜지 생활에 익숙해지면서 캐서린이 엘렌 딘에게 린튼의 청혼에 동의한 이유를 다음과 같이 말하고 있다. "Why do you love him, Miss Cathy?" "Nonsense, I do - that's sufficient" "By no means; you must say why?" "Well, because he is handsome, and pleasant to be with" "Bad" was my commentary.(p.60) 캐서린의 결혼 조건은 지극히 실리적인 것뿐이었다. 이러한 그녀의 결혼에 대한 잘못된 생각이 히스클리프와 캐서린 사이의 '분리'를 야기해 많은 고통을 수반하게 된다. 결과적으로 그녀가 에드가 린튼과 결혼을 하는 것은 그녀 자신의 자아상실의 출발점이 되고 만다. "so he shall never know how I love him; and that, not because he's handsome, Nelly, but because he's more myself than I am Whatever our souls are made of, this and mine are the same, and Linton's is as different as a moonbeam from lighting, or frost from the fire."(p.62) 위 구절에서 캐서린이 에드가 린튼을 사랑하는 것이 아니라 히스클리프를 사랑하고 있다는 고백-그는 나보다도 더 나 자신이고, 그의 영혼과 내 영혼은 같은 것이고, 에드가 린튼 영혼은 달빛과 번개, 서리와 불같이 전혀 다른 것-을 통하여 그녀가 히스클리프에 대한 사랑을 스스로 확인하고 있음을 알 수 있다.

캐서린의 사랑을 획득하지 못하고 린튼에게 빼앗기면서 복수 이외엔 히스클리프는 스스로 허무를 극복할 수 있는 별다른 대안은 없었다. 공허함 때문에 다른 복수를 자행할 수는 더욱더 없는 일이었다. 그는 이제 내재한 본래의 인간의 모습을 향해 자아추구를 하게 된다. 그의 변화의 주체는 어디까지나 캐서린에 대한 사랑이다. 그의 identity에의 집착이 변화를 조성하고 일종의 정신 이상적 무의식의 양상으로 발전되어 간다. 사실상 복수의 한계도 캐서린 때문에 헤어튼과 캐시를 더 이상 파멸시키지 못하는 데서 오는 것이라 생각된다. 그는 파멸이 주는 만족보다 캐서린이 존재했었다는 흔적이 사라질까 더 두려워하고 있다. 비평가 필립 위온은 『Wuthering Heights』에서 캐서린과 히스클리프는 어머니와 아이의 공생관계로 묘사하며 이 소설의 끝에서 에밀리는 캐서린으로 하여금 죽음을 받아들이게 함으로써 분리에서 벗어나려는 욕구와 타자와 합일하려는 욕구를 모두 충족하게 한다고 주장한다.154)

무의식의 환각 상태에서만이 그들의 영교가 이루어져, 자아회복도 가능해진다. 육체는 영혼을 싸고 있는 껍질이므로, 두 사람의 완전한 합일은 죽음으로써만 가능하다는 귀결에 이른다. 그들에게 있어 육체의 죽음은 영원한 삶을 의미한다고 생각된다. 또한 그들의 죽음에 이르는 부단한 자아추구의 과정은 영혼의 순화라는 경지와 통하는 양상을 띠게 된다.155) 결국 죽음으로써만이 그들의 방황을 마치며 영원한 합일에 이르게 된다.

4.3. 결론

인물의 재현을 부정하거나 해체하고자 하는 환상적 텍스트들은 이러한 관점에서 볼 때 급진적으로 동요를 불러일으키는 것이 된다. 파편적이고 분할된 자아들은 에고를 하나의 분할할 수 없는 단위로 재현하는 사실주의적인 의미화의 관습을 위반한다.156) 우리는 문학

---

154) Bronte, Emily. Wuthering Heights Edited by Linda H. Peterson. 2nd Ed. 2003, pp.364-378.

155) 손길연, 「Wuthering Heights와 Jane Eyre에 나타난 자아추구」, 『우암논총』, 청주대학교 대학원, 1997.

156) Jackson, Rosemary. p.90.

작품 속에서 당대의 생활 방식, 작가의 도덕관 그리고 사회적 가치 체계를 쉽게 발견하게 된다. 이러한 전제에서 볼 때 루이스 캐럴의 작품 속의 "이상한 나라"에서 앨리스의 욕망은 불가능한 욕망이며, 이러한 욕망은 순수한 고통을 가져다주는 욕망이다. 앨리스의 이러한 욕망은 난센스적인 기교를 통해 언어적 혼란과 앨리스의 정체성의 혼란을 드러내지만 이상한 나라의 환상적 공간을 이용해서 욕망과 언어를 통해 현실로부터의 도피가 아니라 자아추구에 대한 귀환으로의 지속적인 노력을 통해 자아회복을 해결하려 한다. 캐럴의 작품과는 다른 구성형태이지만 에밀리 브론테의『Wuthering Heights』의 히스클리프와 캐서린의 자아추구는 일반적인 가치를 뛰어넘는 초월적인 사랑으로 자아상실의 상황에서 서로의 죽음으로써 자아추구로의 완전한 합일체(oneness)를 시도한다. 로즈마리 잭슨의 정신분석학적 관점들에서 언급한 바와 같이 '자아'는 죽음을 맞지 않고서는 '타자'와 통합되지 못하는 것이다. 두 작품의 자아상실과 자아추구에 대한 과정과 상황이 다른 양상을 띠고 있음을 알 수 있다.

제 4 장

번역의 이론

번역의 개념

번역이 무엇인가에 대해서는 동서고금을 막론하고 수많은 사람들이 매우 다양하게 언급해왔을 뿐 아니라 번역은 어떤 것이라고 확실히 규정을 내릴 수 있는 성질의 것도 아니다. 번역이란 말은 한자어 <飜>(날다, 펄럭이다, 돌이키다, 뒤집다, 옮기다)과 <譯>(통변 通辯, 즉 통역하다)이 합쳐진 것이다. 영어로 <translation>은 라틴어 동사 <transferre>(한 장소에서 다른 장소로 무엇을 옮기다)의 과거분사 <translatus>에서 유래하였으며 <translatio>와 대응한다.[1] 실질적으로 번역이란 무엇인가 하는 질문에 대하여, 사실상 자국(自國)의 문화적 상황이나 문화정책에 따라 달리 이해되고 규정될 수 있다. 예를 들어 고대 로마인들은 번역을 '자국 문화를 풍요롭게 하기 위한 수단으로, 자국민의 활동을 자극하기 위한 원본과의 경쟁으로 승리자의 권리로 낯선 문화적 의미내용을 자국어 안에 포로로 만드는 것'으로 생각했다. 번역은 자국의 문화적 교류의 창구역할도 하는 것으로 이해되었다. 즉, 번역하는 일은 바로 언어와 기타 여러 가지 배경이 다른 의사소통의 참여자들을 서로 연계시켜 주는 일이

---

1) 김효중, 『번역학』, 민음사, 1998, pp.17-18.

다. 번역은 원문이 독자적으로 존재하는 것만큼 독자적인 존재이다. 번역은 단순한 의사소통이 아니라 외국어를 흡수하는 모국어의 의미화이다. 번역가는 외국의 언어와 문화를 자국에 맞게 변형시킨다.[2] 이러한 속성으로 인해 번역이라는 단어 자체는 여러 가지 의미를 지닌다. 즉, 한 분야로서의 번역, 결과물로서의 번역(번역된 텍스트), 또는 과정으로서의 번역-번역 생산 행위로서 '번역하기(translating)'-을 뜻할 수 있다. 두 개의 다른 언어 사이에서 이루어지는 과정으로서의 번역에서, 번역가는 하나의 언어(원천 언어)로 작성된 원문(원천 텍스트)을 다른 언어(목표 언어)로 작성된 번역문(목표 텍스트)으로 바꾼다. 이런 형태의 번역은 체코의 구조주의 언어학자 로만 제이콥슨(Roman Jakobson)이 자신의 기념비적 논문 'On Linguistic Aspects of translation'에서 설명한 번역의 세 가지 종류 중, '異 언어 간 번역'에 해당한다. 제이콥슨이 분류한 번역의 세 가지 종류는 다음과 같다.

- 동일 언어 간 번역(intralingual translation) 또는 '바꿔 쓰기(rewording)': '언어 기호를 동일 언어의 다른 기호로 해석하는 행위'
- 異 언어 간 번역(Interlingual translation) 또는 '본원적 의미의 번역 (translation proper)': '특정 언어의 언어 기호를 다른 언어로 해석하는 행위'
- 기호 간 번역(intersemiotic translation) 또는 '변환(transmutation)': '언어 기호를 비언어적 체계의 기호로 해석하는 행위'

- Intralingual translation, or rewording: an interpretation of verbal signs by means of other signs of the same language.

---

2) 남성우, 『통번역의 이해와 수행』, 한국문화사, 2006, pp.10-11.

- Interlingual translation, or translation proper: an interpretation of verbal signs by means of some other language.
- Intersemiotic translation, or transmutation: an interpretation of verbal signs by means of signs of non-verbal sign system.

　동일 언어 간 번역은, 예컨대 우리가 이미 발화했거나 글로 쓴 표현 또는 텍스트를 보다 자세히 설명하거나 그 내용을 명확히 하기 위하여, 동일 언어에서 달리 바꿔 쓰는 행위를 일컫는다. 기호 간 번역은 문어텍스트를 음악, 영화, 그림 등으로 변형하여 표현하는 행위를 가리킨다. 그러나 이 중에서도 번역학은, 비록 전적으로는 아닐지라도, 거의 대부분 異 언어 간 번역에 초점을 맞춘다.3) 이러한 번역의 구분을 통해 우리가 생각하는 일반적인 번역의 개념인 異 언어 간 번역이 외국어 교육 및 학습에 활용됐다는 사실은, 어쩌면 번역이 왜 그동안 학계에서 종속적 위치에 머물러 있었는지를 일부 설명해줄 수 있을 것이다. 번역연습은 새로운 언어를 학습하는 방법 또는 외국어 원문을 직접 읽을 수 있는 언어 능력을 습득하기 전까지 해당 외국어 텍스트를 읽을 수 있도록 하는 방법으로 인식되어 왔다.4) 결국 번역은 "어느 언어로 표현된 텍스트를 의미가 동일한 다른 문자언어로 옮기는 작업이다. 이에는 두 가지 방향의 번역이 있을 수 있다. 하나는 한국어가 아닌 다른 언어의 텍스트를 한국어로 옮기는 작업과 그 반대의 경우, 즉 한국어로 표현된 텍스트

---

3) "Intralingual translation would occur, for example, when we rephrase an expression or when we summarize or otherwise rewrite a text in the same language. Intersemiotic translation would occur if a written text were translated, for example, into music, film, or painting. It is Interlingual translation, between two different verbal languages, which is the traditional, although by no means exclusive, focus of translation studies(Jeremy Munday, *Introducing translation Studies*, Routledge, London and New York, 2008, p.5)."

4) Jeremy Munday, 정연일·남원준 역, 『번역학 입문』, 한국외국어대학교출판부, 2006, pp.2-7.

를 한국어가 아닌 그 외의 언어로 옮기는 작업을 포함한다. 번역에 대한 이런 정의에는 1) 번역이란 원작의 사상을 완벽하게 기술할 수 있어야 한다는 점, 2) 문체와 글쓰기 방식이 원문의 것과 같은 특성을 가져야 한다는 점, 3) 번역이란 원문이 가진 평이함을 유지해야 한다는 점 등의 속성이 내재되어 있다."5) 일반적으로 외국어를 모국어로 옮기는 기본적인 작업인 "번역은 인류가 문자를 발명하고부터 시작했고 통역은 그 이전부터 수행해온 일이다. 인류의 다언어성과 그에 따른 의사소통의 문제를 신화적으로 압축한 구약성서 창세기 (11장 1-9절)6)의 바벨탑 건축 이야기는 인류가 고대부터 통역자와 번역가를 필요로 했었던 사실을 알려주는 것이기도 하다."7) 특히 바

---

5) 이석규 외 5인, 『우리말답게 번역하기』, 역락, 2002, p.16.

6) 온 세상이 같은 말을 하고 같은 말을 하고 같은 낱말들을 쓰고 있었다. 사람들이 동쪽에서 이주해 오다가 신아르 지방에서 한 벌판을 만나 거기에 자리 잡고 살았다. 그들은 서로 말했다. "자, 벽돌을 빚어 단단히 구워 내자." 그리하여 그들은 돌 대신 벽돌을 쓰고, 진흙 대신 역청을 쓰게 되었다. 그들은 돌 대신 벽돌을 쓰고, 진흙 대신 역청을 쓰게 되었다. 그들은 또 말했다. "자, 성읍을 세우고 꼭대기가 하늘까지 닿는 탑을 세워 이름을 날리자. 그렇게 해서 우리가 온 땅으로 흩어지지 않게 하자." 그러자 주님께서 내려오시어 사람들이 세운 성읍과 탑을 보시고 말씀하셨다. "보라, 저들은 한 겨레이고 모두 같은 말을 쓰고 있다. 이것은 그들이 하려는 일의 시작일 뿐, 이제 그들이 하고자 하는 것은 무엇이든 못할 일이 없을 것이다. 자, 우리가 내려가서 그들의 말을 뒤섞어 놓아, 서로 남의 말을 알아듣지 못하게 만들어 버리자. 주님께서는 그들을 거기에서 온 땅으로 흩어 버리셨다. 그래서 그들은 그 성읍을 세우는 일을 그만두었다. 그리하여 그곳의 이름을 바벨이라 했다. 주님께서 거기에서 온 땅의 말을 뒤섞어 놓으시고, 사람들을 온 땅으로 흩어 버리셨기 때문이다(한국천주교주교회의성서위원회, 『공동번역 성서』, 한국천주교중앙협의회, 2005, p.13). 이 바벨 이야기가 해답을 줬다기보다는 오히려 더 많은 의문을 불러일으켰는데, 바로 이런 점이 오히려 관심을 끄는 이유 중 하나이다. 문제는 바벨탑 신화 자체가 언어적 통일성에 대한 공격이란 점에 있다. 또한 언어의 통일을 명백히 위험하게 묘사하고 있지만, 그것은 신들의 관점에서 볼 때의 이야기고, 성경 이야기 자체는 신아르 지방에서 살던 주민들, 즉 바벨탑을 쌓다가 자신들의 단일 언어가 흩어지고 혼란해진 탑 건축가들을 독자신과 동일시하도록 슬그머니 부추기고 있다. 한때 모든 사람이 단일 언어를 사용했으며, 언젠가 다시 모두가 에스페란토어나 영어 혹은 어느 언어가 차세대 세계어가 되든지 간에 단일 언어를 사용해야만 한다는 암시가 이야기 속에 숨겨져 있다. 이와 같은 향수에 젖은 소망과 비교하면, 모든 번역이 애처롭게도 부적절해 보여 '번역은 반역'이 되고, 번역가는 반역자가 된다. 번역가가 번역이 필요하기 이전 시대의 원래 상태로 우리를 되돌려 놓을 수는 없기 때문이다(모나 베이커 편집, 『라우트리지 번역학 백과사전』, 한국번역학회 역, 한신문화사, 2009, pp.51-52).

7) 전현호, 「번역의 이론」, 『가톨릭사상』, 대구가톨릭대학교출판부 가톨릭사상연구소, vol.29, 2003, p.475.

벨탑에 관한 성경 이야기는 오랜 세월 동안 번역가와 번역학도들을 매혹시켰다. 구약 성경에 나오는 이 얘기 속에는 단일 언어에서 여러 갈래의 언어로 타락하는 과정이 묘사되어 있는데, 이는 종종 번역 기원의 신화로 읽히고 있다.[8] 이러한 신화적인 부분으로부터 발생한 번역학이 제도권 내에서 종속적인 학문의 분야가 아닌 독자적인 학문으로 인정받고 자신의 학문적 특성을 함유한 고유한 영역을 구축하게 되기까지의 과정을 들여다보면, 기존의 번역연구를 바라보는 번역가 집단의 부정적인 시각이 번역학 성립에 적지 않게 공헌했음을 알 수 있다. 사실 번역학의 성립에 있어서 이러한 종속적이면서 부정적인 시각이 존재하였으나, 태생적으로 번역은 실무가 반드시 포함되어야 하므로 번역학은 직접 작업을 수행하는 과정으로서의 '번역실무'와 그 결과로 탄생된 결과물에 대한 분석은 물론 이 두 가지 모두에 연계되는 제반 사항들에 대한 '학문'연구까지 망라한다. 번역학은 다른 학문 분야에 비해 상대적으로 역사가 오래되지 않았으나 세월을 거듭하면서 더 이상 신생학문이라고 볼 수는 없다. 번역에 대한 우리나라 외국 문학 전공자들의 공식적 행보는 상대적으로 외국에 비해 최근에 들어 비교적 늦게 출발된 것이라 볼 수 있다. 그러나 번역학에서조차도 문학번역에 대한 전문적 연구는 번역학 역사에 비해 그렇게 활발하게 이루어지고 있지 못하다. 이는 비단 학문으로서의 번역학 역사뿐 아니라 실무 차원과 출판시장에서 문학번역물이 차지하는 큰 비중을 고려할 때 전문 번역으로서의 문학번역에 대한 관심이 상대적으로 얼마나 저조했는지를 잘 보여준다.[9] 물론 이러한 학문연구를 근간으로 하고 있는 번역학이

---

8) Mona Baker 편집, 2009, p.50.

9) 류현주, 「문학번역비평-오만과 편견」, 『통번역학연구』, 제13권 1호, 2009, pp.55-56.

라는 학문 분야가 성립되기 이전부터 번역에 관한 연구는 엄연히 존재하여, 비교문학, 외국어문학, 언어학 등 인문학 분야에서 고유한 이론의 틀을 형성했다. 이러한 인문학의 여러 영역에서 행해진 번역연구들은 번역에 관한 담론에 이론적인 면모를 부여함으로써 번역연구를 더 높은 단계로 도약하게 하는 계기가 되었다. 번역학의 탄생과정에서 번역이라는 독특한 유형의 글쓰기를 업으로 삼은 사람들이 한 역할을 돌아보면, 번역학의 존립 여부는 이론과 실천의 존재론적 연결고리에 달려 있음을 새삼 되새기게 된다.[10]

인류가 번역행위를 시작된 이래로 번역이 무엇이며 어떻게 번역을 해야 하는지에 대해 끊임없이 논쟁해왔다. 이러한 번역행위에 대하여 많은 번역이론가들은 ST[11])에 담겨 있는 저자의 메시지를 '충실한 표현'으로 번역해야 하는지 TL의 독자가 읽고 이해하기 쉽게 가독성(Readability)을 우선적으로 고려한 '자연스러운 표현'으로 번역해야 하는지에 대해서도 아주 오랜 세월 동안 고민해왔다. 키케로(Cicero)는 TT와 ST의 관계에 대해서 "내가 단어 대 단어로만 옮긴다면 그 결과물은 매우 어설프게 보일 것이고, 어쩔 수 없이 필요에 의해 어순이나 어법을 바꾼다고 하면 번역가로서의 역할을 벗어난 것처럼 보일 것"이라고 표현했다.[12] 즉, 키케로의 이 말은 번역의 이론에 관한 견해에서 번역가가 번역을 할 경우엔 단어 대 단어(word for word)식으로 번역하는 것보다 의미 대 의미(sense for sense)로 번역하는 것이 보다 더 중요하다고 이야기하면서, 번역가

---

10) 정혜용, 「번역비평 규범으로서의 가독성과 충실성 개념」, 『프랑스문화예술연구』, 20집, 2007, pp.327-328.

11) 본 저서에서 쓰는 용어인 출발어(Source Language)는 SL로, 도착어(Target Language)는 TL로, 원문 텍스트(Source Text)는 ST로, 번역문 텍스트(Translated Text)는 TT로 쓰고자 한다.

12) Susan, Bassnett-McGuire. *Translation Studies*. London: Methuen and Co. Ltd., 1980, p.43.

는 원문 텍스트와 번역문 텍스트를 읽는 독자들에 대하여 중대한 책임감[13]을 가져야 한다는 것을 보여준다.[14] 번역은 원문 텍스트를 번역문 텍스트의 독자들의 문화에 맞는 등가작업을 통해서 번역문 텍스트 독자가 마치 원문 텍스트를 읽는 것과 같은 효과를 누릴 때 최고의 번역이라 한다. 물론 번역의 타당성은 다양하게 묘사되고 정의되어 왔다. 번역이 원문에 '가장 자연스럽게 가까운 등가어'이어야 한다는 시각도 물론 도움이 되기는 하지만 분명 그것만으로 충분한 것은 아니다. 이러한 일반적 시각에 부합하는 것으로 여겨질 수 있는 번역은 여러 방식으로 가능하며, 또 원문과 완전한 등가어임을 자처할 수 있는 번역은 결코 있을 수 없다. 그래서 우리는 번역에 있어서 최적의 등가란 '원어 청자나 독자들이 원문 텍스트를 이해하고 받아들이는 방식과 본질적으로 동일하게 목표 언어 청자들이 번역 텍스트를 이해하고 받아들일 수 있을 정도로 높은 단계에 이른 번역'이라고 평가하고 있으나 서로의 언어와 문화가 다른 경우일수록 더욱 그러하겠지만 번역이 이러한 수준에 이른 적은 거

---

13) 번역가는 훌륭한 번역물을 생산하기 위해서는 다음과 같은 임무에 충실해야 한다. 번역가의 임무는 1) 번역가는 중재자 역할을 수행한다. 번역가는 원저자의 출발어 텍스트를, 도착어를 사용하는 많은 독자들에게 알려야 하는 중간자적 위치에 있다. 2) 번역가는 조정자 역할을 수행한다. 번역가는 출발어와 도착어 사이에 내재하는 각종 사회적 배경 차이에도 불구하고 출발어 텍스트의 의미를 가능한 한 도착어의 동일한 상황으로 재현해야 한다. 3) 번역가는 완충적 역할을 수행한다. 번역가는 때때로 불완전한 출발어 텍스트를 그대로 옮겨서는 안 되고 번역가의 능력을 최대한 발휘해 의미 전달에 문제가 없는 도착어 텍스트로 표현해야 한다. 4) 번역가는 지식 전수의 역할을 수행한다. 번역가는 양국의 문화적 차이에서 발생하는 개념 차이를 정확히 이해시켜야 하고 충분한 설명이 되도록 노력을 기울여야 한다. 위 네 가지 조건을 갖춘 번역가가 번역한 결과물은 번역가의 임무에 충실한 훌륭한 번역 결과물이라고 할 수 있다. 이러한 번역의 임무를 통해서 번역가가 번역해야 할 대상물을 제대로 이해하고, 그것을 번역문 텍스트 독자의 이해를 위해서 제대로 표현해야 올바른 정보 전달과 문화 교류가 가능함을 의미하는 것이다. 바로 이러한 임무는 번역가가 단순히 중개자 역할만을 수행하는 것이 아니고 새로운 문화를 창조하는 역할을 수행하고 있음을 의미한다(이석규 외 5인, 2002, pp.21-22).

14) 김명균, 「아동문학번역의 충실성과 가독성 연구-루이스 캐럴의 『이상한 나라의 앨리스』를 중심으로」, 『신영어영문학』, 2009, pp.1-2.

의 없다. 최하 수준의 등가라 할지라도 '원어 청자나 독자들이 원문 텍스트를 이해하고 받아들였을 정도로 목표 언어의 청자나 독자들이 이해하고 받아들이는 데는 충분한 등가'라고 평가할 수 있을 것이다.[15] 특히 문학 텍스트를 훌륭하게 번역하기 위해서는 언어의 미학적 요소들에 관한 감수성을 지녀야 할 뿐만 아니라 가장 근접한 등가어를 자연스럽게 만들어내는 번역 기술도 지녀야 한다. 모든 분야에 있어서 다 그렇듯이 이 번역의 기술 역시 연습을 통해 발전되고 개선될 수 있는 것이다. 번역과정 역시 하나의 과학적인 방식으로 철저하게 고찰될 수 있지만, 사실 하나의 제품 생산 과정으로서 번역은 그 산물이 만족할 만한 것이기 위해서는 언어학, 문화인류학, 심리학, 소통 이론 같은 많은 분야에 의거해야만 하는 기술이다.[16] 이러한 번역기술을 연마한 번역가가 생각하는 최고의 목표는 품질이 좋은 번역 텍스트의 생산이다. 그러나 최고 품질의 번역 텍스트를 생산하기 위해서 모든 번역 텍스트에 적용되는 단 하나의 규범적인 번역의 방법이란 존재하지 않는다. 하나의 원문 텍스트가 번역의 대상으로 선정되어 목표 텍스트를 읽는 독자에게 적합한 목표 텍스트로 생산되기까지는 매우 다양한 요소의 상호작용이 이루어져야 하기 때문이다. 이러한 요소들의 상호작용을 고려한 번역가의 최종 번역전략에 따라 어느 한 가지 번역 방법이 채택될 수도 있고, 두 가지 이상의 번역 방법이 하나의 텍스트에 함께 적용될 수도 있다. 따라서 '번역가는 어떤 특정의 방법을 선택해서 번역해야 한다.'[17] 즉, 번역가는 본인이 추구하는 번역의 방법을 택해 완전한 등

---

15) Eugene A. Nida, 송태효 역, 『언어 간 의사소통의 사회언어학』, 고려대학교출판부, 2002, p.106.

16) Eugene A. Nida, 2002, p.65.

17) 이근희, 『번역의 이론과 실제』, 한국문화사, 2005, p.87.

가작업을 이루는 최고의 번역 작품을 생산해내는 것도 번역가의 중대한 사명 중의 하나이다. 이러한 번역가의 완전한 작품을 통해서 번역문 텍스트 독자들은 원문 텍스트 저자가 전하고자 하는 의미를 정확히 파악할 수 있기 때문이다.

등가의 개념[18]

번역가들이 추구하는 최고의 번역은 완벽한 또는 최적의 등가어를 찾아 원문 텍스트의 의미를 목표 텍스트 독자들의 문화에 맞는 도착어로 옮기는 것이다. 즉, 번역등가의 개념은 번역학의 가장 중요한 축이며, 그러한 번역학의 핵심인 등가개념을 정의 내리기는 쉽지가 않다. 특히 등가어의 선택은 전적으로 번역가의 재량에 달려 있으며 확연히 드러난 객관적인 기준이 정해지지 않아서 번역가 스스로도 객관적인 기준에 준하여 해법을 내리기가 쉽지가 않다. 따라서 번역행위는 컵에 물을 찰랑찰랑 가득 차게 따르는 행위와 같다. 지나치게 '아전인수 격'으로 텍스트를 '확대 해석'해서 물이 컵 밖으로 넘쳐흐르게 해서는 안 된다. 그렇다고 소위 출발어에 '달라붙어' 외국어와 외국어 간의 일대일 대응으로 전락해서는 더더욱 안 될 것이다.[19] 그러나 번역가들이 원문 텍스트의 의미를 손상하지 않고

---

18) '등가(equivalence)'란 원문 텍스트의 텍스트성이 훼손되지 않고 도착어 텍스트로 재현되었음을 의미한다. 텍스트성이 훼손되지 않고 재현되었다는 것은 하나하나의 단어나 문장이 그대로 옮겨졌다는 것을 의미하지는 않는다. 만약에 원문 텍스트와 도착어 텍스트가 하나하나의 단어나 문장, 또는 그 이상의 언어 단위에서 일 대 일 관계를 맺고 있다면 그것은 '대응 관계'가 성립됨을 의미한다. 이러한 대응 관계는 번역가의 생각대로 쉽게 이루어지지는 않는다. 그렇기 때문에 번역에서는 '등가'라는 개념이 중요하다(이석규 외 5인, 2002, p.36).

19) 최정화, 『통역번역입문』, 신론사, 1998, p.110.

완벽하게 도착어로 전달하는 것도 결코 쉽지 않은 작업이다. 이러한 완벽한 번역행위를 추구하는 번역가들의 끊임없는 작업은 등가를 찾는 작업이라고 해도 과언이 아니다. 번역가는 두 가지 방식으로 번역을 수행할 수 있다. 하나는 한 언어를 단순히 다른 언어로 대체하는 작업으로, 두 언어 간에 이미 설정되어 있는 기존의 어휘적·구문적 대응어를 그대로 사용하는 방법이다. 또 다른 한 가지 방법은 주어진 상황을 머릿속으로 그려보고 텍스트의 '의미'를 찾아낸 다음, 이를 도착어의 관용적 표현을 사용하여 등가어로 표현하는 것이다. 그런데 번역가가 실제로 번역을 할 때는 위의 두 가지 방법을 모두 동원하게 된다. 한편으로는 원문의 내용과 동일한 것을 지시하는 언어들을 도착어에서 찾게 되고, 다른 한편으로는 원문과 동일한 의미를 나타내는 등가어를 스스로 창출해간다. 대응어는 번역에서 유용한 것이다. 그러나 번역의 과정에서 대응어가 차지하는 비중을 명확히 규정할 필요가 있다. 번역의 목적이 같은 대상을 지칭하는 것이 아니라, 같은 사고를 지칭하는 것이 되는 순간부터 등가어의 중요성은 커지게 된다. 텍스트는 동일한 사고만을 반복해서 담지 않으므로, 텍스트에 담긴 사고를 지칭하는 등가어 또한 반복될 수 없으며 번역의 매 순간 새로이 만들어져야 한다.[20]

1970년대만 해도 번역은 언어학의 하위 분야, 보다 구체적으로는 응용언어학의 하위 분야로 인식되었다. 언어학을 토대로 번역에 접근한 학자들은 번역을 전적으로 언어적인 현상으로 간주하였으며 대체로 '원문과 등가의 텍스트를 생산해내는 것'으로 번역 작업을 정의했다. '등가(等價, equivalence)' 개념은 여러 학자들이 번역을 정

---

20) Fortunato, Israël, 이향·편혜원·김도훈 역, 『통번역과 등가』, 한국문화사, 2004. p.16.

의하기 위해 사용한 개념이지만, 학자별로 그 의미는 조금씩 다르게 정의되었다. 등가라 함은 말 그대로 '동일한 가치를 지닌다'라는 의미이다. 번역이란 원문 텍스트와 다른 목표 텍스트로 원문이 지닌 동일한 가치를 지닌 텍스트를 생산해내는 것이라고 정의된 것이다. 번역가는 표현 과정에서 출발어와 도착어의 차이로 인해 생기는 언어적 제약을 벗어나 도착어의 모든 묘미와 가능성을 제대로 살려야 한다. 이를 위해 출발어 고유의 문법적 특성이나 단어 배열의 질서는 도착어로 의미를 표현하는 과정에서 도착어의 틀로 녹여야 한다. 이를 위해서는 다양한 번역의 기준이 필요하다. 이후 많은 학자들이 최적의 번역의 기준[21]을 만들기 위해 다양한 종류의 등가 개념을 제시했다.[22] 대표적인 등가 개념을 주장한 학자들을 알아보면 독일의 라이프치히학파의 카데(Kade)는 번역등가를 완전등가(1:1), 수의적 등가(1:다수) 근사등가(1:부분), 영등가(1:0) 등 단어 차원 수준에 초점이 맞추어진 네 가지 체계의 등가개념을 설정했다. 그의 등가개념은 모든 언어체계는 구체적 텍스트 계층에서 동일하게 실현된다는 묵시적 가정에 근거를 두기 때문에 그의 양적 등가개념 체계는 언어사용의 특수한 경우, 즉 문학작품의 번역에는 적합하지 않다. 한편, 그는 잠재적 등가[23]를 설정함으로써 자기 이론의 결점을 보완하려고 했다. 노이버트(Neubert)는 번역의 단위를 단어가 아니고

---

21) 최적의 번역의 기준을 위해 르드레르(M. Leaderer, 1994)는 콜러(W. Koller, 1992)의 저서를 인용하면서 5가지 기준을 제시했다. 1) 번역은 원문이 비언어적 현실에 대해 주고 있는 정보를 전달해야 한다. 2) 번역은(원문의) 문체를 살려야 한다. 3) 번역은 원문의 장르를 고려해 이루어져야 한다. 4) 번역은 독자가 이해할 수 있도록 독자의 지식에 맞춰져야 한다. 5) 마지막으로 번역문의 표현을 통해 원문이 주는 언어미학적 효과와 동일한 효과가 나야 한다(이석규 외 5인, 2002, pp.30-31).

22) 이향, 『번역이란 무엇인가』, 살림, 2008, p.14.

23) 잠재적 등가개념이란 예를 들면, 특히 개념상으로 일치될 수 없는 문화와 관련되는 용어를 해석할 때 번역가 자신이 최적의 등가를 찾아내는 것을 의미한다.

전체의 텍스트로 보고 비교의 기준으로서 불변체24)의 개념을 설정
했다. 그의 이론에 의하면 언어사용을 지배하는 기호란 어떤 커뮤니
케이션적 상황에서도 기대되는 특정의 텍스트 유형이며 또한 이러
한 텍스트 유형이 원어의 불변체이다.25) 유진 나이다(Eugene A.
Nida)는 형태적 등가(formal equivalence)26)와 동태적 등가(dynamic
equivalence)27)를 제시한다.28) 캣포드(Catford)는 등가개념에 대하여
다음과 같이 정의를 내린다.

> 만약 원어 텍스트와 역어 텍스트가 주어진 상황에서 서로 교환
> 될 수 있다면, 역어 텍스트 또는 항목은 원어의 총체적인 번역
> 의 관점에서 번역 등가이다. 이것이 바로 번역 등가가 거의 언
> 제나 문장 차원에서 수립될 수 있는 이유인 것이다. 문장이란
> 상황 내에서 말하기 기능과 가장 직접적인 관계를 갖는 문법단
> 위이다.

그는 형식적 등가(formal correspondence)와 텍스트적 등가(textual

---

24) 불변체란 원문 텍스트에 기초를 둔 텍스트 유형을 일컫는다.

25) 김효중, 『새로운 번역을 위한 패러다임』, 푸른사상, 2004, pp.186-187.

26) 형태적 등가는 ST 구조를 지향한 번역이라는 것을 알 수 있다. 이때, ST 구조는 번역의 정
확성(accuracy)과 적확성(correctness)을 가늠하는 중요한 잣대가 되며, 이런 번역의 가장 전
형적인 예로 '역주(譯註)를 첨가하는 방식의 번역(gloss translation)'이 있다. 이런 번역에서
는, ST 구조에 최대한 근접하도록 번역하는 대신, 역주를 첨가하여 설명함으로써, 학술서(이
런 번역을 많이 사용) 등을 읽는 학생이 SL의 언어, 문화, 관습에 최대한 가까이 갈 수 있도
록 한다.

27) 동태적 등가는 이른바 '효과의 등가 원칙(principle of equivalence effect)'에 바탕을 두고 있
으며, 번역의 '수용자와 메시지 사이의 관계는, 원문의 수용자와 메시지 사이의 관계와 근본
적으로 동일해야 한다.' 이때, 번역문의 메시지는 수용자와 언어적 필요(linguistic needs)와
문화적 기대(cultural expectation)에 부합해야 하고, '전적으로 자연스러운 표현을 목표로 한
다.' 여기서 알 수 있듯, 나이다는 번역이 갖추어야 할 필수 요건으로 '자연스러움(naturalness)'
을 꼽았는데, 특히, 동태적 등가의 목표는 '원천 언어 메시지와 가장 가깝게 자연스러운 등가
(the closest natural equivalent to the source-language message)'를 찾는 것이라 정의하기도
한다.

28) Jeremy Munday, 2006, pp.53-54.

equivalence)로 구분하여 등가개념을 설명하는데, 전자는 주어진 원어범주-단위, 품사, 구조-가 원어체계에서 차지하고 있는 위치와 똑같은 위치를 역어 범주가 역어 체계에서 차지하고 있을 때 이 둘 사이에 성립하는 등가관계를 가리키고, 후자는 주어진 원어 텍스트(혹은 그 일부)와 그에 대한 역어 텍스트(혹은 그 일부)가 이루는 등가관계를 가리킨다. 이때 전자는 랑그 차원에서, 후자는 파롤 차원에서 다뤄진다는 점에서 구분되는데, 캣포드는 번역에 있어서 상황적 요소를 강조하는 것과 같은 맥락에서 랑그보다는 파롤 차원에서의 등가, 즉 텍스트적 등가의 실현이 번역의 궁극적 목표가 되어야 한다고 주장한다.[29] 제이콥슨은 다른 언어들 간에 의미의 등가(equivalence in meaning)라는 껄끄러운 문제를 다루는데, 그는 '기호 단위(codeunits) 간의 완전한 등가는 일반적으로 없다'라고 지적한다. 제이콥슨이 기술한 바에 따르면, 異 언어 간 번역은 '한 언어의 메시지를 개별 기호 단위가 아닌, 다른 언어의 메시지 전체로 대체'하는 것이다. 즉, 번역가는 다른 원천으로부터 받은 메시지를 다시 기호화(recode)하여 전달한다. 따라서 번역에서는, 등가를 이루는 두 개의 메시지가 두 개의 다른 코드로 존재한다. 다시 말해, ST와 TT에서 메시지가 '등가를 이루는(equivalent)' 경우에도, 이는 이들이 실재를 달리 구획하는(영어의 'cheese'/러시아어의 'syr'처럼) 서로 다른 두 개의 기호체계(즉, 다른 언어)에 속하기 때문이다. 언어학적·기호학적 시각에서 볼 때, 제이콥슨은 오늘날 잘 알려진 정의, 즉 '언어 간의 등가는 언어의 중요한 문제요, 언어학의 핵심적 연구 대상이다' 하는 것에 따라 등가의 문제에 접근한다. 따라서 제이콥슨은 의미와 등가의 문

---

29) 한인경, 「번역에서의 등가에 대한 연구-그 개념과 구현양상을 중심으로」, 서울대학교 대학원 석사학위논문, 2000, pp.14-15 재인용.

제를 논하면서, 다른 언어에서 쓰인 메시지를 제대로 전달하지 못하는 언어의 한계가 아닌, 언어 간에 존재하는 구조와 용어상의 차이에 주목한다. 이 외 등가에 관한 중요한 연구로는 하이델베르크와 베르겐에서 연구 활동을 한 베르너 콜러(Werner Koller)의 다섯 가지 유형인 지시적 등가(denotative equivalence), 내포적 등가(connotative equivalence), 텍스트 규범적 등가(text-normative equivalence), 화용론적 등가(pragmatic equivalence) 및 형태적 등가(formal equivalence)[30]를 두 개의 다른 언어 체계를 비교하고 양자 간의 유사점과 차이점을 대조적으로 기술하는 대조 언어학의 대응의 개념과 구별하여 기술했다.[31] 포포비치(Popovič)는 번역의 등가를 정의하면서 그 유형을 언어적 등가, 어형 변화적 등가, 문체적(번역적) 등가, 텍스트적 등가[32] 네 가지로 구분한다.[33] 이렇듯 학자들이 오늘날에 이르기까지 번역에 대한 논의를 지배해온 핵심적 개념인 '등가'는 어떻게 보면 번역의 정의라기보다는 번역이 지향해야 할 바를 설명하는 개념으로, 한국어 사전에서 단순히 '다른 언어로 옮기는' 것으로 정의되었던 번역작업의 성격이 보다 구체화되었음을 감지할 수 있다.[34] 등가개념 자체가 번역, 텍스트, 독자의 특수성 등에 연관되어 있고

---

30) 콜러의 형태적 등가는 텍스트의 형태와 미(美)와 관련되며, ST에서의 언어유희(word play)와 개별적인 문체론적 특징을 포함한다. 여타 문헌에서는 '표현적 등가(expressive equivalence)'라 칭하며, 나이다의 형태적 등가와는 다르므로 혼동해서는 안 된다.

31) Jeremy Munday, 2006, pp.46-61.

32) 언어적 등가: 출발 언어 텍스트와 도착 언어 텍스트의 언어적 수준에 동질성이 있는 경우로 단어 대 단어의 일대일 번역을 말한다. 어형 변화적 등가: 어형변화적 표현 축을 구성하는 요소들, 즉 문법의 요소들에 등가가 있는 경우로서 포포비치는 이것을 어휘적 등가보다 한 단계 높은 범주로 간주한다. 문체적(번역적) 등가: 원문과 번역문에 요소들의 기능적 등가가 있는 경우로, 언제나 불변하는 동일한 의미와 표현상의 일치를 목표로 삼는다. 텍스트적(통어적) 등가: 텍스트의 통어적 구조에 등가가 있는 경우로 형식과 형태의 등가를 가리킨다.

33) Susan, Bassnett-Mcguire, 김지원·이근희 역, 『번역이란 무엇인가』, 한신문화사, 2004, pp.56-57.

34) 이향, 2008, p.15.

등가 성립의 조건에 있어서도 학자 혹은 번역가에 따라 상당히 다양한 기준을 적용하기 때문이다. 번역에서의 등가에 대한 여러 논의들은 다음의 세 가지 관점으로 정리될 수 있다. 첫째, 등가는 번역에 있어서 필수적인 조건이라는 관점이다. 이러한 관점에서 볼 때 등가관계(equivalence relation)는 번역이론의 기반이 되는 핵심적 개념으로, 모든 번역행위의 궁극적인 목표는 이러한 등가의 구현에 있다고 본다. 둘째, 등가는 번역행위에 있어서 고려의 대상이 되지 못하며, 심지어는 등가개념이 존재함으로 인해 번역에 상당한 악영향을 미친다는 관점이 있다. 셋째, 위의 양극단 견해와는 달리 중도적 입장에서 등가를 바라보는 논의들이 있다. 이 경우 등가라는 것은 번역활동을 평가하는 가치적 개념이 아니라 번역을 기술하는 방법상에 있어 유용한 카테고리로 인식된다. 등가는 원어와 역어의 고정된 언어체계적 관점이 아닌 역동적인 의사소통적 관점에서 고찰되며 이는 두 텍스트 사이에 존재하는 '실용적 동등성'을 의미한다. 즉, 형식적인 유사함보다는 언어의 표현 관계나 기능과 같은 언어 외적 요인에 기초를 둔 개념으로 역어의 내용, 형태, 문체, 기능 등이 원어의 그것과 일치할 때 성립된다.

번역의 정의와 등가의 정의에서 언급하였듯이 번역에서의 최적의 등가작업은 원어 텍스트의 의사소통적 상황에서 의도된 형태, 의미 및 문체적 자질 등을 역어 텍스트에서 재현하는 것이다. 그러나 실제 번역과정에서 볼 때 의미적 측면에서든 효과적 측면에서든 동일성의 의미에서 번역의 등가성을 따르는 것은 완벽한 번역물, 즉 '원어 편향성과 역어 편향성을 양극으로 하는 스펙트럼'의 중간지점에 위치한 이상적인 번역이 가능하다는 환상을 갖게 될 뿐이며, 실제로는 원어로부터 역어로의 전이과정에는 완벽한 일치란 존재할 수 없는 것이 번역의 현실이다.35) 이런 관점에서 번역은 또 다른 창조 작업임에 이론의 여지가 없다. 표현을 위한 실질적인 방법은 번역가에 따라, 그리고 대상 텍스트에 따라 다르게 나타날 수 있다. 그리고 한 텍스트에 대해 같은 의미를 전달하는 여러 개의 표현이 가능할 수도 있다. 번역작업이 언어적 차원의 일대일 대응이라면 한 텍스트에 대해 하나의 번역만이 가능할 것이다. 그러나 번역의 정의에서도 언급하였듯이 번역은 한 언어에서 다른 언어로 의미를 전달하는 것이고, 이 전달과정에서 외국어 텍스트를 읽는 독자에게 나타나는 효과와 똑같은 효과가 번역 텍스트의 독자에게 나타나면 된다. 이를 위해서 의미의 등가뿐만 아니라 표현의 등가까지 보장되어야 함은 물론이다.36) 이러한 번역의 속성상 모든 번역가는 최적의 등가작업을 거쳐 완벽한 번역을 추구하는 과정에 있는 것이다.

---

35) 한인경, 2000, pp.12-22.
36) 최정화, 1998, p.110.

문학번역의 개념

　문학작품은 고대로부터 현재에 이르기까지 번역의 주요한 대상이
되어왔다. 20세기에 들어 서로 다른 언어를 사용하는 국가 간의 접
촉이 다면화되고 빈번해지면서 번역 대상이 되는 텍스트는 점차 문
학에서 문학 외적인 텍스트, 실용적 텍스트의 방향으로 그 중심을
옮겨가고 있지만, 그럼에도 불구하고 문학 텍스트의 번역은 아직 번
역의 주된 분야를 이루고 있다.[37] "문학번역은 인간사회에서 의사
소통의 중요한 부분 중의 한 부분이며",[38] 문학작품이 해당 사회를
이해하고 민족과 언어 공동체의 문화를 받아들이는 데에 있어서 매
우 중요한 역할을 한다는 사실은 굳이 강조할 필요가 없을 것이다.
문학작품 속에는 작가가 창조해낸 미학적 세계 속에 해당 사회 구
성원들이 가지고 있는 가치관, 삶의 방식, 사고 체계, 역사적 경험
등이 가지를 치고 서로 얽혀 있다. 문학이 상상력과 문체 속에 어우
러진 작가의 독창적 작품 세계뿐 아니라 문화적 가치를 투영하는
가장 중요한 통로 중 하나임은 부인할 수 없는 사실이다. 서로 다른

---

[37] 이은숙, 「문학번역평가에 대한 고찰: 충실성을 중심으로」, 『통역과 번역』, 제13권 2호, 2011,
　　p.110.

[38] Brian Nelson, "Preface: Translation Lost and Found", Australian Journal of French Studies,
　　Victoria: Jan-Apr 2009, Vol. 47, Iss.1, p.3.

문화와의 소통의 창구를 마련하는 데에 있어서 문학번역이 중요한 역할을 할 수밖에 없는 이유도 여기에 있다. 한 나라의 문학이 그 나라의 문화와 문화적 특징들을 가지고 다른 세계에 알려지는 데 가장 중요한 역할을 수행하는 것이 바로 번역이다.[39] 이러한 상황에서 번역의 중요성은 마땅히 강조되어야 하며 번역은 세계를 향한 문화의 창이라 할 수 있다. 새로운 학문, 문화, 사상, 기술, 문학 등은 대부분 타 언어권에서 번역을 통해서 유입되는데, 번역은 문화유입의 가장 자연스러운 방법일 뿐만 아니라 경제적 방법이기도 하다. 최근 우리나라에는 세계화와 정보화의 시대라는 現 시류에 편승하여 세계 각지에서 매일 수없이 많은 번역물이 홍수처럼 범람하고 있다. 바쁘게 살아가는 요즘 현대인이 경쟁 시대에 살아남기 위해 새로운 지식을 습득하는 방법 중의 하나가 번역물이며, 이러한 번역물의 생명은 신속함과 정확함에 있다. 그러나 간과할 수 없는 사실은 너무나 많은 오역과 번역물이 양산되고 있다는 사실이다. 독자를 현혹시키고 잘못된 정보를 접하게 하는 오역된 번역물은 인간의 지적 활동에 심각한 영향을 끼친다. 현대 인류는 물질문명의 안이함에 젖어 물질만능주의를 추구하고 있는 경향이 짙다. 따라서 전통적 가치관은 전도되고 인간 중심의 인본주의는 무너졌다. 이러한 상황에서 인간성을 승화시키기 위해서 문학작품은 중요한 역할을 한다. 문학작품 번역의 필요성은 바로 여기에 있다. 번역은 원문 텍스트를 이해, 분석하고 번역등가를 찾아서 원문 텍스트에 상응하는 번역문 텍스트를 생성하는 창조적 활동이다.[40] 이러한 번역의 등가작업을 통해서 번역문 텍스트를 생성하는 창조적인 활동인 번역작업은 엄

---

39) 이혜승, 「외국인에 의한 한국 문학번역 고찰」, 『통역과 번역』, 제12권 1호, 2010, pp.199-200.
40) 김효중, 2004, pp.126-127.

밀한 의미에서는 불가능하나 과거부터 이뤄지고 있다. 문제의 핵심은 최적의 번역을 하는 데에 있으므로 문학작품의 번역방법론[41]이 논의될 수밖에 없다.

번역이란 원문의 모든 요소를 그대로 번역문에 나타내주어야 하는데, 이것은 불가능하므로 최적의 등가를 찾는 것이 중요하다. 특히, 문학 텍스트는 미학적 작용을 가장 중요시하는데 여기에 번역의 어려움이 따른다. 그래서 표현형식의 원칙이 고려되어야 하고 그 원칙에 따라 그와 비슷한 미적 작용을 일으키는 번역문의 등가를 찾아야 한다. 이러한 미학적 특성을 고려한 번역인 문학번역의 중요성은 더욱더 중요시된다. 그러나 문학이론서에서 취급되는 작품은 문제작인 경우가 많으므로 문학이론서를 번역할 때 작품번역에 있어서 각별한 주의를 요한다. 그리고 문학이론이 전개되는 과정에서 인

---

41) 문학작품의 번역방법 중 최초의 번역방법인 행간번역방법-원문의 단어에 상응하는 역문의 단어를 써넣는 번역방법이지만 직역은 이보다 진보한 방법으로서 역어의 문법에 맞게 단어를 배열한 번역방법-은 문학작품이나 성서번역에 적용되었다. 이러한 번역방법은 어느 시대나 가능하지만 원문 텍스트와 비교해서 질적으로 낮은 수준의 번역이기 때문에 원시적 방법이라고 불린다. 이 방법은 원어의 단어나 단어의 일부분을 역어로 대치시킴으로써 번역가의 원어와 역어에 관한 불충분한 지식을 은폐하게 했다. 기원전 1세기에 키케로는 그 당시까지 가장 권위가 있었던 행간번역방법의 독단적 견해에서 벗어나 단어의미에 '충실한 번역(직역)'과 '자유스러운 번역(의역)'의 이분법적 번역방법을 도입했다. 그러나 그는 자유스러운 번역이론을 일관성 있게 주장한 것은 아니며 철학적 텍스트의 번역에서는 축어적 번역방법을 사용했다. 고대 번역이론의 대표자인 키케로(Cicero)와 히에로니무스(Hieronymus)는 가장 오래된 번역의 이분법인 '자유스러운 번역/충실한 번역'을 도입했다. 히에로니무스는 단어의 위치 그 자체가 이미 불가사의한 성서를 축어역이 아니고 의역했다. 이 외에도 '번역에는 두 원칙이 있다. 그 하나는 작가가 우리들의 작가로 여겨지도록 그를 우리들에게 다가오게 하는 방법이고 다른 하나는 이에 반해서 우리가 외국인에게 다가가서 그의 상태, 어법, 특성을 발견하도록 하는 방법이다'라고 빌란트의 서거 추도사에 밝힌 괴테에게는 '친숙하게 하기'의 방법이 자연스러운 번역방법이었고 반면에 슐라이어마허(Schleiermacher)를 위해서는 '낯설게 하기'의 방법이 유일한 방법이었다. 슐라이어마허는 이러한 번역 방법을 주장했을 뿐만 아니라 플라톤 번역에 이 방법을 적용했는데, 직역 혹은 의역이라는 극단적인 방법을 피하여 외국화 혹은 독일화해야 한다고 하면서 융통성 있는 번역방법을 제시했다. 드라이든은 의역(paraphrase)의 번역방법을 균형 있는 방법으로 간주했다. 즉, 시를 번역하려면 번역가는 시인이어야 하고 양국어에 능통해야 하며 원저자의 정신이나 성격을 이해해야 한다고 생각했다. 드라이든은 번역가를 초상화가에 비유하였는데, 이 비유는 17세기뿐만 아니라 18세기에 이르기까지 자주 거론되었다(김효중, 2004, pp.133-150).

용되는 작품의 단 몇 줄이라도 신중히 고려하여 번역해야 한다. 따라서 문학작품 번역에 관한 이론도 아울러 깊이 섭렵할 필요가 있다.[42] 이렇듯 역사를 거듭하여 번역에 관한 논의는 충실성으로 집결되며 번역가가 엄격하게 글자 그대로의 번역을 해야 하느냐 아니면 텍스트가 말하고자 하는 바를 따르면 되느냐의 문제가 논란의 대상이 되어왔다. 텍스트의 유형별로 볼 때 기술번역은 전자에 속하고 문학번역은 후자에 속하므로 의역을 주로 하게 되는 문학번역에서 어느 정도의 자유로움이 허용되며 자유로움의 가능성에 있어 번역가가 어느 정도까지 자유롭게 번역할 수 있느냐의 문제가 제기된다. 또한 번역가가 문학성이 높은 작품을 번역하고자 할 때 작가의 문체와 문학성을 훼손하지 않기 위해 직역을 해야만 하느냐 아니면 이들을 희생하더라도 자연스러운 번역을 해야 하느냐의 딜레마에 빠지게 된다. 주로 출판사의 주도로 이루어지는 문학번역에서는 다양한 독자층으로 인해 자연스러운 번역을 선호하며 원작들의 메시지를 살리되 문체 면에서는 자연스러운 번역을 하고 있다. 문학번역에서 번역가가 누리는 자유의 범위가 넓다 해도 원문 텍스트의 효과를 번역문 텍스트의 독자에게 동일하게 일으키는 것 또한 번역가의 의무로 간주된다.[43] 이러한 번역가의 의무는 항상 번역에 임하는 번역가를 무겁게 짓누른다.

모든 번역 가운데 정보나 의사전달의 목적보다 언어의 외적 표현을 중시하고 형식을 강조하는 문학작품 텍스트의 번역에서는 언어철학적·미학적·해석학적·문체론적 문제가 우선적으로 고려되어야 하기 때문에 문학작품 번역은 다른 장르의 번역보다는 극히 어

---

42) 김효중, 1998, pp.273-276.
43) 변선희, 「문학번역의 열린 특성」, 통역번역연구소 논문집, 제6집, 2002, pp.89-90.

려운 작업이다. 원저자의 메시지가 함유되어 있는 문학작품 번역에서는 언어학적 의미에서 이미 복잡하게 구조화된 문학성을 구성하는 언어적 자료 또는 언어적 장치가 재조직되기 때문에 한층 더 고차원의 복잡한 기호학적 체계가 형성된다. 동일한 내용을 가진 텍스트라 하더라도 그것을 번역하는 번역가마다 각기 다른 반응을 보이는데, 그 까닭은 번역가의 세계관이 서로 다르기 때문이다. 문학작품의 미학적 분석 목적은 가치관의 본질적 기준을 확정하는 데 있다. 번역의 미학적 본질은 다른 모든 예술에서와 같이 가치 범주에 의해서 결정된다. 표현예술의 발전과정에서는 재생의 규범(올바른 이해, 즉 진실성에 대한 욕구)과 예술성의 규범(미에 대한 욕구)이 가장 중시된다. 그러므로 번역작업에서 이러한 본질적인 미학적 반명제는 번역의 충실성(직역)과 자유성(의역)으로 구현된다. 충실한 번역방법의 주목적은 원문의 정확한 재생인 반면, 자유스러운 번역은 우선적으로 원문의 아름다움, 즉 미학적·사유적 가치를 독자에게 전달하는 데 그 목적이 있다. 그런데 여기에서 문제 되는 것은 번역 작품 독자의 배경과 미학적 경험이 원어작품 독자의 그것과 다르다는 사실이다. 따라서 이러한 문제는 수용 미학적 관점에서 해결되어야 하는데, 원문 텍스트와 문화의 성격이 다른 번역문 텍스트 독자의 상이한 미학적 기준에 상응할 수 있는 기준(비교점)을 찾는 것이 번역가의 중요한 임무이다.44) 이러한 상이한 미학적 기준에 맞는 비교점을 찾아 원문 텍스트 저자의 메시지를 번역문 텍스트 독자에게 정확히 전달하는 것이 번역가의 의무이며, 이러한 특성을 함유하고 있는 문학 텍스트를 번역하는 작업이 번역가에게는 어려

---

44) 김효중, 2004, pp.128-130.

운 과제인 것이다. 즉, 문학번역의 독자 지향적 경향으로 번역가들이 독자에게 익숙한 어휘와 구문을 사용할 경우 출발어의 문체적 특성이 도착어에 잘 반영되지 않으면서, 문학성의 훼손이 야기될 수 있다. 이러한 문학 텍스트의 문학성 훼손을 방지하기 위해서 번역가들은 작품 내에 존재하는 여러 음성들을 명확하게 들을 수 있어야 하며, 다양하고 적절한 어휘와 구문을 사용함으로써 저자의 스타일을 도착어에 잘 반영하도록 해야 할 것이다. 또한 문학작품은 작가만이 가지고 있는 사상을 표출하는 주관적이고 개인적인 세계에서 비롯되는 것이어서 엄밀한 의미에서는 객관적인 지시대상 근거를 갖지 않는다고도 할 수 있다. 그러므로 번역가들이 작품을 이해하기 위해서는 작가의 개인적인 독서와 삶의 체험, 지식, 문화 특유의 서술체계에 대해 공유된 지식에 의거해야 한다. 번역가는 우선 원작의 작품성을 충분히 이해하는 것이 무엇보다도 필수 선결 요건이다.[45] 이렇듯 원저자의 사상이 표출되어 있는 문학 텍스트가 복잡한 구조로 이루어져 있기 때문에, 번역가들은 텍스트 외적 요소에 대한 치밀한 분석을 통해 작품을 올바로 이해해야 할 필요가 있으며, 출발어의 내용만이 아닌 미적 요소들도 도착어에 잘 반영되도록 번역을 해야 할 것이다. 문학번역에 있어서 텍스트의 단순한 직역은 타문화의 이해와 감동을 줄 수 없다.[46] 문학번역을 번역하는 번역가는 위에서도 명시하였듯이 문학작품을 번역하기에 앞서 작품의 특징과 원저자의 메시지 파악에 주력해서 번역에 임하여야 한다. 작품의 특성을 살려서 번역하기 위해서는 번역가는 무엇보다도 작품에서 다

---

45) 박수현, 「댄 브라운의 『다빈치 코드』 번역 연구-충실성과 문학장르의 특징을 중심으로」, 부산외국어대학교 통역번역대학원 석사학위논문, 2009, p.22.

46) 최진혁, 「문학번역의 언어 내외적 접근-『프랑켄슈타인』 번역 사례를 중심으로」, 한국항공대학교 석사학위논문, 2008, p.16.

루고 있는 소재가 실제로 일어나는 것처럼 번역해서 독자들이 느끼게 해야 한다. 바로 여기에 문학 텍스트를 번역하는 번역가의 어려움이 존재하는 것이다. 즉, 문학작품의 번역은 문학성 구현을 위한 번역이 되어야 한다. 그러므로 문학작품의 번역에 있어서 원작의 장르와 원작자의 문체, 의도하는 바, 서사방법 등을 따르는 번역을 해야 한다. 이것은 원문 텍스트의 충실성과도 연결되는 개념이자 문학작품 번역이라는 번역 유형에 따른 특징이기도 하다. 즉, 문학번역의 경우는 내용에 대한 충실성과 더불어 원문 텍스트에 구현된 문학적 글쓰기의 규범이 지켜져야 한다. 물론 문학 텍스트와 실용 텍스트 모두 원문 텍스트의 이해와 의미의 비언어화 과정을 거쳐 자연스러운 재표현을 추구하게 되는 동일한 번역과정을 거치게 되나, 문학번역의 경우는 이해 대상의 복잡성이나, 문학 장르의 글쓰기 규범의 존중이라고 하는 척도를 갖게 된다.[47] 특히, 문학 텍스트의 번역은 무엇보다도 원저자의 메시지 전달이 중심이 되므로 정보전달의 중심을 가지고 있는 실용 텍스트 번역과는 번역의 전략 자체가 달라질 수 있다.

---

47) 박수현 2009, p.23.

번역비평과 텍스트 분석

4.1. 번역비평의 정의

번역비평[48]은 원문 텍스트와 번역문 텍스트의 비교를 전제로 한
다. 그러나 원문 텍스트와 번역문 텍스트의 비교가 모두 번역문 텍
스트로서의 번역비평을 목표로 하는 것은 아니다. 이것은 문학적 장
르의 성격을 지니고 있는 문학 비교연구나 정신사에 방향을 맞춘
비교연구에서 나타나는데, 이러한 연구를 다루는 논문들은 번역, 번
역의 성과, 번역가의 개성 등을 위해 연구한 것들이다. 이 연구들에
서는 번역 그 자체가 강조되는 것이 아니라, 그의 개인문체와 해석

[48) 전성기에 따르면 번역비평은 간략히 말하자면 '번역에 대한 평가적 혹은 비평적 성찰'이다.
평가와 비평이 뚜렷이 구분된다고 보기는 어렵지만 굳이 구별하자면, 전자가 우열을 가리거
나 점수를 매기는 방향으로 작업이 이루어진다면 후자는 보다 포괄적으로 다양한 측면들이
고려되는 보다 포괄적인 평가작업으로 볼 수 있다. '비평'이란 말 자체가 부정적인 함의를
가진 것으로 이해되기도 하나, 문학비평에서 보듯이 반드시 그래야 하는 것은 아니다. 번역
비평도 가치중립적으로, 나아가 긍정적인 방향으로도 충분히 이루어질 수 있다. 지금까지 번
역비평이 '잘못된' 번역들의 지적, 즉 오역비평에 주력했다면, 앞으로는 '명역비평'을 개발하
여 잘된 번역들을 드러내고, '좋은 번역의 방도'에 대한 '공론의 장'을 열어 '명역'에 대한 공
감대를 넓히는 데 힘쓸 필요가 있다(전성기, 「번역비평과 해석」, 『불어불문학연구』 72집, 한
국불어불문학회, 2007, pp.281-282). 한편 홈스(Holmes)는 번역비평이란 기본적으로 번역 텍
스트의 '해석' 및 '평가'를 포괄하는 개념이라 설명하며 비평가의 주관성이 개입할 가능성을
염려했다. 그리고 먼데이는 번역비평이란 '학생들의 번역물 점검'과 '출판번역물의 검토'를
포괄하는 번역물의 평가라고 정의했다(전현주, 『번역비평의 패러다임』, 한국학술정보, 2008,
pp.28-29 재인용). 또한 김효중에 따르면 번역비평이란 번역이 과연 올바르게 이루어졌는가
를 따져보는 일이 그 핵심이라고 말한다.

의지가 번역을 특징짓는 번역가라든가, 아니면, 한 작가 내지는 어떤 시대 전체에 미치는 작용 및 영향의 원천으로서의 번역이 강조된다. 번역문 텍스트의 언어적·문체적인 형성을 분석하는 것보다는, 오히려 외국어 텍스트가 번역가의 개성-어떤 시기나 시대에 전형적이라고 할 수 있는-에 의해서 어떻게 '동화'되는지, 번역이 문학사 및 정신사의 연관관계 속에서 과연 어떻게 정리될 것인지 또 번역이 어떻게 그리고 왜 특정한 시점에 대해서 그 영향력을 행사하는지, 하는 점들에 대한 양태에 관해서 더 많은 의문이 제기된다. 이러한 번역의 종류를 통하여 과연 번역의 개념이 지나치게 혹사당하는 것은 아닌지 하는 문제가 제기된다. 즉, 번역비평은 목표언어 문헌과 출발언어 문헌의 맥락에서 해당 텍스트를 연구한다. 출발언어 문헌의 관점에서 볼 때 특히 출발언어 문헌의 테두리 내에서 번역된 작품들의 대표성이 문제 된다. 비평가는 출발언어 문헌과 목표언어 문헌에 관련해서 작품의 규범일치 내지는 독창성을 판단한다.[49] 비평가의 이러한 출발언어 문헌과 목표언어 문헌에 관련된 독창성 판단의 토대에서 궁극적으로 추구하는 것은 제대로 된 번역 다시 말해 올바른 번역이 이루어지게 하는 데 목적이 있다. 그런데 올바른 번역을 훌륭하게 하여 번역문 텍스트 독자에게 마치 원문 텍스트를 읽는 것과 같은 만족감을 주려면 우선 번역비평이 올바르게 이뤄져야 하고 번역가와 번역비평가에 대한 사회적 인식이 개선되어야 한다. 비평이라는 말 자체가 긍정적인 의미를 내포하기보다는 부정적인 함의를 가진 것으로 이해하기도 하지만 좀 더 다양하고 폭넓은 관점에서 번역비평을 논해야 하는 시점이다. 기존의 모든

---

49) Werner Koller, 박용삼 역, 『번역학이란 무엇인가』, 숭실대학교출판부, 1990, pp.267-269.

번역이론들은 번역가가 원어와 역어, 그리고 그 문화들을 모두 잘 알고 있는 것으로 전제한다. 그러나 실제의 경우들을 보면 이 전제 사항이 제대로 충족되지 못하는 것이 바로 우리 번역의 근원적 문제이며 현실이다. 우리의 번역문화가 오역, 비문 등으로 얼룩져 있다는 지적은 어제오늘의 것이 아니다. 오역에 대한 단편적이거나 분류 위주의 연구들은 더러 있어도 체계적인 연구는 본격적으로 이루어지지 않고 있는 실정이다.[50] 일반적으로 번역비평의 목적은 1) 번역수준을 증진시키고, 2) 번역가에게 객관적 기준을 마련해주며, 3) 특별한 시대와 특별한 주제에 관련된 번역에 관한 생각을 조명하기 위해서, 4) 탁월한 작가와 번역가의 작품 해석을 돕기 위해서, 5) 원문과 번역문 사이의 의미론적·문법적 작품 해석을 돕기 위해서 필요하다. 위와 같은 목표 아래 번역비평이 이뤄졌을 때 질적으로 우수한 번역작업이 이뤄질 수 있다.[51] 많은 번역비평이 우수한 번역작업을 위해서 원문과 번역문 사이에서 발생하는 측면들을 분석하는 것[52]은 당연하다. 이러한 번역비평을 통해서 번역문 텍스트 독자들은 번역작업에 대한 비평을 통해 제대로 된 번역물을 접할 수 있으며, 이로 인해 올바른 번역이 제자리를 찾아갈 수 있다. 번역의 중심에 서 있는 번역가들은 번역이 품고 있는 다양한 층과 결을 일상적으로 번역작업에서 표출하면서 살아가는 존재들이다. 번역가 집단이 기존의 번역 연구를 번역의 한 측면만을 부풀림으로써 결과적으로는 번역의 전체적인 모습을 왜곡하는 행위로 간주했고, 이들

---

50) 이은숙, 2011, pp.110-111.

51) 김효중, 2004, p.262.

52) 베르만, 라드미랄, 해석이론 학파 등, 의미 중심 번역론을 둘러싸고 대립양상을 보이는 이들이지만 번역학이 독자적인 학문영역이라는 점에서는 의견의 일치를 보인다.

의 강한 불만이 번역이라는 고유의 지적 영역에 오롯이 바쳐진 번역학이라는 새로운 학문의 탄생을 촉발했다면, 이는 그러한 번역 경험이 작용했기 때문이다. 번역학과 번역가는 일종의 계약을 맺은 셈으로, 이로써 번역학의 존립 여부는 이론과 실천의 존재론적 연결고리에 달려 있다는 암묵적인 전제가 효력을 발휘하게 된 것이다. 이런 점에서 번역비평은 번역학의 여러 갈래 중에서도 가장 직접적으로 번역학의 본질에 닿아 있다고 할 수 있다.

번역비평은 국내에서든 국외에서든 간에, 그 중요성에 비해 실제 성과는 가장 빈약한 영역이라고 할 수 있다. 특히 전문가 집단의 번역비평은 상당히 부진한데, 아마도 그 이유야 여럿 있겠지만, 남의 번역을 평가하는 일이 비평가 자신에게, 특히 그 비평가가 직접 번역도 하는 사람이라면 더더욱 상당히 위험한 일이기도 할 것이다. 하지만 이제는 번역가가 원하든 원하지 않든 간에 번역비평의 물꼬는 이미 터진 상태이다. 한편으로는 한국사회의 지적 역량이 꾸준히 축적된 결과, 이전과는 달리 전문 연구자가 아니라도 원전을 읽어낼 수 있는 독자들이 현저히 증가했고, 따라서 번역가는 원전 독점에 기댄 번역 평가로부터의 자유를 기대할 수 없는 처지에 놓이게 되었다. 다른 한편으로는, 인터넷 네트워크의 발달로 인해, 번역계의 권력관계 바깥에서 그 누구의 눈치도 볼 필요 없는 독립적인 독자들이 가상공간 내에서 자유롭게 자신들의 의견을 풀어내며 번역 파수꾼의 역할을 수행하고 있다.[53] 이러한 독자들이 하는 번역비평의 기본은 원문 텍스트와 번역문 텍스트의 비교를 통해 오류나 오역이 있는지 찾아내는 작업이 주로 이루어지고 있다. 이와 같은 번역행위에

---

53) 정혜용, 2007, pp.25-28.

대한 번역비평은 올바른 번역을 추구하고자 하는 독자들의 비평 양태이다. 그러나 번역비평의 방법론 및 기준은 아직 제대로 정립되지 않은 것이 사실이고 이와 같은 현실을 지적한 학자는 휘센(Huyssen), 보르마이어(Borgmeier) 등이다.

사실상 기존의 번역비평은 즉흥적이거나 일회적이어서 체계적이지 못했다. 이를 사적으로 일별하면 20세기 중반까지는 원문 텍스트에 기초한 번역요구가 컸는데, 특히 문학번역의 경우는 더욱 그러했다. 쇼펜하우어는 불완전한 번역을 '대용커피'라고 하였는데, 좋지 않은 번역은 원문에 맞지 않는 경우로서 그 원인은 명백할 수도 있고 또한 복합적일 수 있다. 번역가가 너무 성급히 번역에 임했거나 번역 자체를 너무 경시한 까닭에 그러한 결과가 빚어질 수 있다. 번역가 개인의 한계성을 극복하지 못한 원인이 있다든가 적절한 표현을 찾을 만큼 언어수행 능력이 부족한 경우가 있는가 하면, 번역가가 텍스트를 잘못 선택했거나 문체를 옮길 때 잘못 옮길 수도 있다. 그것은 번역가가 택한 작품의 원작자와 번역가 자신의 감수성이 서로 일치하지 않은 탓이다. 이 경우 좋지 않은 번역가는 생략하거나 의역하기 마련인데, 이처럼 원작에 손상을 입혔을 때 겉으로 드러난 글맵시는 한층 매끄러울 수 있을지 몰라도 원작의 의미나 가치가 제대로 전달될지는 의문이다. 번역비평에서 중시되어야 할 것은 텍스트이며 특히 그 구성, 기능, 수용 사이의 의존관계가 분명히 파악되어야 한다. 번역가의 번역될 텍스트에 대한 태도를 알았을 때만 어느 정도 객관적으로 번역가의 번역능력을 평가할 수 있다.

과학적·상업적 텍스트, 신문기사, 관광정보용 책자 등의 번역은 비교적 객관적인 번역비평이 가능하나, 문학번역을 비평하는 경우는 그리 쉬운 일이 아니다. 문학작품의 모든 독자 나아가서 문학비평의 독자는 문학적 표현이 관계된 유효한 개념 안에서 온전히 인식되기 어렵다는 것을 인정한다. 사실상 번역비평에 있어서 번역의 질을 평가하는 객관적인 잣대는 없다. 그러나 번역 가치를 논하는 일은 실제 번역작업에서 매우 중요하다. 번역비평은 가치평가 면에서 다분히 주관적인 요소가 짙으면서도 체계적 기술 면에서 최소한 객관성을 가진다. 즉, 원문과 번역문의 비교 분석이 그것이다. 텍스트 구성은 물론 텍스트 체계가 비교에 포함된다. 이 부분에서 비평의 가치 평가가 작용한다.[54] 번역비평에서는 원칙적으로 번역본과 원본의 읽기와 이들의 비교 검토가 필요한데, 이 과정에서 번역 텍스트는 내가 읽은 것이 아니고, 내가 이해한 것은 번역가가 옮긴 것이 아니며, 내가 이해한 것은 번역가가 이해한 것이 아닐 수 있다. 그래서 번역은 '동일성'의 문제가 아니라 '근접' 혹은 '최대근접'의 문제이다. 이러한 최대근접을 위해서는 '충실'하기 위해 '배반'을 하는 이율배반적인 경우들에 봉착할 수도 있다. 이러한 근접에 대해서는 여러 변수에 따라 그 판단이나 평가가 달라질 수밖에 없다. 번역의 목적, 번역의 대상, 원문 텍스트 종류, 번역의 독자, 번역 언어, 번역관 등에 따라 이 근접의 정도나 양상은 달라질 수밖에 없는 것이다. 그래서 번역비평은 성급한 판단을 내리기보다 감정이입적인 세심한 대화적 읽기를 시도할 필요가 있으며, 그렇게 해서 얻어진 해석과 이해에 대해서도 재검토를 거칠 필요가 있는 것이다.

번역비평이 실제적 번역비평들의 개념화를 한다면, 한국 번역 문화의 두드러진 문제인 오역문제를 집고 넘어가지 않을 수 없다. 오역은 해석의 관점에서 말하면 잘못된 이해, 오해에서 비롯된 것들이

---

54) 김효중, 2004, pp.262-268.

고, 이들은 '일반의미론'적으로 말하면 대부분 성급한 평가나 평가의 오류들로 인한 것들이다. 지금까지의 오역에 대한 담론들은 기존의 번역들에 대한 단편적인 규범 문법적 담론들인데, 건설적이며 생산적인 번역비평을 위해서는 그 토대 역할을 할 수 있는 '생산적' 번역문법이 필요하다. 번역문법은 번역 텍스트를 원문 텍스트와 비교하여 세밀하게 읽고 평가하기 위한, 다양한 분야들의 지식으로 구성된 절충적·임상적 성격의 열린 담론이기도 하다. 번역문법은 원문 텍스트가 어떻게 쓰여 있는지 읽어내는 데에도 필요하고, 그렇게 읽어내고 해석된 것들이 적절히 재현되었는지 평가하는 데에도 필요하다. 이때 특히 중요한 것은 맥락이다. 좁은 의미의 맥락이건 넓은 의미의 맥락이건 이 맥락을 읽어내고 텍스트와 맥락의 상호작용을 해석하고 이해하지 못한다면 번역이나 번역비평이 제대로 이루어질 수 없다.[55] 한편 명역비평은 번역가가 좋은 번역의 기본적인 사항을 지켰을 경우에 그 번역이 명역으로 가는 길을 보여줄 수 있다. 번역비평이 비평 대상작품에 따라 오역비평[56]의 수준에 머물든 아니면 명역비평으로 나아갈 수 있든 간에 두 번역비평 모두 '번역

---

55) 전성기, 2007, pp.286-290.

56) 요즘 같은 번역물이 범람한 시대에는 저급한 번역물이 사회에 부정적인 영향을 미치는 경우가 많다. 가히 '오역비평의 시대'라는 느낌이 들 정도이다. 이에 관하여 다음의 몇 가지를 생각해보아야 할 것이다. 첫째, 국내의 독자들이 그만큼 번역의 품질에 대해 까다로워졌음을 부정할 수 없다. 특히 영어의 경우에는 원문에 대한 접근성이 높고 독자들의 언어능력도 과거에 비해 상당히 높아졌기에 보다 날카로운 비판이 가능해졌다고 볼 수 있다. 둘째, 번역의 품질문제가 여전히 화두가 되고 있는 이유는 무엇이 좋은 번역인가에 대한 판단이 여전히 지극히 자의적인 것이기 때문이다. 명백하고 이론의 여지가 없는 오역도 있을 수 있겠으나, 어떤 사람에게는 훌륭한 번역으로 여겨지는 것이 다른 사람에게는 '엉터리 번역'으로 느껴질 수도 있다. 인간의 가장 원초적인 본능은 다른 사람이 쓴 글을 바꾸고자 하는 욕망이라고 한다. 아무리 훌륭한 번역가가 번역한 글도 다른 번역가에게 보여주면 반드시 수정이나 개선의 여지가 눈에 띄게 된다. 좋은 번역이 무엇인지에 대한 판단이 이처럼 주관적이고 자의적이기 때문에 모두를 만족시키는 번역이란 어쩌면 이 세상에 존재하지 않을 수도 있다. 셋째, 품질기준에 대한 보다 유연한 시각이 필요하다. 즉, 어떤 상황에서든 완벽한 품질의, 매 순간 절대적 품질의 번역이 필요하다는 전제 자체에 대해 재고해보아야 한다(이향, 2008, pp.42-43).

실천의 향상'에 목적을 두고 있음은 분명하다. 그러면 문학번역 작품을 비평함에 있어서 중요한 잣대는 무엇인가? 아마도 그것은 '충실성'과 '가독성'일 것이다. 번역에는 하나의 옳은 번역만이 존재하는 것이 아니기 때문에 이상적인 좋은 번역이란, 이 두 가지 기준을 모두 충족하는 번역, 다시 말해서 여러 번역들 가운데 원작에 보다 더 충실하면서 동시에 번역문 텍스트를 읽는 도착어 독자들이 자연스럽게 읽을 수 있는 번역이라 할 수 있다. 그러므로 번역가들은 번역을 하면서 이 두 가지 개념, 원문 텍스트의 충실성과 번역문 텍스트를 읽는 도착어 독자들을 위한 가독성을 모두 고려한 번역을 하려고 노력해야 한다. 이 두 개념은 직역과 의역의 관계처럼, 번역가가 번역을 함에 있어서 자신의 번역전략에 따라 선택할 수 있는 대상이 아니라 반드시 이루어내야 하는 것으로 두 개념이 상하의 관계가 아니라 선후의 관계에 있다고 할 수 있다. 다시 말해서 충실성이 우선적으로 보장이 되고 그다음에 가독성의 문제가 해결되어야 한다는 것으로, 만약 충실성이 전제되지 않은 가독성의 실현은 원작이 존재하는 번역 작품이 아니라 새로운 창작 작품이 되는 것이기 때문이다.[57] '충실성'과 '가독성'에 대해 수잔 바스넷(Susan Bassnett)은 "충실성에 대해 번역가가 원작을 읽고 이해하는 능력에 연관된 것이지 원작에 얼마나 충실한가 하는 종속적 개념에 의존하지는 않는다"[58]라고 설명하였고, 루이스 켈리(Louis Kelly)는 번역이론의 역사를 세부적으로 조사하며 17세기 말에 이르러서야 '충실성'의 개념을 원저자의 단어를 따르기보다는 오히려 의미의 충실함을 중심적 가치로 인식했다. 그리고 '충실한 번역(faithful translation)'에 대해서

---

57) 김경희, 「문학번역에서의 충실성 문제」, 『통역과 번역』, 12(1), 2010, pp.23-24.
58) Susan Bassnett-Mcguire, 1980, p.53.

피터 뉴마크(Peter Newmark)는 목표언어의 문법구조에 적절하도록 번역하면서 원천 텍스트의 정확한 의미를 재현하려는 번역방법이라고 표현했다. 문화와 밀접한 관련이 있는 어휘는 소리 나는 대로 그대로 옮겨 '음차번역' 하고, 원천 텍스트에 쓰인 원천언어가 원천언어 내의 문법이나 어휘의 쓰임에서 잘 쓰지 않는 표현이라 하더라도 그대로 옮겨주며, 원저자의 의도와 원저자가 쓴 텍스트의 실현에 전적으로 충실해야 한다고 설명한다.[59] 원문 텍스트의 충실성과 목표 텍스트의 가독성의 논쟁에 대해 슈톨제(Stolze)는 "번역활동에 대한 수많은 의견들은 근본적으로 항상 설득력 있게 이론적으로 입장을 설명하지 못하고, '충실한' 번역과 '자유로운' 번역[60] 사이의 근본적인 논쟁의 주위를 맴돌고 있다. 그리고 일선학교에서는 다음과 같이 가르치고 있다: '가능한 축역을 하고 필요한 만큼 자유롭게 번역하라'"[61]라고 주장했다.

텍스트상에서 이렇듯 학자들에 따라 번역의 충실성과 가독성에 대한 이론적 개념은 약간의 차이는 있으나 실제로 현장에서 번역업무에 종사하는 번역가는 충실성과 가독성 중 어떠한 방법에 중점을 두고 번역을 행할 것인지에 대해서는 번역의 기능에 따라 판단이 달라질 수 있기 때문에 심사숙고해서 적용해야 한다.[62] 즉, 작품

---

59) 이은숙, 「문학번역 평가의 문제: 충실성과 가독성을 중심으로」, 『통역과 번역』, 10(2), 한국통역번역학회, 2008, p.86 재인용.

60) "고대 번역이론의 대표자인 키케로는 가장 오래된 번역의 이분법인 '자유스러운 번역/충실한 번역'의 방법을 도입했다(김효중, 2004, p.178-179)." 그러나 "키케로와 호레이스 둘 중 어느 누구도 그들이 선호하는 번역의 접근방식을 묘사하기 위해서 '충실한' 번역과 '자유스러운' 번역의 용어를 사용하지는 않았다(Mona, Baker. (ed) *Routledge Encyclopedia of Translation Studies*. London & New York: Routledge. 1998, p.87)."

61) 박용삼, 『번역학 역사와 이론』, 숭실대학교, 2003, pp.105-106 재인용.

62) 김명균, 「토마스 하디의 소설 『더버빌가의 테스』의 영화화와 자막연구-로만 폴란스키의 『테스』를 중심으로-」, 『번역학연구』, 제10권 3호, 2009, pp.34-35.

전체의 번역의 향방을 설정하는 번역가의 번역전략은 전통적으로 '충실한 번역'과 '가독성을 고려한 번역'으로 나눌 수 있다. 이 두 가지 번역전략은 시대와 이론에 따라 서로 우위를 점하기 위하여 경쟁하며 분화하여 현대의 번역이론은 '가능한 한 충실한 번역'을 하지만 필요에 따라 '가독성을 겸비한 번역'을 권장하는 상호 보완적인 번역전략으로 발전했다. 가령 베누티(Venuti)는 번역 텍스트가 목표 문화에서 읽히는 전형적인 경향을 다음과 같이 설명했다.

> "번역 텍스트는 장르를 막론하고 유창하게 읽히며, ST의 언어적 특성이나 문체상의 특성이 두드러지지 않고 그대로 반영되어(transparent), ST 작가의 개성이나 의도 혹은 ST의 의미를 그대로 반영한 듯한 느낌을 줄 때, 대부분의 출판 관계자, 비평가 그리고 독자로부터 용인할 수 있는(acceptable) 텍스트로 평가받는다. 이러한 텍스트는 TT가 아닌 ST의 외관(appearance)을 지니고 있다."63)

베누티가 지적한 '유창하게 읽히며'는 '가독성'을, 'ST 작가의 개성이나 의도 혹은 ST의 의미를 그대로 반영'은 정확성을 뜻한다. 이러한 충실성과 가독성에 대한 비평에 대한 평가기준은 명확한 경계가 없이 주관적인 판단과 양식에 따라 이루어지는 경향이 있다. 따라서 비평가는 이 두 가지 기준의 객관성 여부 및 양극화의 폐해 등을 항상 염두에 두어야 한다.64) 이와 같이 번역의 적용 방법은 어느 한쪽에 더욱더 많은 중심을 두고 번역할 수가 없기 때문이다. 번역은 가독성만을 중시한 나머지 원문을 얼버무려서 새로운 창작번역

---

63) Lawrence Venuti, *The Translator's Invisibility*. Routledge, Londonand New York, 1995, p.1.
64) 전현주, 2008, pp.152-155.

물을 읽게 해서도 안 되며, 반대로 원문의 충실성만을 고려한 나머지 독자가 제대로 이해하지 못한다면 번역을 하는 원래의 목적도 상실하게 될 것이다. 번역은 외국어로 된 원문 텍스트를 읽고 이해할 수 없는 사람들을 위한 행위[65]이기 때문이다.

4.2. 충실성의 개념

좋은 번역이란 원문 텍스트의 '충실성'과 번역문 텍스트 독자를 위한 '가독성'을 모두 고려해서 하는 번역이다. 여기서 번역비평의 중심축을 이루고 있는 원저자의 메시지를 담고 있는 원문 텍스트의 충실성과 번역문 텍스트를 읽는 독자들을 위한 가독성은 번역가가 주관적으로 선택할 수 있는 조건이 아니라 모두 이루어야 하는 조건이다. 특히, 우리가 다루고자 하는 충실성은 원문 텍스트의 저자가 독자에게 전달하고자 하는 "의미의 충실성"[66]에 대해서 말하는 것이다. 특히 본 논문에서 다루고자 하는 비평의 한 축인 문학 텍스트에서의 충실성은 형태의 충실성이 아닌 의미의 충실성에 대한 부분이다. 우리가 논문에서 다루고자 하는 문학 텍스트를 번역한다는 것, 그것은 원문 텍스트(ST)에 나열된 원래의 시니피앙(signifiant)들을 번역문 텍스트(TT)에서 그에 상응하는 시니피앙으로 대치하는 단순한 행위를 훨씬 넘어서는 복잡한 의미를 갖는다. 앙투안 베르만

---

65) 이은숙, 2008, p.88.

66) 루이스 켈리(Louis Kelly)는 그의 저서에서 이런 개념들을 연구한다. 번역이론의 역사에 대해 구체적인 연구를 수행한 켈리는, 고대 작가들의 가르침에서부터 출발하여 그가 '풀 수 없을 정도로 엉켜버린' 용어들이라 불렸던 '충실성(fidelity)', '정신(spirit)', '진리(truth)'의 개념이 어떻게 변천해왔는지를 추적한다. 충실성의 개념에 대해 호레이스(Horace)는, 직역을 추구하는 단어 대 단어 번역이라 치부한 바 있다. 이 개념은 17세기 말에 이르러서야 원저자가 사용한 단어가 아닌 전달하고자 하는 의미에의 충실성으로 이해되었다(Jeremy Munday, 2006, pp.28-29).

(Antoine Berman)의 지적처럼, 비문학 번역이 단순히 의미의 전달이라는 역할을 수행하는 데 그치는 반면, 문학번역이 다루는 '작품'이라는 대상은 그것이 쓰인 언어와 아주 단단히 묶여 있으며, 따라서 문학 텍스트의 번역은 서로 다른 두 언어를 다양한 형태로 충돌하게 하거나 어떤 의미에서는 결합하도록 하는 데에 이르기까지 한다. 번역이 '다른 언어로 같은 것을 말하는 것'이라고 할 때, 문학 텍스트의 번역을 앞에 둔 번역가가 가장 먼저 마주하게 되는 과제는 바로 텍스트가 말하고자 하는 바(즉, 원문 텍스트의 원저자가 독자들을 위하여 전달하고자 하는 메시지)가 무엇인지를 파악하는 것이다.[67] 번역가는 원문 텍스트의 의미가 과연 무엇이며 그 의미를 어떠한 번역전략을 동원하여 번역문 텍스트 독자의 문화에 맞는 텍스트로 충실하게 번역해야 하는지 번역 시 우선적으로 부딪히는 문제이다. 본 논문의 연구 목적 중 하나인 충실성에 대해 알아보기 위해서 우선적으로 충실성이란 무엇인지 개념에 대하여 알아보기로 한다.

해석이론의 지지자이며 스페인의 번역학자인 휘르따또 알비르(A. Hurtado-Albir)는 자신의 저서에서 의미에의 충실성을 구성하는 요소를 3가지로 분류한다. 첫째는 '저자의 말하고자 하는 바', 둘째는 '도착어', 셋째는 '번역의 대상 독자'이다. 첫째, 의미에 충실하기 위해 원문 텍스트의 저자가 말하고자 하는 바를 정확히 전달하는 것을 말함이다. 둘째, 도착어에 충실해야 한다. 출발어와 도착어는 서로 다른 문법 규칙과 표현의 방식을 가지고 있는 언어이다. 그렇기 때문에 번역과정에서 지나치게 출발어를 의식할 경우 '어색하고 부자연스러운' 도착어 표현이 나올 수밖에 없으며, 도착어 표현이 어

---

67) 김희진, 2010, pp.82-83.

색한 경우는 번역의 질적인 문제까지 야기할 수 있으므로 번역문 텍스트를 읽는 독자가 사용하는 도착어에 충실해야 한다. 셋째, 번역 대상 독자에 대한 충실성이다. 원문 텍스트의 저자가 글쓰기를 하면서 대상으로 삼고 있는 독자와 번역물의 대상 독자는 아주 드물게 일치하는 경우를 제외하고는 대부분 다른 문화를 가진 다른 환경의 사람들이다. 이들은 우선 서로 다른 언어를 사용하는 사람들일 뿐만 아니라 문화적 배경과 관습이 다르고, 가지고 있는 지식도 다른 사람들이다. 그렇기 때문에 번역문 텍스트를 읽는 독자들을 이해시키기 위해서는 이들의 문화에 맞는 텍스트를 생산해야 하는 것이 당연하다. 휘르따또 알비르는 이러한 세 가지 충실성의 관계에 대해서 다음과 같이 밝히고 있다.

> 저자가 말하고자 하는 바, 도착어, 번역의 대상 독자에 대한 충실성이라는 이 3가지의 관계는 불가분의 관계이다. 우리가 만약 이 요소 중 한 가지에만 충실하고 다른 요소를 무시한다면 의미에 충실하지 않은 것이다.[68]

즉, 휘르따또 알비르는 번역의 대상이 문장을 이루고 있는 낱말이 아니라 낱말의 의미에 있다고 지적하고 있다. 그리고 주엘(Juhel)은 번역의 충실성에 대한 견해가 크게 두 갈래로 나뉜다고 본다. 그 하나는 원문 텍스트에 최대한 충실하게 대어역[69]을 하여 독자가 마

---

68) 최정화, 1998, pp.122-123 재인용.

69) 대어역 또는 자구적 번역은 언어적 차원의 동일성과 문법규칙만을 의식해 일대일 대응을 시도하는 것을 말한다. 예를 들어 'He feels better than he has ever felt before...'를 '그는 전에 느꼈던 어떤 기분보다 더 낫게 느낀다'라고 번역하는 경우를 말한다. 그러나 진정한 의미에서 자연스러운 번역을 한다면 '그는 더할 나위 없이 기분이 좋다' 정도로 표현하는 것이 하나의 대안이 될 수 있을 것이다(최정화, 1998, p.114).

치 외국어 텍스트를 읽는 느낌을 가지도록 하는 것이 충실한 번역이라는 것이고, 다른 하나는 역어와 그 문화적 맥락에 맞도록 번역을 하는 것이 충실한 번역이라는 것이다. 간단히 말해 충실성의 문제는 직역과 의역의 문제라고 한다.[70] 충실한 번역을 논의할 때 직역과 의역, 원문 텍스트의 존중과 번역문 텍스트 독자들을 위한 가독성이 가장 자주 논의의 대상이 되는 것은 번역문 텍스트의 독자의 이해를 돕는 데 우선적인 고려대상이기 때문이다. 예전에는 원문 텍스트를 완벽하게 직역하는 번역을 충실한 번역이라 평가했지만 현대에 들어와서는 번역의 범위에 따라 출발어와 도착어, 작가의 의도, 원문의 사회·문화적 배경이나 시간적 배경을 얼마나 충실하게 반영해 번역했느냐가 완성도 높은 번역이라 할 수 있다. 번역하면서 넘어야 할 장벽은 언어의 어려움뿐만 아니라 시간·공간·문화적 차이도 있다. 이를 고려하지 않은 채 출발어의 단어를 도착어의 한 단어로 대응시키는 번역은 충실한 번역이 아니다. 번역은 언어만을 번역하는 것이 아니라 그 언어가 속한 사회의 문화까지 함께 번역해야 충실한 번역이 될 수 있는 것이다. 특히 문학작품 번역에서 문화적 요인은 필수적으로 고려되어야 한다. 번역은 문화 간의 커뮤니케이션이기 때문에 낯선 곳으로 떠나는 머나먼 여행과도 같은 가슴 설레는 작업이기도 하다. 낯설고 머나먼 곳으로 여행을 떠나기에 앞서 완벽한 언어 구사도 중요하겠지만 그곳에 대한 자료 수집과 역사·문화·사회 전반에 걸친 사전 연구도 그에 못지않게 중요하다.[71] 이와 같이 번역의 논의에 있어서 끊임없이 거론되는 번역의 충실성은 단순히 단어 대 단어 번역(직역)의 문제와 의미 대 의미

---

70) 전성기, 『佛韓 번역 대조 분석』, 어문학사, 1996, pp.120-121 재인용.

71) 권미선, 「번역, 모순된 작업」, 『번역비평』, 창간호, 고려대학교출판부, 2007, pp.120-121.

번역(의역)의 문제로 양분되어 있지만, 번역을 하는 과정에서 단어
대 단어의 번역의 형태인 직역의 방법으로는 번역 시 일어나는 모
든 사항들을 해결하기엔 역부족이다. 이러한 번역의 방법-번역의 방
법 중 하나인 직역- 중의 단어 대 단어의 번역 결과에 대한 수요적
측면의 의견에는 모두가 이견이 없다. 또한 대부분의 번역학자들은
직역을 할 경우 발생하는 문제점의 해결책으로 의역을 해야 한다고
주장은 하지만 번역에 있어서 충실성의 문제에 대한 명확한 입장을
표명하지 않는다.72) 피터 뉴마크는 번역의 8가지 방법에 대해 자신의
저서 『번역의 교본(A Textbook of Translation)』에서 제시하고 있다.
특히 그는 자신의 8가지 방법을 원문 텍스트의 강조와 번역문 텍스트
의 강조로 나누어 설명했다. 원문 텍스트를 강조하는 번역의 방법은
단어 대 단어 번역(Word for word Translation),73) 직역(Literal
translation),74) 충실한 번역(Faithful Translation),75) 의미 중심의
번역(Semantic Translation)76)을 제시하였고, 번역문 텍스트를 강

---

72) 허미란, 「영한번역의 충실성과 가독성 연구-The Great Gatsby를 중심으로」, 부산외국어대학
   교 통역번역대학원, 2006, p.8.
73) 단어 대 단어 번역은 행간 번역(interlinear translation)으로서 원천언어의 단어 하나하나를 그
   에 대응하는 목표언어로 번역하는 방법이다. 원천언어의 어순을 그대로 보존하며 단어들을
   맥락에 관계없이 가장 일반적인 의미로 번역한다. 고유한 문화와 밀접한 관련이 있는 단어들
   을 주로 이러한 방법으로 번역하며, 이 번역 방법을 사용하는 주된 이유는 원천언어의 구조
   를 이해하거나 어려운 텍스트의 초벌번역용으로 사용하기 위함이다.
74) 직역은 원천언어의 문법 구조와 가장 가까운 목표언어로 바꾸지만 이 역시 사전적인 어휘를
   문맥에 상관없이 따로따로 번역한다.
75) 충실한 번역은 목표언어의 문법 구조에 적절하도록 번역하면서 원천 텍스트의 정확한 의미
   를 재현하려는 번역 방법이다. 문화와 밀접한 관련이 있는 어휘는 소리 나는 그대로 옮겨
   '음차(音借)번역' 하고, 원천 텍스트에 쓰인 원천언어가 원천언어 내의 문법이나 어휘의 쓰임
   에서 잘 쓰지 않는 변칙적인 표현이라 해도 이를 그대로 옮겨주며, 원저자의 의도와 원저자
   가 쓴 텍스트의 실현에 전적으로 충실하고자 한다.
76) 의미 중심의 번역은 원천 텍스트에 쓰인 아름다운 자연의 소리와 같은 미학적인 가치에 더
   유의하지만, 번역 텍스트에 원천 텍스트의 압운이나 언어의 유희, 의성어의 반복 등을 재현
   하기 어려울 때는 의미로 바꿀 수 있다는 점에서 충실한 번역과 다르다. 충실한 번역은 원천
   텍스트에 쓰인 요소들과 타협 없이 이를 있는 그대로 번역해야 하지만, 의미 중심의 번역은
   좀 더 유연해 원천 텍스트에 100% 충실하기 보다는 창의적인 예외를 허용하며, 원천텍스트

조하는 방법으로는 번안(Adaptation),[77] 자유 번역(Free Translation),[78] 관용어 중심의 번역(Idiomatic Translation),[79] 소통 중심의 번역 (Communicative Translation)[80]을 제시했다.[81] 뉴마크는 원문 텍스트의 충실함에 더욱더 많은 비중을 두었다. 그는 충실한 번역은 원문 텍스트에 쓰인 요소들과 타협이 없고 이를 있는 그대로 번역해야 하지만, 의미 중심의 번역은 좀 더 유연해 원문 텍스트에 대한 번역가의 직관적인 공감을 허용하며 문화와 밀접한 관련이 있는 단어도 그다지 중요하지 않을 때에는 문화적인 개념에서 중립인 제3의 용어나 기능적인 용어로 번역해야 한다고 주장하면서 일반적으로 의미 중심의 번역은 원저자가 사용하는 언어의 층위에서 이루어지고 원저자의 권위가 인정되는 표현 중심의 텍스트에서 사용한다고 기술하고 있다. 즉, 의미 중심의 번역은 원저자가 독자들을 위한 메시지 전달에 주된 사항이므로 원저자의 의도를 해치지 않는 범위에서 번역가는 번역해야 한다. 그러나 번역가는 원저자의 의도와는 상관없이 의미 중심의 번역을 해쳐서 원저자의 권위를 침해하는 경우는

에 대한 번역가의 직관적인 공감을 허용한다.

77) 번안은 주제라든가 인물, 줄거리는 대개 유지하면서, 어떠한 제약도 없이 원천언어권의 문화를 목표언어권의 문화로 전환하면서 텍스트를 다시 쓰는 방법이다.

78) 자유 번역은 원천 텍스트의 방식이 아닌 방식으로 소재를 재생산하고 원천 텍스트의 형식이 아닌 형식으로 내용을 재생산한다. 대개 원천 텍스트의 길이보다 훨씬 긴 의역(paraphrase)이며 흔히 장황하고 난체하는 번역이다.

79) 관용어 중심의 번역은 원천 텍스트의 메시지를 재생산하긴 하지만, 원천 텍스트에 존재하지 않는 구어체나 관용어를 선호함으로써 의미의 뉘앙스를 왜곡하는 경향이 있다.

80) 소통 중심의 번역은 내용과 언어적인 측면에서 독자가 쉽게 받아들여 이해 가능하도록 원천 텍스트의 정확한 맥락의 의미를 번역하고자 하는 방법이다. 소통 중심의 번역은 번역 텍스트를 접할 독자의 언어 수준에서 번역이 이루어지며, 정보 전달이 목적인 정보전달 중심의 텍스트와 독자에게 의도하는 반응을 끌어내고자 하는 호소 중심의 텍스트에서 주로 사용한다. 의미 중심의 번역은 개인적이고, 원저자의 사고과정을 따르며, 상세하게 번역하는 경향이 있으며, 의미가 주는 미묘한 차이를 추구한다.

81) 이근희, 『번역의 이론과 실제』, 한국문화사, 2005, pp.62-65 재인용.

번역의 본질을 이탈하는 문제가 발생하므로 충실한 번역의 핵심이 무엇인지를 항상 번역 시에 인지하여 번역에 임해야 한다. 충실한 번역은 원문의 형태, 또는 원문의 의미를 정확하게 전달하는 것이다. 다시 말해 내용전달이 독자들에게 정확하게 전달되어야 한다. 번역가는 문화적인 특성이나 이국적인 상황을 있는 그대로 전달해야 한다. 충실성의 구성요소는 다음과 같다.

(1) 충실성의 구성요소
    a. 정확성(accuracy)
    b. 낯설게 하기(alienating)
    c. 번역가 드러내기(visibility)

충실성의 첫 번째 구성요소인 정확성을 구현하기 위해서 번역가는 오류를 최소화해야 하며, 이를 위해 원문을 정확하게 이해해야 한다. 원문을 제대로 이해하지 못해 오역을 했을 경우 독자는 틀린 정보를 입수하게 될 뿐만 아니라, 문학작품의 경우 저자의 의도와는 다른 관점으로 글을 이해하게 되기 때문에 정확성을 충실성의 첫 번째 요소로 삼는다. 원문 텍스트에 담겨 있는 메시지를 자연스러운 표현으로 전달하고자 하는 목적 때문에, 번역가는 정확한 의미의 등가에만 초점을 맞추게 되고 원래 의미를 부정확하게 전달하게 된다. 낯설게 하기는 친숙하게 하기와 반대되는 개념이다. 낯설게 하기는 번역에서 문화적인 차이로 인해 발생하는 낯선 내용이나 의미를 번역가가 그대로 번역하는 것으로 독자들이 직접 체험하지 못한 내용이나 의미를 번역가가 그대로 번역하는 것으로 독자들이 직접 체험하지 못한 타문화의 상황을 경험하게 하는 장점이 있다. 번역가 드러내기(visibility)[82])는 번역에서 이국적인 요소를 의도적으로 포함시키는 것으로 번역가가 개입되어 있다는 사실을 드러내고, 독자가 해외 문화권에서 들여온 사실을 인지하기 위함이다.[83]) 이러한 방법은 목표문화권의 독자가 자신들을 위해서 번역된 작품이라는 것을 인식하게 하기 위한 번역전략이다.

4.3. 가독성의 개념

번역가는 자신이 원문 텍스트에서 이해한 바를 모국어로 술술 풀어나갈 수 있어야 한다. 번역을 하다 보면 즉각적으로 번역문 텍스트 독자들을 위한 가독성의 문제 해결을 위해서 표현의 등가를 찾아낼 수 있는 경우가 있다. 이처럼 감이 오는 순간에는 표현을 할 때 필요한 모든 언어 수단을 동원할 수 있을 뿐만 아니라 전달해야 하는 의미를 완벽하게 이해하게 된다. 그러나 반대로 표현에 이르는 과정이 유달리 어려운 경우도 있다. 이 경우 적절한 등가를 찾아내기 위해 유사한 뜻을 가진 단어들을 떠올려보기도 한다. 번역가는 번역 시에 발생하는 모든 문제를 생각하면서 원문 텍스트의 의미를 번역문 텍스트 독자들의 가독성을 고려해서 원저자의 의미를 손상하지 않는 범위 내에서 번역해야 한다. 이런 경우로 인해 번역을 해 본 사람이면 누구나 자신의 모국어의 의미를 살려가며 의미를 제대

---

82) 번역가 드러내기(즉, 번역가의 가시성)는 베누티가 주장한 현대 영미 문화권의 번역가가 처한 상황과 활동을 묘사하는 데 사용하는 용어인 번역가의 불가시성(invisibility of the translator)의 반대되는 개념이다. 번역가 드러내기는 원문 텍스트의 충실성에 근거한 번역전략이다. 그리고 번역가의 불가시성은 번역문 텍스트 독자를 위한 가독성에 근거한 번역전략이며, 원문 텍스트와 번역문 텍스트 간의 투명성에 대한 환상(illusion of transparency)을 만든다(Lawrence Venuti, *The Translator's Invisibility*. Routledge, London, 2008, p.1).

83) 이은숙, 2008, pp.89-92.

로 전달하는 것이 얼마나 어려운 작업인가를 알 것이다. 이런 관점에서 본다면 번역은 또 다른 창조 과정이라는 것에 의심의 여지가 없다. 번역가는 자의적으로 텍스트를 창작해서 의미를 전달해서는 안 된다. 어디까지나 번역가의 임무는 작가가 말하고자 하는 바를 가감 없이 전달하는 데 있다.[84] 번역가가 자신의 임무를 벗어나서 자신의 생각을 전달할 때 원저자의 메시지는 퇴색되어 사라져버리고 번역문 텍스트를 읽는 독자들은 번역가의 생각에 빠지고 마는 우를 범하게 된다. 그리고 번역가는 원문 텍스트를 접했을 때 번역문 텍스트 가독성을 살리기 위해 어휘의 적합성과 적절성 및 자연스러움을 고려하여 번역의 전반적인 관점인 직역을 할 것인가, 의역을 할 것인가의 문제에 부딪히게 된다. 흔히 직역은 자구대로 그대로 번역하는 것, 의역은 뜻을 살려서 번역하는 것으로 정의된다. 직역, 의역이 여전히 모호한 것은 이 표현들을 사용하여 나타내고자 하는 것들이 매우 다양하기 때문일 것이다. 이 문제는 번역의 '충실성' 문제, 어떤 것이 좋은 번역인가 하는 문제와도 연관되어 있고, 원텍스트의 종류, 장르와도 무관할 수 없다.

무넹(G. Mounin)은 '출발어의 언어적 특성', '원작에 묻어 있는 시대의 향취', '원작과의 문화적 거리'라는 세 측면에서 '직역과 의역을 재조명'하면서, 직역은 이 세 측면에서 원문을 절대적으로 존중하는 번역이고, 의역은 가독성이 손상되지 않는 범위 내에서 원문을 존중하는 번역이라며 직역과 의역을 새롭게 정의한 바 있다. 직역/의역은 출발론/도착론과 동일시되기도 하는데, 시니피앙에 매달리는 사람들을 출발론자들로, 시니피에를 존중하려는 사람들을 도

---

84) 최정화, 2001, pp.176-177.

착론자로 규정하는 라드미랄(Ladmiral)[85]은 출발론에 입각한 번역은 랑그 차원의 번역으로, 도착론에 입각한 번역은 파롤 차원의 번역으로 간주한다. 인문학 번역에서는 의역을 선호하는 경향이 있다. 정준영은 서양 고전어를 번역할 때 가능한 길은 의역의 길밖에 없다고 하며, 의역에는 두 길이 있다고 주장한다. 하나는 직역에 가까운 의역이고 다른 하나는 완전한 의역으로, 번역의 역사에서 후자와 같은 번역은 두 전통(언어) 간에 상당한 이해의 토대가 갖추어졌을 때에만 가능하다고 여긴다. 직역에 가까운 의역은 교육적 측면이 고려된 번역방식으로서, 원칙적으로는 자연스러운 우리말 표현에 초점을 맞추되 부가적으로 고전어의 구문을 되도록 반영할 수 있는 방향으로 번역하는 것이다. 그는 번역문 텍스트를 읽는 독자들을 만족시킬 수 있는 번역이 좋은 번역이라고 말하며, 이를 위해서는 번역문 텍스트의 가독성이 중시되어야 하며, 또한 주석의 작업이 반드시 동반되어 독자의 이해를 돕는 번역이 되어야 한다고 주장한다. 이러한 번역문 텍스트 독자를 위한 가독성을 높이기 위해서는 번역 시에 각주나 후주 등의 주들이 매우 중요하다고 강조한다. 그리고 고전도 물론 독자 위주로 번역되어야 하며, 가독성 위주로 번역될 수도 있다고 주장한다. 현대 문학작품과 다르게 고전을 번역할 경우에는 전혀 다른 문화의 환경에서 살아가는 번역문 텍스트 독자의 이해를 우선적으로 고려하여 각주, 주석 및 미주 등 여러 가지 이해의 방법을 적용해서 가독성의 효과를 극대화해야 하는 것 또한 번

---

[85] 라드미랄은 수백 년 동안 전통적 번역방법으로 활용해온 충실한 번역(직역)과 자유스러운 번역(의역)의 두 방법을 언어철학적 관점에서 분석, 비판하고 전역이론은 커뮤니케이션 이론이니 행위이론보다는 인식론과 더 밀접한 관계가 있다는 견해를 피력했다. 그의 주장은 이전에는 없었던 새로운 이론으로 평가되며 종전의 원어 중심 번역을 지양하고 역어 중심 번역을 중시하는 것을 골자로 한다(김효중, 2004, p.191).

역가의 임무인 것이다.

앙투안 베르망(Antoine Berman)[86]과 앙리 매쇼닉(H. Meschonnic)[87]의 학자들의 직역론은 그 대상이 고전과 유사한 작품들이지만, 위와 같은 의역론과는 그 입장이 사뭇 다르다. 이들이 번역 대상으로 삼는 것은 실용적 텍스트들이 아니라 문학작품이나 성경 같은 나름의 작품성이 있는 텍스트들인데, 이 작품들을 단지 의역한다면 바로 그 작품성, 이국성 혹은 낯섦이 훼손된다는 것이 그들의 견해이다. 한마디로 베르망과 메쇼식의 직역론은 대어역으로서의 직역론과는 거리가 멀다. 윤리적 번역과 시적 번역으로 표현되기도 하는 이들의 직역은 형식 혹은 형태가 고려되지 않은 번역과 대비되는, 각종 형태적 의미까지도 고려한 번역이다.[88] 이렇듯 직역을 해야 하느냐 아니면 번역문 텍스트 독자들의 가독성을 제고하기 위해 의역을 해야 하느냐라는 것에 대해 오래전부터 번역가들과 학자들 사이에서 치열한 논쟁이 벌어졌지만 아직도 결론에 도달하지는 못하고 있다. 아니, 결론이 날 수 없는 문제이다. 둘 다 일장일단이 있으므로 어느 것이 옳은 번역방법이라고 단정하기는 쉽지가 않다. 그러나 번역가들은 번역 시에 가장 먼저 문장을 어떤 식으로 번역해야 할지 번역방법을 선택해야만 한다.[89] 그러나 모든 번역가들이 공통적으로 생각하는 바는 좋은 번역을 하는 것이다.

언어학자 사보리(Savory)는 좋은 번역이 갖추어야 할 요건을 이율

---

86) 베르망의 번역론은 문자들의 번역인데, 이는 낯선 언어-문화의 이국성, 이질성을 번역해야 한다는 것으로, 문자나 형태들 자체의 번역이 아니라 이른바 형태의 번역을 지향하는 것이다.

87) 메쇼닉의 번역은 한마디로, 주체에 의한 언어 움직임의 무한한 조직화로 정의되는 리듬의 번역인데, 이 리듬은 작품들에만 있는 것은 아니나, 작품들에서 이 리듬이 번역되지 않는다면 그것은 생명력을 상실한 번역이 된다는 것이다.

88) 전성기, 「인문학 번역과 번역 문법」, 『번역비평』, 창간호, 고려대학교출판부, 2007, pp.42-43.

89) 이희재, 『번역의 탄생』, 교양인, 2009, p.16.

배반적 격률90)들로 정의했다. 그런데 이율배반적 12개의 격률들을 자세히 들여다보면 번역의 어려움과 불가능성을 느끼면서 번역을 중단하고 싶다는 생각까지 들게 한다. 그만큼 원문 텍스트의 충실성과 번역문 텍스트의 가독성을 만족시키는 번역이 참으로 어렵다는 것이다. 이율배반적 12개의 격률은 오래전부터 진행되어 온 좋은 번역에 대한 양극단의 논의들을 정리한 것뿐이다. 이미 16세기 프랑스에 번역문의 가독성을 지나치게 중시하는 번역을 했다는 이유로 처형을 당한 에티엔 돌레(Etienne Dolet)91)라는 번역가가 있었음을 상기할 때, 무엇이 좋은 번역인가에 대한 논의는 최근 시작된 것이 아니다. 사보리의 12개 격률은 원문의 형식에 충실할 것이냐 번역문의 가독성을 중시할 것이냐 하는 두 개의 입장으로 정리된다.

---

90) 사보리의 이율배반적 12개 격률은 다음과 같다.
   1. 번역은 원문의 단어를 드러내야 한다. 2. 번역은 원문의 사상을 드러내야 한다. 3. 번역은 원작처럼 읽어야 한다. 4. 번역은 번역처럼 읽어야 한다. 5. 번역은 원작의 문체를 반영해야 한다. 6. 번역은 번역의 문체를 가져야 한다. 7. 번역은 원작과 동시대의 것으로 읽어야 한다. 8. 번역은 번역과 동시대의 것으로 읽어야 한다. 9. 번역은 원문에 덧붙이거나 생략해도 상관없다. 10. 번역은 원문에 덧붙이거나 생략해서는 절대로 안 된다. 11. 운문의 번역은 산문이어야 한다. 12. 운문의 번역은 운문이어야 한다.

91) 에티엔 돌레(Etienne Dolet, 1509-1546)는 1509년 8월 3일 오를레앙에서 태어났다. 그리고 37년 후 같은 날 파리의 모베르 광장에서 화형에 처해졌다. 그야말로 시대의 파도에 정면으로 부딪쳐서 산화한 인생이었다. 고대 문학의 부흥기에 태어난 돌레는 라틴 문학에 매료되어 고전 라틴어 지상주의를 부르짖으면서 라틴어 학자로서 이름을 날렸다. 하지만 프랑스가 번역 시대로 돌입하자 결연히 라틴어에서 프랑스어로 바꿔 번역에 뛰어들어 어떤 번역가들보다도 먼저 번역이론을 전개했다. 그리고 번역 때문에 죽었다. 돌레의 번역론은 다섯 개의 원칙으로 이루어졌다. 요약하면 다음과 같다.
   1. 번역가는 자기가 옮기는 책의 내용을 잘 이해하고 있어야 한다. 2. 원어와 번역어에 대한 지식이 모두 깊어야 한다. 3. 단어 하나하나를 그대로 옮겨놓는 식의 번역은 하지 마라. 언어에는 특유의 구조가 있다. 원문과 역문의 단어와 단어, 행과 행, 시구와 시구를 대응시켜야 한다는 강박관념에서 벗어나라. 4. 부득이한 경우가 아니면 라틴어에서 들어온 별로 쓰이지 않는 단어는 피하고 누구나 이해할 수 있는 일상어를 써라. 5. 웅변술을 본받아 머리만이 아니라 귀도 만족시킬 수 있는 전체적으로 조화를 이루는 문체를 구사하려고 애써라. 이 다섯 가지 돌레의 번역론에는 훗날 번역 논쟁의 쟁점이 되는 내용이 전부 들어가 있다고 보아도 좋다. 특히 이 당시의 불역은 라틴어 구문을 그대로 프랑스어로 베껴놓은 듯한 축어역이 많았기 때문에 '원문을 베끼려고 하지 마라' 하는 돌레의 지적은 지극히 앞선 주장이었다. '원문에 대한 충실함'은 다음 세기에 대논쟁을 불러일으킨다. 원문의 언어와 역문의 언어 지식 중 어떤 것이 우선이냐도 언제나 논쟁의 중심이었다(쓰지 유미, 이희재 역, 『번역가 산책』, 궁리, 2001, pp.95-103).

어쩌면 이처럼 양극단에 위치한 입장 사이를 시계추처럼 오가고 있는 듯하다. 시대에 따라서 양극단 중 어떤 한쪽이 우세하기도 하고 또 다른 한쪽이 영향력을 얻기도 한다. 흥미로운 것은 이렇듯 대비 쌍으로 제시되는 개념들은 종종 서로 배타적인 것으로 이해된다는 것이다. 즉, 번역가는 원문에 충실하면서도 가독적인 번역을 할 수는 없으며 늘 '두 가지 중 하나'를 선택함으로써 나머지 하나를 희생시킬 수밖에 없는 딜레마에 처해 있는 것으로 여겨진다. 이러한 대비적 인식을 가장 함축적으로 드러내주는 개념 중 하나가 바로 17세기 프랑스에서 등장한 '아름다우나 부정한 여인'[92]이다. 물론 여기서 겉모습이 아름답다 함은 가독성이 뛰어나고 매끄러워서 번역한 티가 나지 않는 번역을 말하며, 부정하다 함은 원문에 대해 충실하지 못했음을 의미한다. 번역가 입장에서 볼 때는 참으로 신랄하고 가혹한 비판이 아닐 수 없다. 이후 '아름다우나 부정한 여인'이라는 표현은 가독적이고 매끄러우나 원문에 충실하지 못한 번역을 일컫는 말로 널리 사용되기 시작했다. 여기서도 역시 충실성과 가독성이라는 두 가치는 공존하기 어려운 것으로 암시된다. 겉모습이 아름다우면 부정하고 충실하면 겉모습이 아름답지 못하고 둘 중 하나인 것이다.[93] 이와 같이 번역가는 원문 텍스트의 정확성을 바탕으로 한 충실성과 번역문 텍스트 독자의 이해를 높이는 가독성의 문제를 제고하여 가장 충실한 번역-즉, 겉모습이 아름다우면서도 충실한 여

---

92) '아름다우나 부정한 여인(Belle infidèle)'이라는 표현을 처음으로 사용한 사람은 17세기 프랑스의 대학자 메나즈(Gilles Mènage)이다. 당시에는 모든 것을 '프랑스화'하는 번역, 즉 비록 원문에 충실하지 않더라도 이국의 작품들을 최대한 아름답고 자연스러운 프랑스어로 번역하는 것이 유행이었다. 당시 이렇듯 유려하고 가독적인 번역으로 이름을 날리던 페로 다블랑쿠르(Nicolas Perrot D'Ablancourt, 1606-1664)라는 번역가가 있었는데 메나즈는 1654년경 페로의 번역을 이렇게 비판했다. "그의 번역은 내가 투르에서 깊이 사랑한 여자를 연상시킨다. 아름답지만 부정한 여인이었다(이향, 2008, p.32)."

93) 이향, 2008, pp.30-33.

인의 모습-을 생산하는 데 역점을 두어야 한다. 또한 번역가는 번역 시에 의미 변화를 수용하느냐 수용하지 않느냐의 정도는 해당 맥락 내의 의미 변화의 중요도에 달려 있다. 정확성도 번역에서는 의심의 여지없이 중요한 목적이 된다. 그러나 목표언어 독자에게 친숙한 보편적인 목표언어 유형을 사용하는 것 또한 의사소통 채널을 열어놓는 데 중요한 역할을 한다는 점도 중시해야만 한다.[94] 번역가는 목표언어 독자에게 친숙한 목표언어와 목표언어에 맞는 자연스러움을 가미한 번역을 통해서 가독성을 극대화해야 하는 번역가의 임무도 소홀히 해서는 안 된다.

(1) 가독성의 구성요소
    a. 적절성(appropriateness)
    b. 친숙하게 하기(naturalizing)
    c. 번역가가 숨겨지는 현상(invisibility)

우선 적절성을 예로 들어보자. 표현의 적절성과 문장 길이의 적절성을 들 수 있다. 표현이 적절해야 한다는 것은 번역문 텍스트 문화권에서 통용되는 어휘를 사용해야 함을 뜻한다. 번역가가 번역문 텍스트 문화권에 사는 독자들에 맞는 어휘를 적절하게 사용하지 못하면 자연스러움이 사라진 번역이 되어 오히려 가독성이 현저하게 떨어지는 결과를 초래할 수 있다. 이것은 충실성의 구성요소 중 하나인 정확성과도 관련이 있다. 번역가가 원문을 정확히 이해해야만 가장 적절한 표현을 번역문 텍스트에서 찾아낼 수 있는 것이다.[95]

---

94) Mona, Baker, 곽은주·최정아 외 2인 역, 『말 바꾸기』, 한국문화사, 2005, p.83.
95) 이은숙, 2008, pp.92-93.

친숙하게 하기는 '저자를 독자에게 데리고 간다'는 표현으로 설명할 수 있다. 이 표현은 원문에 대해 충실하지 않더라도 번역문 텍스트 독자를 위해 최대한 가독적인 방식으로, 독자가 이해하기 쉽게 번역하는 것을 말한다. 이는 번역에 대한 최초의 근대적 성찰을 제안한 것으로 알려진 독일의 철학자 슐라이어마허(Schleiermacher)가 제안한 이분법[96]으로 '아름다우나 부정한 미녀'만큼이나 오랫동안 번역가의 딜레마를 표현하는 명언으로 기억되어 오고 있다.[97] 베누티는 친숙하기는 낯설게 하기의 반대개념으로서 '가능한 한 독자를 제자리에 두고 저자가 독자에 접근하도록 하는' 번역에 대해 비판한 바 있는 슐라이어마허와 생각을 같이한다. 친숙하게 하기로 표현하는 자국화는 또한, 이러한 번역전략을 비교적 쉽게 적용할 수 있는 텍스트를 신중히 선택함으로써 목표 문화의 문학 정전(literary canon)에 충실하려는 시도까지를 아우르는 개념이다. 이러한 자국화 현상에 대해 베누티는 개탄한다. 왜냐하면 자국화가 영미권의 자민족중심주의에 따라 자신의 목표 언어 및 문화적 가치에 맞추어 이국 텍스트를 축소하는 것으로 보기 때문이다.[98] 그리고 번역가가 숨겨지는 현상(번역가 비가시성)은 독자가 번역물을 읽을 때 번역문 텍스

---

96) 슐라이어마허는 어떻게 원문 텍스트 저자와 번역문 텍스트 독자를 만날 수 있게 할지가 진정한 문제라고 보았다. 이전에 있었던 단어 대 단어와 의미 대 의미 번역, 직역, 충실한 번역(faithful translation), 의역 등의 논쟁에서 벗어나, 그는 '진정한(true)' 번역가에게는 오직 두 개의 길(이분법)만이 열려 있다고 생각했다. 그 두 개의 길은 다음과 같다.

'번역가는 가능한 한 저자를 제자리에 두고 독자가 저자에 접근하도록 하든가, 아니면 가능한 한 독자를 제자리에 두고 저자가 독자에 접근하도록 할 수 있다.'

슐라이어마허는 번역가가 취해야 할 우선 전략으로, 독자를 저자에게 접근시켜야 한다고 말한다(Jeremy Munday, 2008, pp.28-29).

97) 이향, 2008, pp.33-34.

98) Jeremy Munday, 2006, pp.208-209.

트가 다른 나라에서 쓰였고, 번역가가 개입되어 있다는 사실을 전혀 알지 못할 만큼 원문 텍스트 문화권의 낯선 상황을 친숙한 역어의 상황으로 번역하는 전략이다. 번역문 텍스트가 잘 읽히고 언어적·문체적 낯섦이 사라지고, 저자의 개성과 의도, 원문 텍스트의 본질을 잘 전달하고 있으며, 번역문 텍스트 자체가 번역이 아니라 원문인 것처럼 보이는 것이다. 그는 현지화와 타지화(foreignization)라는 두 가지 유형의 번역전략을 가지고 번역가 드러내지 않기를 설명하고 있다. 번역문 텍스트에서 낯섦을 최소화하기 위해서 번역가를 드러내지 않고 번역문 텍스트에 가까운 문체로 번역하는 것이며, 도착어의 문화적 가치를 우선시하기 때문에 독자는 가만히 있고 저자가 독자에게 다가서는 것이 현지화 전략이다.[99] 이러한 현지화와 타지화의 개념과 텍스트 분석은 다음 4.4.에서 분석하고자 한다.

4.4. 자국화와 이국화의 개념

원문 텍스트의 의미를 왜곡하는 오역과 한국어라고도 할 수 없는 번역 투의 어색한 문장, 문화적 차이를 고려하지 않은 불친절한 번역에 대한 지적들은 잘된 혹은 잘못된 번역을 논할 때 우리가 가장 먼저, 가장 흔히 접할 수 있는 문제 제기들이다. 번역에 대한 이러한 문제 제기의 이면에는 번역가의 임무란 원문 텍스트의 독자들이 느꼈을 것과 가장 가까운 독서 효과를, 매끄럽고 유창한 한국어를 통해, 쉽게 전달하는 것이라는 번역에 대한 일반적 인식이 깔려 있다. 독자의 이해를 방해하는 원문 텍스트의 언어적·문화적 이질감을 최대한 알기 쉽고, 읽기 쉽게 번역해냄으로써 원문 텍스트에 대한

---

99) 이은숙, 2008, p.93 재인용.

번역문 텍스트 독자의 거리감을 최소화해야 한다는 견해는 일반 대중뿐만 아니라 전통적 번역 이론의 중심 입장이기도 하다.[100] 이러한 원문 텍스트에 대한 번역문 텍스트 독자의 거리감을 최소화하는 전통적 번역 이론의 중시에 있어서 '낯섦'이란 용어를 표현하는 데 윤수진은 자신의 번역비평 '특수한 경우: '낯섦'을 '낯설게' 번역하기'에서 만일 원문이 원문 독자에게 일으키는 주된 효과가 '낯섦' 그 자체임에도 불구하고 원문이 번역되는 과정에서 거리감이 사라지면서 원문이 독자에게 일으키는 주된 효과인 이 '낯섦'이 함께 사라져버리는 경우는 어떨까?라고 반문하면서 한국계 미국인 작가인 노라 옥자 켈러의 소설 *Comfort Woman*[101]의 예를 들어 설명했다. 노라 옥자 켈러의 소설은 수많은 한국적 이미지와 어휘들을 사용함으로써 작품 전체의 내용, 형식, 배경상의 이질감, 혼종성(hybridity), 잡종성의 이미지를 뛰어나게 발전시키고 있지만, 이 소설의 한국어 번역본은 번역의 과정에서 한국적 이미지와 어휘들의 차용이 지니는 작품 내적 맥락과 의미에 전혀 주의를 기울이지 않음으로써 영어권 원문 독자들에게 느껴졌을 이질감과 낯섦의 효과를 한국적 맥락 속에 매몰시키고 만다. 켈러는 이 소설에서 '제사(chesa),[102] 화투(hatto), 무김치

---

100) 윤수진, 「특수한 경우: '낯섦'을 '낯설게' 번역하기」, 『번역비평』, 창간호, 고려대학교출판부, 2007, p.128.

101) 노라 옥자 켈러의 소설 *Comfort Woman*은 일본 식민지배하의 한국으로부터 해방 이후 선교사를 따라 이주해간 미국까지를 배경으로, 일본군 성노예로서의 끔찍한 경험을 잊지 못하고 살아가는 여성 순효-아키코와 미국인 선교사 남편과의 사이에서 태어난 딸 베카를 주인공으로 한 이야기이다. 소설의 서사 구조는 현재와 과거, 꿈과 현실을 넘나들며 아키코의 내레이션과 혼혈인 딸 베카의 내레이션을 오간다. 위안소에서 자신은 이미 한 번 죽었다고 생각하는 아키코는 '한국어, 일본어, 영어'까지 할 수 있었지만 그보다는 침묵의 언어로 말하는 것을, 산 자의 세계보다는 죽은 자들의 세계를 택한다. 그러나 백인 선교사인 아버지의 피를 갖고 태어난 미국인, 영어를 모국어로 하는 그녀의 딸 베카는 이런 어머니와 사자(死者)의 세계를 이해하지 못한다. 이들 모녀가 살고 있는 곳은 미국에서도 가장 혼성적이고 잡종적인 공간 하와이이며, 이곳은 또한 이민 2세 혼혈인인 작가가 현재 살고 있는 곳이기도 하다(윤수진, 2007, p.129).

102) 제사(祭祀) 또는 제례(祭禮)는 천지신명을 비롯한 신령이나 죽은 이의 넋, 귀신 등에게 제물

(mukimchee), 미역국(myokkuk), 염(yom 또는 염습),[103] 태몽(tae-mong),[104] 삼신할머니(Samshin Halmoni),[105] 금줄(kumjul)'[106]과 같은 한국어 어휘들을 때로는 영어 뜻풀이와 함께 때로는 아무런 설명 없이 곳곳에 사용하고 있으며 이는 작품을 읽는 독자로 하여금 이질감과 낯섦, 당혹감을 느끼지 않을 수 없게 한다. 그러나 켈러의 소설에서 한국 어

(음식)을 바치어 정성을 표하는 행위이다. 그러나 동아시아의 한자문화권에서는 설날이나 추석에 드리는 제사를 차례라고 부른다. 좁은 의미로 동아시아의 한자 문화권에서 천지신명에게 올리는 정성을 나타내며, 넓은 의미로 샤머니즘 및 조상숭배, 애니미즘 등과 관련하여 제물을 바치는 의식 전반을 가리킨다.

103) 염습(殮襲) 또는 줄여서 염은 한국의 장례 문화에서 죽은 사람의 몸을 씻기고 옷을 입힌 뒤 염포로 묶는 것을 말한다. 마지막으로 죽은 사람의 입에 곡식을 물리는데 이를 '염'이라 하기도 한다.

104) 태몽은 잉태에 관한 여러 가지 조짐을 알려준다는 꿈. 꿈으로 잉태 여부, 태아의 성별, 장래의 운명 등을 풀이하는 것을 태몽점이라 한다. 태몽은 반드시 임산부만 꾸는 것은 아니며 태아의 아버지나 조부모·외조부모·고모 등 가까운 친척이 꿀 때도 있다. 또 태몽의 시기도 일정한 것은 아니며 수태 전후나 출산 전후가 될 수 있다. 이 태몽습속은 주로 민간신앙으로 전승되는 치성(致誠)이나 굿 따위 무속적인 것, 주술적인 것 또는 점 등의 형태로 전승되어 왔다. 요즘의 태몽점은 관심이 주로 성별 판단에 있지만 과거엔 장래 운명에 대한 예시로 풀이하는 경향이 많았다.

105) 삼신할머니는 아이의 출산, 수명과 질병 등을 관장하는 신. 삼신할머니를 찾는 신앙은 아이와 관련이 있다. 옥황상제의 명을 받아 아이의 출산과 수명과 질병 등을 관장하는 신이 삼신할머니이다. 며느리가 출산을 한다면 출산을 쉽게 해달라고 비는 대상이 삼신할머니이고, 또 아이가 아파도 삼신할머니를 찾는다. 출산을 하면 가장 먼저 삼신할머니에게 고맙다고 미역국을 끓여 바치고 곧이어 산모에게 역시 미역국을 끓여 먹인다. 미역국을 올리는 것은 삼신할머니에게 바치는 아이 출산 감사의례인 셈이다. 또 예전엔 아이들이 백일이나 첫돌을 넘기기가 어려웠다. 오늘날처럼 의학이 발달하지 못했기 때문인데, 그래서 백일이나 첫돌 이전에 아이에게 탈이 많이 나는 경우가 많았으므로 첫돌까지 특히 삼신할머니를 찾는 일이 많았다. 삼신할머니를 찾는 방법은 간단하다. 정갈한 소반에 깨끗한 정화수를 떠놓고 두 손을 모아 정성으로 빌면 된다. 이때 보통 "우리 며느리가 쉽게 출산을 하도록 도와주십시오"라든지 "우리 아이가 병이 들었으니 그저 삼신할머니께서 도와주십시오"라는 식으로 중얼거린다.

106) 금줄은 신성한 곳임을 표시하고 부정한 사람의 접근을 막으며 잡귀의 침범을 방어할 목적으로 늘이는 새끼줄. 금기줄[禁忌繩]·인줄[人繩]·좌삭(左索)·문삭(門索)·태삭(胎索)이라고도 한다. 설치 장소에 따라 형태가 조금씩 다른데, 제장(祭場)이나 제주(祭主)의 집 같은 신성한 곳에 늘이는 것과 출산 시 산기(産忌)의 표시로 늘이는 것 2가지 형태가 있다. 신성한 곳에 늘이는 금줄은 짚으로 왼새끼를 꼬아 백지·백포·솔가지나 댓잎 등을 드문드문 끼우는 것이 일반적이다. 산기의 금줄은 왼새끼줄에 솔가지나 댓잎을 끼우고 아이의 성별에 따라 남아는 고추를 추가적으로 매단다. 붉은 고추 색은 양색(陽色)으로 악귀를 쫓는 데 효험이 있고 숯의 검은빛은 음색(陰色)으로 잡귀를 흡수하는 기능을 가진다고 한다. 금줄은 출산의 경우 보통 21일 동안 친다. 금줄을 늘인 곳에는 근방 사람은 근신하여 내왕을 삼가고, 특히 몸과 마음이 부정한 자는 내왕해서는 안 된다.

휘의 차용이 불러일으키는 효과는 단순히 독자들이 느끼는 당혹감 뿐만이 아니다. 뜻을 알 수 없고 발음하기조차 쉽지 않은 말들의 갑작스러운 출현에 영어권 독자들이 느끼는 이질감, 이국적 정서, 신비감은 서양/동양, 백인/동양인, 남성/여성, 이성/감성, 기독교/무속신앙의 이분법 속에서 전자가 후자를 바라보는 시선과 다름없다. 그러나 여기서 주목할 것은 이런 한국어의 차용이 원문을 읽는 한국 독자에게조차 이질감을 불러일으킨다는 점이다. 작가의 한국적 배경에 익숙한 독자라 하더라도 영문소설에서 알파벳으로 표기된 한국 어휘를 맞닥뜨리는 것은 낯선 경험이며 때로는 즉시 그 단어의 의미를 파악할 수 없는 경우도 있다.[107]

이와 같은 작품 내의 언어적 이질감을 번역할 때 번역가는 번역에 앞서 번역의 전략을 수립할 때 이 번역을 저자의 의도에 맞게 이국화(외국화, 낯설게 하기)를 할 것인가, 혹은 번역대상 독자를 위한 가독성의 의미를 수행하기 위해 자국화(현지화, 친숙하게 하기)를 할 것인가에 대해서 숙고한다. 번역은 이렇듯 자국어 문학과 외국어 문학의 대립과 갈등 속에 나타나는 헤게모니 투쟁을 반영한다. 즉, 번역가는 다른 문화권의 텍스트에 나타나는 이질적인 문화를 번역문 텍스트 문화권에 소개할 때 번역의 한계를 느낀다. 언어별 고유한 문화가 형성되기 때문에 번역문 텍스트 문화와 다르거나 존재하지 않는 원문 텍스트 문화와 관련된 내용을 번역할 때 번역가는 어려움을 느끼게 되는 것이다. 번역문 텍스트 문화권에는 친숙하지 않은 원문 텍스트의 내용을 번역할 때 번역가는 번역문 대상 독자를 위한 이해도를 제고하기 위해 자국화할 것인지 혹은 원저자의 의미를 제대로 전달하기 위해 이국화를 할 것인지에 대한 번역가가 내

---

107) 윤수진, 2007, pp.128-130.

릴 수 있는 결정은 두 가지로 좁혀진다. 원문 텍스트에 충실하게 번역을 할 것인가, 혹은 원문 텍스트에 벗어나서 번역문 텍스트에 수용될 수 있게 번역을 할 것인가를 결정하게 된다. 자국화와 이국화 번역전략에 대한 결정은 번역가의 주관적인 판단이므로 번역가마다 동일한 원문 텍스트를 두고 다르게 접근할 수 있다.[108] 이러한 번역의 현상에 대해서 로렌스 베누티(Lawrence Venuti)는 『번역가의 비가시성(The Translator's Invisibility)』에서 최근의 번역 상황은 영어를 중심에 둔 영·미 문학의 팽창과 관계 맺고 있다고 본다. 베누티는 '주변'에서 일어나는 불균형이 '중심'인 영어권 시장에서 외국 텍스트를 영어로 번역하려고 하는 번역가들의 지위와 역할을 점차 감소시킨다고 주장한다. 영어와 다른 언어의 불균형은 영어로 번역되는 외국 텍스트의 수를 제한하고 그 내용 역시 영어권 독자들에 맞게 자국화시킴으로써 외국 텍스트가 지닌 문화적 수도로서의 지위를 감소시킨다는 것이다. 세계의 번역시장에서 영어권 문학의 팽창과 그에 따른 타 언어권 문학의 상대적 위축은 베누티를 비롯하여 여러 논자들에 의해 거론된다. 이렇게 번역의 불균형이 발생하는 것은 주변과 중심의 끊임없는 번역의 헤게모니 현상 때문이라고 해도 틀린 것은 아니다. 우리가 실질적으로 논의하는 자국화와 이국화에 대한 대표적인 학자인 슐라이어마허와 베누티의 주요 개념과 함께 문학작품을 번역함에 있어서 과연 자국화와 이국화 중 어느 것에 중점을 두고 번역해야 하는지 결정하는 것 또한 무엇보다도 중요하다고 여긴다. 대개 번역가들은 원문 텍스트를 다소 훼손시키더라도 수용자들의 이해도를 높일 것인지(자국화) 아니면 외국문학작품의

---

108) 선이미, 「『이상한 나라의 앨리스』에 나타난 자국화와 이국화 번역연구」, 부산외국어대학교 통역번역대학원 석사학위논문, 2009, pp.2-3.

원전을 보전하는 데 주력할 것인지(이국화), 이 두 가지 사안을 놓고 대립해왔다. 베누티는 원전을 훼손시켜 독자의 이해를 높이는 것은 외국 텍스에 대한 자국어·자민족 중심적인 발상이라며 이를 비난한다. 그렇지만 이국적인 텍스트를 충실히 번역하는 이국화는 비록 외국 문화에 대해 많은 정보를 줄 수 있겠지만 독자들의 이해를 어렵게 하여 번역물의 상품성을 떨어뜨리게 된다. 이는 번역문학 전반의 침체를 불러올 수 있다. 그렇다면 번역을 함에 있어서 이러한 문제점들을 극복할 수 있는 방법은 없을까? 그리고 번역에 있어서 상호 대립적으로 보이는 자국화와 이국화는 실제 번역 과정에 있어서 공존할 수 없을까? 이러한 번역의 방법을 결국 번역가는 결정하여 번역에 임해야 한다.[109] 그리고 이러한 번역방법을 번역에 적용할 경우 번역문 텍스트 대상 독자에게 어떠한 효과를 주는지도 항상 유념하여야 한다.

이국화가 일차적으로 동일한 언어와 문화를 공유하는 환경에서 이루어지는 것이라면 번역은 서로 상이한 언어 간 매개 역할을 하기 때문에 여기서 이국화 자체의 성격이 드러난 것처럼 여겨진다. 언어는 기본적으로 문화와 정서를 반영한다고 볼 때, 언어를 옮기는 번역은 출발어와 도착어의 문화와 가치 및 정서를 함께 전달하게 된다. 여기서 원문에 나타난 이것들을 그대로 전달하는 데 중점을 두는가(이국화, Foreignization), 혹은 번역문 독자의 그것에 맞추어 전화하는가(자국화, Domestication)에 따라 번역의 기본 방향이 정해진다. 이국화가 외국의 언어, 정서, 문화, 가치를 담은 요소를 낯설게 그대로 두는 것이라면 자국화는 그것을 수용자에 맞게 외국어

---

109) 김한성, 「번역태도의 자국화와 이국화: 일본어 소설 『고도』의 영역 및 한역 비교분석」, 『번역학연구』, 제12권 1호, 2011, pp.123-127.

텍스트를 번역한 것을 눈치채지 못할 정도로 자연스럽게 동화시키는 것이다. 이 두 개념은 슐라이어마허(Schleiermacher)가 번역 방법론으로 도입한 이래 많은 학자들의 번역비평 담론에 자주 등장하는 대표적 번역 평가 접근 방법이다.[110] 슐라이어마허는 19세기 번역 이론 정립에 지대한 영향을 미친 학자이다. 그에 의해서 그 당시까지 가장 중시되었던 번역의 엄격한 이분법적 방법이 'not ⋯ but'의 범주가 좀 더 융통성이 있고 진보적인 'either ⋯ or'로 전이되었다고 할 수 있다. 그는 '낯설게 하기'의 방법을 선호함으로써 ST에 충실해야 함을 분명히 했다. 번역은 본질적으로 이해의, 이해하게 하는 과정, 즉 해석학적 과정이다. 이러한 과정은 서로 다른 언어 간에서뿐만 아니라 동일한 언어 내에서도 필수적이라는 것이 그의 생각이었다. 그는 어느 정도의 시간이 지난 후에는 자기 자신의 텍스트도 다시 번역하지 않으면 안 된다는 극단적인 견해를 피력했다. 괴테와 슐라이어마허의 번역관을 비교해보면, 현재까지도 논의되는 번역의 양면성(직역과 의역)을 충분히 이해할 수 있다. 번역은 개인의 주관적 판단과 결정의 문제이므로 어느 방법이 정당한가는 개인의 문제이다. 번역은 두 주인을 섬기는 하인과 같다는 말이 있다. 번역가는 역어의 독자와 원어의 저자를 섬겨야 하는데, 이 경우에 중용을 지키기는 매우 어려운 일이며 어느 한쪽을 소홀히 하지 않을 수 없다. 이와 같은 딜레마는 어느 시대 어느 문화권에도 존재하지만 이 문제에 관한 괴테와 슐라이어마허의 번역 방법론은 확연하게 달랐다. 괴테에게는 양자택일 중 '친숙하게 하기'의 번역 방법이 자연스러운 번역 방법이었고 반면에 슐라이어마허에게는 '낯설게 하기'의 번역

---

110) 류현주, 「비평 담론에서의 "낯설게 하기"와 "이국화"」, 『영미어문학』, 제92호(2009, 9), p.193.

방법이 유일했다. 슐라이어마허는 이러한 번역 방법을 주장했을 뿐만 아니라 플라톤 번역에 이 방법을 적용했는데 직역 혹은 의역이라는 극단적인 방법을 피하여 외국화 혹은 독일화해야 한다고 하면서 융통성 있는 번역 방법을 제시했고 또한 처음으로 해설과 번역을 구분했다. 그가 주장한 번역 원칙은 다음과 같다.

1) 번역은 본질적으로 이해의 과정이다. 정보 전달과정은 상이한 두 언어 사이에서뿐만 아니라 동일한 언어의 방언이나 시대적으로 차이가 있는 텍스트 사이에도 필요하다.

2) 번역가는 텍스트의 종류에 따라 상이한 번역 방법을 사용해야 한다.

3) 제한된 연구대상과 객관적 사태관계를 명확히 나타내기 때문에 상이한 언어 간에도 정확한 대응관계를 이루는 학술용어와 역사의 흐름에 따라 그 의미가 변화하는 개념이나 감각 또는 견해 등을 나타내는 어휘는 구별되어야 한다. 여기에서 유념해야 할 사실은 모든 개별어의 개념체계가 서로 다르다는 사실이다.

4) 원문의 '언어정신'이 역시 독자들에게 전달되도록 번역해야 한다. 번역의 효과는 외국어에 능숙하지만 낯설게 느껴지기를 선호하는 교양인의 취향에 맞추어야 하므로 독일어 바꾸어 쓰기, 모사 등의 번역방법은 문제시되지 않는다. 다시 말하면 원어 중심의 번역, 즉 낯설게 하기의 방법이다. 이런 번역 방법을 통해서만 원어의 형식과 내용이 역어 텍스트에 충실히 반영된다.[111]

---

111) 김효중, 2004, pp.183-185.

이러한 번역의 방법을 고수한 슐라이어마허는 현대 프로테스탄트 신학과 현대 해석학의 창시자로 불리는데, 현대 해석학은 절대적인 진리가 아닌 개인의 내적 감성과 이해를 바탕으로 번역을 바라보는 낭만주의적 접근법이다. 그는 번역가를 두 종류로 나누고, 이들은 두 가지의 다른 텍스트 타입을 번역한다고 말한다.

Dolmetcher(통역자)는 상업적 텍스트를 번역한다.
Übersetzer(번역가)는 학술, 예술 텍스트를 번역한다.

슐라이어마허는 두 번째 타입을 번역할 때 언어에 새 생명을 불어넣는 보다 높은 창조성이 필요하다고 보았다. ST의 의미가 문화에 바탕을 둔 언어에 내재해 있어 TL이 그 의미를 완전하게 전달하기 힘들기 때문에, 학술, 예술 텍스트를 번역하기란 어쩌면 불가능해 보일 수도 있겠지만 그는 어떻게 ST 저자와 TT 독자를 만날 수 있게 할지가 진정한 문제라고 보았다. 이전에 있었던 단어 대 단어와 의미 대 의미 번역, 직역, 충실한 번역(faithful translation), 의역 등의 논쟁에서 벗어나, 그는 '진정한(true)' 번역가에게는 오직 두 개의 길(번역가와 저자와 그리고 독자의 상호 접근법을 말함이다)[112] 만이 열려 있다고 생각했다. 그는 번역가가 취해야 할 우선 전략으로, 독자를 저자에게 접근시켜야 한다고 말한다. 이는 '저자가 독어로 글을 썼다면 어떻게 했을까'라고 가정하면서 번역하는 것이 아니라, '독일인인 독자가 원문의 원어를 읽었을 때 받는 것과 동일한 인상'을 주는 전략이다. 이를 성취하기 위해서는, 번역가가 귀화

---

112) "Either the translator leaves the writer in peace as much as possible and moves the reader toward him, or he leaves the reader as much as possible and moves the writer toward him(Jeremy Munday, 2008, p.29)."

(naturalizing)와 반대되는 외화(alienating)의 번역 방법을 취하여 ST의 언어와 내용을 중심으로 번역해야 한다. 즉, 번역가는 이국성을 인식하고 존중하여 이를 TL에 옮겨야 하는 것이다. 이런 접근법은 아래와 같은 결과를 초래할 수 있다.

1. 번역가가 ST로부터 자신이 받은 것과 동일한 인상을 전달하고자 할지라도, 이런 인상은 TT 독자층의 교육과 이해 수준에 따라 달리 나타날 것이고, 이는 또한 번역가 자신의 이해와 다를 가능성이 있다.
2. 번역을 위한 특별한 언어가 필요할 수 있다. 예컨대, 어떤 부분에서는 원문에 없는 상상의 단어를 첨가하여 보완하는가 하면, 다른 부분에서는 번역가가 이국적인 인상을 전달할 수 없는 진부한 표현에 만족해야 할 때가 있을 것이다.

슐라이어마허의 영향은 실로 컸다. 서로 상반되는 개념인 '외화'와 '귀화'는 베누티의 '이국화'와 '자국화'로 이어진다.[113] 베누티는 번역가의 '가시성'에 관해 논의하면서 두 가지의 번역전략, 즉 '자국화'와 '이국화' 전략을 소개한다. 그가 말하는 전략은, 번역할 텍스트의 선정과 적용할 번역 방법의 선택까지도 포함하는 개념이다. 베누티는 영미의 번역 문화에서 자국화가 지배적이라고 본다. 탈식민주의 번역학자들이 식민지(colonizer)와 피식민지(colonized) 간의 권력 관계(power relation)의 차이로 나타나는 문화적 영향을 우려하듯이, 베누티도 자국화 현상을 개탄한다. 왜냐하면 그는 자국화가 '영미 문화권의 자민족중심주의(ethnocentrism)

---

113) Jeremy Munday, 2006, pp.33-35.

에 따라 자신의 목표 언어 및 문화적 가치에 맞추어 이국 텍스트를 축소(reduction)'하는 것으로 보기 때문이다. 자국화 전략을 택한 번역가는 TT에서의 '외래성(foreignness)'을 최소화하기 위해 투명하고, 유창하며, 불가시성의 번역을 한다. 베누티는 '가능한 한 독자를 제자리에 두고 저자가 독자에 접근하도록 하는' 번역에 대해 비판한바 있는 슐라이어마허와 생각을 같이한다. 자국화는 또한, 이러한 번역전략을 비교적 쉽게 적용할 수 있는 텍스트를 신중히 선택함으로써 목표 문화의 문학 정전에 충실하려는 시도까지를 아우르는 개념이다. 이국화는, 반면에 '목표 언어의 지배적인 문화적 가치에 의해 지금까지 배제되었던, 또는 그와 비슷한 위치에 놓인 이국 텍스트를 선정하여 그에 필요한 번역방법을 개발'하는 것으로, 이는 '번역가는 가능한 한 저자를 제자리에 두고 독자가 저자에 접근하도록' 번역해야 한다고 주장한 슐라이어마허의 생각과 같다. 베누티는 이국화 전략이란 '이국 텍스트의 언어적·문화적 차이가 받아들여지게끔 목표 언어의 문화적 가치에 압력을 가해 자민족 일탈을 유도함으로써 독자를 이국으로 보내는' 것이라고 말한다. 이것이 '매우 바람직하다'고 말하는 그는 이를 통해 '자민족 중심적인 번역의 폭력(ethnocentric violence of translation)에 악용되지 않도록' 할 수 있다고 주장한다. 즉, 이국화 전략을 통해 영어권 국가의 지배적인 문화적 가치인 '폭력적' 자국화를 억제할 수 있다는 것이다. 베누티가 저항성(resistancy)이라고도 부르는 이국화 전략은 TL의 관점에서 유창하지 않거나 낯설게 번역하는 것으로, 목표 문화의 지배적인 이데올로기로부터 ST의 이국적 정체성을 보호하고, 나아가 강조함으로써 번역가의 존재를 '가시적(visible)'으로 드러내는 전략이다. 베누티는 비록 이국화 번역을 해야 한다고 주장하지만, 여기에도 몇 가지 모순이 있음을 인정한다. 우선, 이국화는 주관적이고 상대적인 개념이다. 또한, 1) 결국 번역은 ST

를 목표 문화로 옮기는 것인 데다가, 2) '가시적'인 번역을 위해서는 지배적인 목표 문화의 가치로부터 일탈해야 하는데, 그것이 눈에 띌 만큼 가시적이기 위해서는 다른 부분에서 자국화를 해야 하기 때문이다. 결국, 일정 부분 자국화에 의존해야 하는 것이다. 그럼에도 불구하고, 베누티는 이국화 번역을 계속해서 옹호한다.[114]

---

114) Jeremy Munday, 2006, pp.208-211.

제 5 장

문학번역의 연구

번역비평: 독자를 위한 번역전략

1.1. 번역대상 독자를 위한 번역전략

번역은 "어느 언어로 표현된 텍스트를 의미가 동일한 다른 문자 언어로 옮기는 작업이다. 이에는 두 가지 방향의 번역이 있을 수 있다. 하나는 '한국어가 아닌 다른 언어의 텍스트를 한국어로 옮기는 작업'과 그 반대의 경우, 즉 '한국어로 표현된 텍스트를 한국어가 아닌 그 외의 언어로 옮기는 작업'을 포함한다."[1] 일반적으로 외국어를 모국어로 옮기는 기본적인 작업인 번역의 역사는 인류에게 가장 많이 읽히고 있는 구약성경의 바벨탑 건축 이야기로부터 전해오고 있다. 특히, 성경에 나오는 바벨탑 건축 얘기 속에는 단일 언어에서 여러 갈래의 언어로 타락하는 과정이 묘사되어 있는데, 이는 종종 번역 기원의 신화[2]로 널리 알려지고 있다. 이러한 신화적인 부분으로부터 발생한 번역에 대해서 정혜용은 "번역학이 제도권 내에서 독자적인 학문으로 인정받고 자신의 학문적 고유한 영역을 구축하게 되기까지 번역에 대한 연구를 평가하는 번역가 집단의 부정적인

---

1) 이석규 외 5인, 『우리말답게 번역하기』(서울: 역락), p.16, 2002.
2) Mona, Baker 편집, 한국번역학회 역, 『라우트리지 번역학 백과사전』, 한신문화사, 2009, p.50.

견해가 오히려 번역학의 발전을 주도해왔다"3)라고 주장한다. 즉, 신화적인 부분에서 태동한 번역의 역사는 인류 발전의 역사와 맥을 같이하며 번역학의 발전 또한 번역에 있어서 이론과 실천의 끊임없는 비평 속에서 발전했다고 말할 수 있다.

많은 번역학자들은 문화 간 발전을 활성화시킨 번역행위에 대해 체계적인 연구에 들어갔으며, 이러한 번역행위에 대해 번역학자들은 ST4)에 담겨 있는 원저자의 메시지가 번역대상 독자에게 ST의 내용을 가감 없이 충실하게 전달하는 번역을 해야 하는지 혹은 TL의 독자가 읽고 이해하기 쉽게 가독적 효과를 우선적으로 고려해서 번역을 해야 하는지에 대해서도 오랜 세월 동안 논쟁을 거듭해왔다. 물론 번역이 ST에 '가장 자연스럽게 가까운 등가어'이어야 한다는 시각도 물론 도움이 되기는 하지만 분명 그것만으로 충분한 것은 아니다. 이러한 일반적 시각에 부합하는 것으로 여겨질 수 있는 번역은 여러 방식으로 가능하며, 또 ST와 완전한 등가어임을 자처할 수 있는 번역은 결코 있을 수 없다. 그래서 우리는 번역에 있어서 최적의 등가란 '원어 청자나 독자들이 ST를 이해하고 받아들이는 방식과 본질적으로 동일하게 목표 언어 청자나 독자들이 TT를 이해하고 받아들일 수 있을 정도로 높은 단계에 이른 번역'이라고 평가하고 있으며, 바로 이러한 완벽한 수준에 도달하기 위해 번역가들은 끊임없이 다양한 번역의 방법 등을 제시하는 것이다.5) 특히 다양한 번역의 방법을 제시함에 있어서 원저자의 의미가 녹아 있는

---

3) 「번역비평 규범으로서의 가독성과 충실성 개념」, 『프랑스문화예술연구』, 20집, 2007, p.327.

4) 본 논문에서 쓰는 용어인 출발어(Source Language)는 SL로, 도착어(Target Language)는 TL로, 원문 텍스트(Source Text)는 ST로, 번역문 텍스트(Translated Text)는 TT로 쓰고자 한다.

5) Eugene, A. Nida, 송태효 역, 『언어 간 의사소통의 사회언어학』, 고려대학교출판부, 2002, p.106.

문학 텍스트를 훌륭하게 번역하기 위해서는 번역가들은 우선적으로 언어의 미학적 요소들에 관한 감수성을 지녀야 할 뿐만 아니라 문화 간 차이점을 최소화하기 위해 가장 근접한 등가어를 자연스럽게 찾아내서 만들어내는 번역 기술도 지녀야 한다.[6] 이러한 번역기술을 연마한 번역가가 추구하는 최고의 번역은 ST에 충실하면서 TT를 읽는 대상 독자들에게 그 의미를 제대로 전달하는 우수한 번역 텍스트의 생산이다. 이근희는 "그러나 최고 품질의 TT를 생산하기 위해서 모든 TT에 적용되는 단 하나의 규범적인 번역의 방법이란 존재하지 않는 것 또한 사실이다. 하나의 ST가 번역의 대상으로 선정되어 TT를 읽는 독자에게 적합한 TT로 생산되기까지는 매우 다양한 요소의 상호작용이 이루어져야 하기 때문이다"[7]라고 언급했다. 즉, 번역가는 본인이 추구하는 번역의 방법을 택해 완전한 등가 작업을 이루는 최고의 번역 작품을 생산해내는 것도 번역가의 중대한 임무이자 사명 중의 하나인 것이다. 이러한 번역가의 완전한 번역 작품을 통해서 독자들은 ST 저자가 전하고자 하는 의미를 제대로 파악할 수 있기 때문이다.

번역에 있어서 중요한 것은 번역가는 ST가 지닌 무게를 잘 파악하여 그 의미를 최대한 살려 TT를 통해 ST의 의미를 포함한 원저자의 메시지를 번역대상 독자에게 충실하게 전달해야 한다는 것이다. ST와 TT 간에 존재하는 문화적인 차이를 최소화하고 문화권이 다른 번역대상 독자에게 ST에 대한 이해를 돕기 위한 수단으로 가장 많이 활용하는 번역의 방법이 바로 텍스트 내에 관련정보를 추

---

6) Eugene, A, Nida, 송태효 역, p.65.

7) 이근희, 『번역의 이론과 실제』, 한국문화사, 2005, p.87.

가로 제공하는 주석8)이다. 그러나 페이지 밑에 번역 주를 다는 것은 번역대상 독자로 하여금 집중력을 떨어뜨리고 독서의 흐름을 파괴함으로써 읽어나가는 데 작품이 전달하는 맥을 끊는다는 단점이 있다. 특히, 문학적 깊이를 지니고 있는 문학작품인 경우에는 대상 독자로 하여금 더욱더 맥을 끊어서 독서의 포기까지 가져올 수 있는 단점이 있다. 만약 주를 많이 달아야 할 내용의 번역본이라면 각 페이지마다 하단부에 주를 처리하는 것보다는 책 뒷부분에 모두 묶어두는 것이 더 바람직하다. 이와 더불어 번역가는 추가로 설명해야 되는 부분의 길이에 따라 한 문장을 덧붙이든가, 아니면 문장 내에 역주를 달아 ST의 메시지 전달의 충실성과 번역대상 독자의 이해를 위한 충실성도 제고하여 번역하는 전략도 가능하다.9) 번역가는 ST의 충실성을 중심으로 텍스트 내 외적인 명시화나 구체화의 방법 등을 번역전략으로 활용하여 번역대상 독자들의 이해도를 제고할 수 있다. 이러한 번역전략은 특정 정보에 대해 번역가가 ST 문화권과 TT 문화권 사이에 공유 정도의 차이가 너무 크다고 생각할 때 문화적인 차이를 최소화하기 위해 적용할 수 있는 방법이다. 번역가는 문학 텍스트 번역 시에 이러한 함축적인 특성들을 어떠한 번역전략을 동원해서 번역대상 독자에게 전달해야 하는지를 숙고하면서 번역에 임해야 할 것이다.

---

8) 주석의 중요성에 대해서 정준영은 "번역된 말로만 해서는 이해의 한계가 있는 경우엔 반드시 주석을 덧붙일 필요가 있으며, 다른 번역작업에서도 그렇지만 서양 고전 번역의 작업에 있어서 주석의 작업이야말로 번역의 꽃과 같은 것이라고 생각한다"라고 설명하면서, 이에 덧붙여서 그는 "주석 작업은 두 전통 간의 차이를 구체적으로 좁히는 실질적인 해석의 작업이기 때문이다(정준영, 60)"라고 강조했다.

9) 남성우, 『통번역의 이해와 수행』, 한국문화사, 2006, pp.218-219.

1.2. 문학번역에 있어서 번역전략

　문학작품의 번역인 경우에 번역가는 다른 번역문들과는 달리 원
저자의 문학적 깊이를 잘 이해하고 그 이해한 바를 번역대상 독자
에게 ST 독자가 느끼는 것과 같은 동일한 효과를 전달하도록 최선
을 다해야 한다. 문학작품의 번역에 대해 브라이언 넬슨(Brian
Nelson)은 "문학번역은 인간사회에서 의사소통의 중요한 행위 중의
한 부분을 담당하고 있어서 문학작품을 번역하는 번역가는 원작의
미학적인 수준까지 고려해서 번역해야 한다"[10]라고 정의했다. 인간
은 문학작품을 통해서 타인과의 관계를 더욱더 원활하게 유지할 수
있으며, 한 나라의 문학이 그 나라의 문화와 문화적 특징들을 가지
고 다른 문화적인 특성을 지니고 있는 세계에 알려지는 데 가장 중
요한 역할을 수행하는 것이 바로 문학작품의 번역이다. 이러한 문화
간 소통을 원활하게 촉진시키는 "번역의 중요성은 마땅히 강조되어
야 하며 번역은 세계를 향한 문화의 통로이자 창이라 할 수 있다.
번역은 ST를 이해, 분석하고 번역등가를 찾아서 ST에 상응하는 TT
를 생성하는 창조적 활동이다."[11] TT를 생성하는 창조적인 활동인
번역작업은 엄밀한 의미에서는 불가능하나 과거부터 이뤄지고 있
다. 번역이란 ST의 모든 요소를 그대로 TT에 나타내주어야 하는데,
이것은 불가능하므로 최적의 등가를 찾는 것이 중요하다. 특히, 문
학 텍스트는 미학적 작용을 가장 중요시하는데 여기에 번역의 어려
움이 따른다. 그래서 표현형식의 원칙이 고려되어야 하고 그 원칙에
따라 그와 비슷한 미적 작용을 일으키는 번역문의 등가를 찾아야

---

10) Brian, Nelson, "Preface: Translation Lost and Found", Australian Journal of French Studies,
　　Vol. 47, Iss. 1, Jan-Apr (2010), p.3.

11) 김효중, 『새로운 번역을 위한 패러다임』, 푸른사상, 2004, pp.126-127.

한다. 이러한 미학적 특성을 고려한 번역인 문학번역의 중요성은 더욱더 중요시된다.[12] 또한 "번역가가 문학성이 높은 작품을 번역하고자 할 때 작가의 문체와 문학성을 훼손하지 않고 원저자의 메시지가 함축되어 있는 ST의 효과를 TT의 독자에게 동일하게 일으키는 것 또한 번역가의 의무로 간주된다."[13] 번역가가 이러한 의무를 소홀히 하고 주관적인 번역의 전략을 도입하여 번역을 할 경우에는 TT를 읽는 대상 독자는 큰 혼란에 빠지고 만다.

모든 번역 가운데 문학번역이 어려운 것은 "텍스트 본래의 의미를 유지하면서 감상적인 인상을 올바르게 전달하는 것"[14]이기 때문이다. 원저자의 메시지가 함유되어 있는 문학작품의 미학적 분석에 있어서 충실한 번역방법의 주목적은 ST의 정확한 재생인 반면, 자유스러운 번역은 우선적으로 ST의 아름다움, 즉 미학적·사유적 가치를 독자에게 전달하는 데 그 목적이 있다. 그런데 번역 작품 독자의 배경과 미학적 경험은 원어작품 독자의 그것과 다르기 때문에 이러한 문제는 수용 미학적 관점에서 해결되어야 하는데, ST와 문화의 성격이 다른 TT 독자의 상이한 미학적 기준에 상응할 수 있는 기준을 찾는 것이 번역가의 중요한 임무이다.[15] 이러한 상이한 미학적 기준에 맞는 비교점을 찾아 ST 저자의 메시지를 TT 독자에게 정확히 전달하는 것이 번역가의 의무이며, 이러한 특성을 문장 내에 함유하고 있는 문학 텍스트를 번역하는 작업이 번역가에게는 무엇보다도 어려운 과제인 것이다. 때로는 문학번역을 번역하는 번역가

---

12) 김효중, 『번역학』, 민음사, 1998, pp.273-276.

13) 변선희, 『문학번역의 열린 특성』, 통역번역연구소 논문집, 제6집(2002), p.90.

14) 피사레바 라리사, 「한국 현대시의 러시아어 번역의 문제」, 『한국번역비평학회』, 고려대학교출판부, 가을호 (2007), p.95.

15) 김효중, 2004. pp.128-130.

는 "독자 지향적 경향으로 ST의 특성들을 TT에 제대로 전달하지 않아서 문학성의 훼손이 야기될 수 있다. 이러한 문학 텍스트의 문학성 훼손을 방지하기 위해서 작품 내에 존재하는 여러 음성들을 명확하게 들어야 할 것이다. 문학 텍스트가 복잡한 구조로 이루어져 있기 때문에, 번역가들은 텍스트 외적요소에 대한 치밀한 분석을 통해 작품을 올바로 이해해야 할 필요가 있으며, SL의 내용만이 아닌 문학 텍스트만이 가지고 있는 미적 요소들도 TT에 잘 반영되도록 번역을 해야 할 것이다."16) 번역대상 독자는 이러한 요소가 잘 녹아 있는 TT를 읽을 때 비로소 ST를 읽는 독자와 동일한 효과를 누릴 수 있는 것이다. 문학번역을 번역하는 번역가는 위에서도 명시하였듯이 문학작품을 번역하기에 앞서 작품의 특징과 원저자의 메시지 파악에 주력해서 독자로서 충분히 이해하고 번역에 임하여야 한다. 작품의 특성을 살려서 번역하기 위해서는 번역가는 무엇보다도 작품에서 다루고 있는 소재가 실제로 일어나는 것처럼 번역해서 독자들이 느끼게 해야 한다. 바로 여기에 문학 텍스트를 번역하는 번역가의 어려움이 존재하는 것이다. 즉, 번역가는 문학작품을 번역할 때에 미학적 가치까지 포함한 문학성 구현을 위한 번역이 되어야 하며, 원작의 장르와 문체, 원저자가 전달하고자 하는 의미, 서사방법 등을 따르는 번역을 해야 한다17)(박수현 23). 이러한 문학번역의 특성을 바탕으로 작품 속에 흐르고 있는 원저자의 의도와 TT를 읽는 독자의 입장을 고려해서 번역가는 번역에 임해야 하며, 이를 바탕으로 번역비평은 행해지게 된다.

---

16) 최진혁, 「문학번역의 언어 내외적 접근-『프랑켄슈타인』 번역 사례를 중심으로」, 한국항공대학교 석사학위논문, (2008), p.16.
17) 박수현, 「댄 브라운의 『다빈치 코드』 번역 연구-충실성과 문학장르의 특징을 중심으로」, 부산외국어대학교 통역번역대학원 석사학위논문, (2009), p.23.

번역비평[18]에 대해서 베르너 콜러(Werner Koller)는 "번역비평은 목표언어 문헌과 출발언어 문헌의 맥락에서 해당 텍스트를 연구한다. 출발언어 문헌의 관점에서 볼 때 특히 출발언어 문헌의 테두리 내에서 번역된 작품들의 대표성이 문제 된다. 비평가는 출발언어 문헌과 목표언어 문헌에 관련해서 작품의 규범일치 내지는 독창성을 판단한다"[19]라고 주장했다. 비평가의 이러한 출발언어 문헌과 목표언어 문헌에 관련된 독창성 판단의 토대에서 궁극적으로 추구하는 것은 제대로 된 번역 다시 말해 올바른 번역이 이루어지게 하는 데 그 목적이 있다. 그런데 올바른 번역을 훌륭하게 하여 TT 독자에게 마치 ST를 읽는 것과 같은 만족감을 주려면 우선 번역비평이 올바르게 이뤄져야 하고 번역가와 번역비평가에 대한 사회적 인식이 개선되어야 한다. 번역비평가들이 제대로 된 사회적 인식 속에서 행하는 번역비평은 번역이 과연 올바르게 이루어졌는가를 따져보는 일이 그 핵심이다.[20] 올바른 번역비평을 통해서 TT 독자들은 번역작업에 대한 비평을 통해 제대로 된 번역물을 접할 수 있으며, 이로 인해 올바른 번역이 제자리를 찾아갈 수 있다. 이런 점에서 번역비평은 번역학의 여러 갈래 중에서도 가장 직접적으로 번역학의 본질에 닿아 있다고 할 수 있다. 번역비평은 이제는 번역가가 원하든 원하지 않든 간에 번역비평의 물꼬는 이미 터진 상태이다. 특히 요즘과 같은 인터넷 네트워크의 발달로 인해, 번역계의 권력관계 바깥에

---

18) 홈스(Holmes)는 번역비평이란 기본적으로 번역 텍스트의 '해석' 및 '평가'를 포괄하는 개념이라 설명하며 비평가의 주관성이 개입할 가능성을 염려했다. 그리고 먼데이(Munday)는 번역비평이란 '학생들의 번역물 점검'과 '출판번역물의 검토'를 포괄하는 번역물의 평가라고 정의했다(전현주, 2008, pp.28-29 재인용).

19) Koller, p.269.

20) 김효중, 2004, p.262.

서 그 누구의 눈치도 볼 필요 없는 독립적인 독자들이 가상공간 내에서 자유롭게 자신들의 의견을 풀어내며 번역 파수꾼의 역할을 수행하고 있다.21) 번역비평에 대해서 전성기는 "번역비평에서는 원칙적으로 번역본과 원본의 읽기와 이들의 비교 검토가 필요한데, 이 과정에서 번역 텍스트는 내가 읽은 것이 아니고, 내가 이해한 것은 번역가가 옮긴 것이 아니며, 내가 이해한 것은 번역가가 이해한 것이 아닐 수 있다. 그래서 번역은 '동일성'의 문제가 아니라 '근접' 혹은 '최대근접'의 문제이다. 이러한 최대근접을 위해서는 '충실'하기 위해 '배반'을 하는 이율배반적인 경우들에 봉착할 수도 있다. 이러한 근접에 대해서는 여러 변수에 따라 그 판단이나 평가가 달라질 수밖에 없다"22)라고 강조한다. 여러 변수들이 존재하는 번역에는 하나의 옳은 번역만이 존재하는 것이 아니기 때문에 이상적인 좋은 번역이란, ST의 의미 전달과 TT 독자를 위한 의미 표현의 기준을 모두 충족하는 번역, 다시 말해서 여러 번역들 가운데 원작에 보다 더 충실하면서 동시에 TT를 읽는 TL 독자들이 자연스럽게 읽을 수 있는 번역이라 할 수 있다. 다시 말해서 원저자의 의도가 들어 있는 ST의 충실성이 전제되지 않은 번역의 실현은 원작이 존재하는 번역 작품이 아니라 새로운 창작 작품이 되는 것이기 때문이다.23) 번역가의 임무는 새로운 문장을 창조하는 것이 아니라 원저자의 의도를 충실하게 TT 독자에게 전달하는 것이기 때문이다.

이러한 번역비평의 축을 형성하고 있는 ST의 충실성에 대한 TT의 정확성에 대해 수잔 바스넷(Susan Bassnett)은 "정확성은 번역가

---

21) 정혜용, 2007, pp.25-28.

22) 전성기, p.286.

23) 김경희, pp.23-24.

가 원작을 읽고 이해하는 능력에 연관된 것이지 원작에 얼마나 충실한가 하는 종속적 개념에 의존하지는 않는다"[24]라고 설명했다. 그리고 '충실한 번역(faithful translation)'에 대해서 피터 뉴마크(Peter Newmark)는 "목표언어의 문법구조에 적절하도록 번역하면서 ST의 정확한 의미를 재현하려는 번역 방법이다"[25]라고 표현했다. 충실성에 대해서 포르투나토 이스라엘(Fortunato Israël)은 "ST와 TT를 비교하게 되면 주종의 서열관계에 얽매이게 되고 번역은 '시녀'로 전락해 원문, 원저자의 말하고자 하는 바를 중점적으로 살피게 되어 결국 SL의 특수성, 다시 말해서 충실성을 우선적으로 중시하게 된다"[26]라고 주장했다. 즉, 작품 전체의 번역의 향방을 설정하는 번역가의 번역전략은 전통적으로 원저자의 의도를 살려서 ST를 충실하게 번역하는 전략과 TT를 읽는 대상 독자를 위해 번역하는 전략으로 구분할 수 있다. 이 두 가지 번역전략은 서로 우위를 점하기 위하여 경쟁하며 분화하여 '가능한 충실한 번역'을 하지만 필요에 따라 'TT 대상 독자들을 위한 번역'을 권장하는 상호 보완적인 번역전략으로 발전했다. 이러한 충실성과 번역대상 독자들을 위한 번역비평에 대한 평가기준은 명확한 경계가 없이 번역가의 주관적인 판단과 번역전략에 따라 이루어지는 경향이 있다.[27] 번역은 TT 독자를 위한 번역의 방법만을 중시한 나머지 "ST를 얼버무려서 새로운 창작번역물을 읽게 해서도 안 되며, 반대로 ST의 충실성만을 고려한 나머지 문화적인 차이가 존재하는 번역대상 독자의 이해도

---

24) Bassnett-McGuire, p.53.

25) 이은숙, p.86 재인용.

26) Israël, p.353.

27) 전현주, 2007, pp.98-100.

를 고려하지 않고 번역을 하여 읽게 한다면 번역을 하는 원래의 목적도 상실하게 될 것이다. 번역은 외국어로 된 ST를 읽고 이해할 수 없는 사람들을 위한 행위"[28]이기 때문이다. 좋은 번역이면서 품질이 우수한 번역이란 ST의 충실성과 TT 독자를 위한 번역방법을 모두 고려해서 하는 번역이다. 여기서 번역비평의 중심축을 이루고 있는 ST의 충실성과 TT를 읽는 독자들을 위한 정확성은 번역가가 주관적으로 판단하여 적용하는 조건이 아니라 모두 이루어야 하는 조건이다. 번역대상 독자를 위한 정확성은 ST의 저자가 독자에게 전달하고자 하는 '의미의 충실성'에 대해서 말하는 것이다. 문화의 차이가 존재하는 TT 대상 독자를 위해서 김순미는 "공유지식 차이로 인한 정보성의 문제에 직면한 번역가가 선택하는 방법 중 하나는 텍스트 내 설명을 추가하여 ST 저자와 TT 독자의 공유지식 차이를 좁혀주는 것이다"[29]라고 주장했다. 이러한 공유지식 차이를 좁혀주는 방법 중의 하나가 본 논문의 연구 목적인 텍스트 내 역주나 각주 등 주석을 넣어서 TT 독자들의 이해를 제고해주는 것이다. 이러한 정보 제공이 이루어졌을 때 TT 독자들은 양 문화 간 문화적 차이를 극복하고 "쉽게 문맥을 이해하고 ST 독자들이 느낀 것과 같은 친근함과 언어적 효과"[30]를 맛보는 것이다. 번역가는 ST 독자들이 느낀 것과 같은 이러한 언어적 효과를 TT 독자들에게 전달하기 위해서는 무엇보다도 번역의 정확성이 중요한 요소이다. 이러한 중요성에 대해서 나이다(Nida)는 형태적 등가(formal equivalence)에서 다음과 같이 설명한다.

---

28) 이은숙, p.88.
29) 김순미, p.36.
30) 김순미, p.36.

"형태적 등가에서는 그 형태(form)와 내용(content) 모두에 있어 메시지 자체에 초점을 맞춘다. … 그러므로 이에 따라 번역을 하는 이는 수용 언어(receptor language)의 메시지가 원천 언어의 여러 구성 요소(element)들에 최대한 일치하도록 해야 한다."[31]

제레미 먼데이(Jeremy Munday)는 나이다의 형태적 등가에 대해서 "형태적 등가는 ST 구조를 지향한 번역이라는 것을 알 수 있다. 이때, ST 구조는 번역의 정확성(accuracy)과 적확성(correctness)을 가늠하는 중요한 잣대가 되며, 이런 번역의 가장 전형적인 예로 '역주(譯註)를 첨가하는 방식의 번역(gloss translation)'이 있다. 이런 번역에서는, ST 구조에 최대한 근접하도록 번역하는 대신, 역주를 첨가하여 설명함으로써, 학술서(이런 번역을 많이 사용) 등을 읽는 학생이 SL의 언어, 문화, 관습에 최대한 가까이 갈 수 있도록 한다"[32]라고 설명했다. 즉, 번역가들은 ST를 존중하면서 번역대상 독자를 위한 문장의 정확성 또는 충실성에 입각해서 ST에서 명시화하고 있는 "정보를 유지하면서 거기다 새로운 정보를 추가해 이해를 돕기도 하지만, 낯선 정보를 삭제, 축소하거나 상위어(superordinate) 표현으로 번역하거나 TT 대상 독자들에게 친근하면서 편리한 정보로 대체하는 등의 다양한 번역방법을 사용한다."[33] 번역가는 이러한 다양한 번역의 방법 중에 문장이 TT를 읽는 독자들에게 어렵다고 여겨지지만 의미의 중요성이 크다고 생각될 때는 문장 내에 추가적인 정보 제공을 통해 TT 대상 독자의 이해를 제고하고, 때론 그 의미가 중요하다고 여겨지지 않을 때는 과감하게 삭제하거나 생략 또

---

31) Munday, p.53 재인용.
32) Munday, p.53.
33) 김순미, p.39 재인용.

는 축약하는 번역전략을 취한다. 그러나 이 모든 방법은 번역가가 TT 대상 독자들의 이해력을 증가시키기 위한 번역의 방법인 것이다. 이렇듯 번역가가 ST의 내용을 존중하면서 TT 대상 독자들을 충분하게 이해시키기 위해서 텍스트 내 관련정보를 추가하는 번역 방법은 "1) 텍스트 내에서 상세하게 풀어서 설명, 2) 텍스트 안에 괄호를 넣어 그 안에 출처와 내용을 간략하게 서술, 3) 텍스트 내 역주나 각주를 넣어서 설명하는 방법들을 많이 사용한다. 특히 역주나 각주는 모두 주석에 포함하는데 일반적으로 텍스트에서 주석이란 본문에서 인용한 자료의 출처를 밝히거나, 본문에서 언급한 내용에 대한 보충 자료를 구체적으로 제시할 필요가 있으나 글의 전개 순서를 보아 본문의 내용 중에 넣기 부담스러운 경우 사용한다. 이 중 역주는 추가 설명이 필요한 표현 옆에 번역가들이 문장 내에 자연스럽게 외적 명시화를 통해서 전달하거나 괄호를 만들어서 내용을 넣어주고 '옮긴이', '역주' 등의 표현을 써서 번역가의 설명임을 밝혀주는 방법이고 각주는 본문 내용에 대한 번역가의 주해로 본문 아래쪽에 작은 활자로 추가한다. 이러한 정보 추가는 원저자의 의도를 존중하고 번역대상 독자에게 낯선 정보를 정확하면서도 충실하게 전달하기 위해서 사용하는 번역의 방법인 것이다."34) 특히 이와 같은 번역전략의 방법들은 ST와 TT의 문화적인 차이가 존재할 때 문화가 다른 TT 독자를 위한 번역의 정확성 전달에 중점을 둔 것이다. 그러나 번역가는 어떤 번역의 전략을 적용할지라도 ST의 저자가 의도하는 것이 TT 대상 독자에게 정확하게 전달이 안 될 경우엔 번역가의 개입을 통해 새로운 관련 정보를 추가함으로써 문화 간

---

34) 김순미, pp.39-40.

차이를 최소화한다.

본 연구에서는 원저자의 의도가 함유되어 있는 ST에 대해 TT 독자를 위한 번역전략인 텍스트 내 설명하기, 역주 및 각주가 어떻게 적용되었는지 사례분석을 통해 고찰해보고자 한다.

1.3. 텍스트 분석

본 연구는 ST와 TT를 비교하여 ST 내에 원저자가 함유하고 있는 관련 정보를 번역가가 TT 대상 독자의 이해도 제고를 위해 1) 텍스트 내에서 풀어서 설명한 경우, 2) 텍스트 내에서 괄호, 역주 및 각주를 넣어 설명한 경우, 3) 텍스트 내에서 아무런 설명도 하지 않고 생략 또는 삭제한 경우 등을 번역전략으로 적용한 사례를 살펴보기로 한다. ST는 토머스 하디(Thomas Hardy)의 『더버빌가의 테스』(Norton & Company, 1991)이며, TT는 총 6종으로 각각 1981년, 1989년, 1992년, 1994년, 2000년, 2009년에 출간된 번역본이다 (표 1 참조).

【표 1】

	옮긴이	출판사	출판연도
TT1	김보원	서울대학교	2000
TT2	이동민	소담	1994
TT3	이진석	청목	1989
TT4	김회진	범우사	1981
TT5	신대현	홍신문화사	1992
TT6	정종화	민음사	2009

1.3.1. 텍스트 내에서 풀어서 설명한 경우

> TT5: 그러나 어떤 사람들은 이렇게 말할지도 모른다. 즉, 테스를 지키는 천사는 어디에 갔으며, 그녀가 순진하게 믿어오던 하느님은 어디에 있는가 하고, 아마도 저 <u>비꼬기 잘하는 티시베인들의 신처럼</u> 무엇인가 열심히 이야기하고 있었거나, 무슨 일에 정신이 팔렸거나, 아니면 여행 중이었거나 잠에서 깨어나지 않았는지도 모른다.(86)

> ST1: But, might some day, where was Tess's guardian angel? where was the Providence of her simple faith? Perhaps, like that other god of whom <u>the ironical Tishbite</u> spoke, he was talking, or he was pursuing, or he was in a journey, or he was sleeping and not to be awaked.(Thomas Hardy, 1991, p.57)[35]

위 예문은 테스가 더버빌과 같이 체이스 숲에서 밤을 보내는 부분이다. 특히 이 부분은 작품 전체의 비극과 연결되는 부분이며 피곤한 몸을 이끌고 숲속에서 잠을 자고 있는 테스를 알렉 더버빌이 관계를 맺고 테스는 후에 아이 쏘로우를 낳음으로써 그녀의 비극적인 삶이 시작되는 부분이다. 이러한 비극이 잉태되는 부분을 TT5는 티시베 사람이 누구인지에 대해 TT 대상 독자에게 정보제공을 해주지 않고 ST의 'the ironical Tishbite'를 직역 처리하여 '비꼬기 잘하는 티시베인들의 신처럼'으로 번역하여서 원저자가 성경의 이 구절을 사용한 의미와는 상관없이 문장을 처리해서 TT 대상 독자의 이해도가 현저하게 떨어지는 결과를 가져왔다. 오히려 번역가가 번

---

35) 본 논문의 텍스트 분석에서 사용한 ST는 Thomas Hardy, *Tess of the D'urbervilles*. Ed. Scott Elledge. New York: Norton & Company Inc., 1991 에서 발췌하였으며 이후 예문은 쪽수만을 기입한다.

역의 정확성을 TT 대상 독자들에게 전달하기 위해서는 문장 내에 '티시베 사람 엘리야는 카르멜 산에서 바알의 예언자 사백오십 명과 아세라의 예언자 사백 명이 모시는 신과 엘리야 자신이 모시는 하느님 중에 번제물인 황소를 불붙이는 신이 이기는 대결을 하고, 결국 이겨서 엘리야가 바알 신을 모시는 모든 이를 죽이는' 부분인데도 문장 내에 역주나 각주 등 추가적인 정보 제공이 없어서 원저자의 의도를 파악하기가 힘든 상황이 되기 때문에 문맥 이해에 대한 정확한 설명을 하는 것이 필요하다.

> TT3: 「응---바로 그분이야---웨섹스 일대에서도 가장 열성스런 분이래---오래된 <u>저교회파(低敎會派)</u>의 마지막 사람이라고도 하나봐---이 근처 사람들은 모두가 <u>고교회파(高敎會派)</u>라지만 그분 자제들은 클레어를 제외하고 모두 목사님이 되었다나봐.」(127)
>
> TT4: "그래. 바로 그분이야. 웨섹스 지방에서는 가장 성실한 분이래-오래 된 <u>저교회파(低敎會派)</u>의 마지막 사람이라고도 하나봐. 이 지방 사람들은 다 <u>고교회파(高敎會派)</u>라는데. 그 목사님의 아들들도 여기서 일하고 있는 클레어 씨를 제외하고는 다 목사라는 거야."(151)

> ST2: "Yes---that he is---the earnestest man in all Wessex, they say---the last of <u>the old Low-Church</u> sort, they tell me---for all about here be what they call <u>High</u>. All his sons except our Mr. Clare be made pa'sons too."(89)

위 예문은 에인젤 클레어에게 관심이 있는 탈보테이즈 젊은 여성들이 에인젤의 집안에 대한 이야기를 하는 과정에서 종교적인 특성에 대해 언급하는 부분이다. TT3과 TT4는 성공회를 대표하는

2개 종파를 문장 내에 추가적인 보충 설명도 없이 ST의 'the old Low-Church, High'를 '저교회파와 고교회파'로 번역하여 처리했다. 번역가는 종교적인 부분 등 문화적인 특성이 전혀 다른 문화권인 경우에는 문장 내에 관련 정보를 설명하여 TT를 읽는 대상 독자에게 전달하는 것이 무엇보다도 중요하다. 번역가는 이런 관련성 있는 정보를 설명하기 위해서 '저교회파(성공회가 가톨릭교회로부터 독립하면서 복음주의를 주장하고 신자의 정신적 변화를 강조하는 종파)와 고교회파(성공회의 2대 종파 중 하나로 가톨릭적 전통을 답습하여 의식과 성례전을 중요시하는 종파)'로 문장 내에 추가적으로 설명하여 번역을 하였으면 TT를 읽는 대상 독자의 이해도를 더욱더 높이는 계기가 되었을 것이다. 번역가는 새로운 어휘와 용어들을 번역할 경우에는 TT를 읽는 대상 독자를 위하여 번역전략을 사전에 수립하여 번역에 임하는 것이 중요하다.

1.3.2. 텍스트 내에서 괄호, 역주 및 각주를 넣어 설명한 경우

> TT4: 테스는 자기가 저지른 죄 때문에 화형(火刑)을 당해야 하고 그것으로 모든 것이 끝난다면 조용히 형장에 나갈 수 있을 것 같은 생각이 들었다. 그녀는 마을 처녀들과 마찬가지로 성경을 충분히 읽어서 오홀라와 오홀리바(간음하여 신의 벌을 받은 자매. 『구약성서』 「에스겔」 제23장)의 얘기를 잘 알고 있었기 때문에 그 이야기가 가르쳐주는 결론도 잘 알고 있었다. 그러나 똑같은 문제가 아기에게 나타났을 땐 사정이 달랐다. 갓난애가 죽어가고 있는데 구원의 길은 전혀 열려 있지 않았다.(126)

> ST1: Tess had drifted into a frame of mind which accepted passively the consideration that, if she should have to burn for

what she had done, burn she must, and there was an end of it. Like all village girls she was well grounded in the Holy Scriptures, and had dutifully studied the histories of Aholah and Aholibah, and knew the inferences to be drawn therefrom. But when the same question arose with regard to the baby, it had a very different colour. Her darling was about to die, and no salvation.(72)

위 예문은 테스가 트란트릿지에서 알렉에 의해 몸을 더럽히고 난 뒤 고향 말로트로 와서 아이 쏘로우를 낳는다. 처녀의 몸으로 아이를 낳은 테스의 존재는 죄악 그 자체였다. 테스의 아이는 아팠고 치료조차도 하지 못하며 아이 엄마 테스는 아픈 아이를 위해 세례를 주고 싶은 열망에 가득 차 있다. 특히 테스가 자신의 처지를 구약성경 에제키엘서 23장에 나오는 사마리아를 상징하는 오홀라와 예루살렘을 가리키는 오홀리바 자매의 간음에 대한 죄로 신에게 무서운 처벌을 받는다는 것과 비교하는 부분이다. TT4는 ST의 'the histories of Aholah and Aholibah'를 '오홀라와 오홀리바(간음하여 신의 벌을 받은 자매.『구약성서』「에스겔」제23장)'로 음차 번역하여 관련정보를 텍스트 내에 괄호로 정보를 제공하여 TT 대상 독자를 위한 충실성을 높이는 번역전략을 취했다.

TT1: 그는 자기보다 더 위대한 어느 사람(대제사장과 빌라도의 심문 앞에서 침묵을 지켰던 예수-역주)과 마찬가지로, 그 중대한 순간의 중대한 질문에 대해 대답하지 않았고, 두 사람 사이에는 다시 침묵이 흘렀다.(489)

TT6: 그는 결정적인 순간 결정적인 질문에 자신보다 위대한 사람처럼* 대답을 하지 않았다. 두 사람은 다시 침묵에 빠졌다.(2권 304-305) (각주 *대제사장과 장로들과 빌라도의 심문에

대답을 하지 않았던 예수를 일컫는다. 「마태복음」 27장 14절 참조)

ST2: <u>Like a greater than himself</u>, to the critical question at the critical time he did not answer; and they were again silent.(312)

상기 예문은 테스는 자신을 찾으러 온 에인젤 클레어를 만나고 난 뒤 심경의 변화를 가져와서 같이 동거하고 있는 알렉과 말다툼 끝에 알렉을 살해하고 떠나 클레어와 만나서 도망치는 부분이다. 도망치는 중에 테스는 죽은 뒤에도 다시 만나길 간절히 바라는 마음으로 클레어에게 우리가 다시 만날 수 있다는 답변을 달라고 청하자 클레어는 아무 말도 못하고 있는 부분이다. TT1은 ST의 'Like a greater than himself'를 '그는 자기보다 더 위대한 어느 사람(대제사장과 빌라도의 심문 앞에서 침묵을 지켰던 예수-역주)'으로 문장 내에 역주를 달아서 침묵을 지키는 클레어를 십자가에 못 박혀 죽는 예수의 침묵과 비교하여 정보를 제공하였으나 이 부분이 들어 있는 성경의 출처가 없어서 약간 아쉬운 부분이었다. 그러나 TT6은 다른 TT와 달리 대제사장과 빌라도의 심문에 아무런 대답도 하지 않고 침묵을 고수하는 예수에 대한 ST의 'Like a greater than himself'를 '대제사장과 장로들과 빌라도의 심문에 대답을 하지 않았던 예수를 일컫는다. 「마태복음」 27장 14절 참조'로 각주 처리하여 번역함으로써 TT를 읽는 대상 독자의 충실성을 제고하여 번역했다.

TT1: '정의'가 이루어졌다. <u>아이스킬로스(희랍의 비극작가-역주)</u>의 표현을 빌리자면 '신들의 제왕'은 테스에 대한 장난을 마친 것이었다.(493)

TT6: '정의'가 행해지고 신들의 대수장이, <u>아이스킬로스*</u>의 말대로 테스와 희롱을 끝낸 것이다.(2권 311) (각주 <u>*BC 525-BC 465. 고대 그리스의 비극시인</u>)

ST3: "Justice" was done, and the President of the Immortals (<u>in Æschylean phrase</u>) had ended his sport with Tess.(314)

이 부분은 테스가 알렉을 죽이고 에인젤과 도망치다 붙잡혀 형장의 이슬로 사라지고 난 뒤 검은 깃발이 올라가는 부분이다. 특히 이 부분은 테스에게 처한 모든 비극이 사라지고 테스에 대한 심판이 종료되었음을 알리는 부분이다. TT1과 TT6은 ST의 'in Æschylean phrase'를 '아이스킬로스(희랍의 비극작가-역주)와 아이스킬로스(BC 525-BC 465. 고대 그리스의 비극시인)'로 번역했다. TT1, TT6은 문장 내에 역주나 각주로서 아이스킬로스가 누구인지 관련 정보를 제공했다. 특히, TT6은 각주로서 처리하면서 고대 그리스의 최대 비극시인인 아이스킬로스의 출생연도까지 포함하여 TT 대상 독자를 위한 충실성을 제고하는 번역의 전략을 취하였으나, 『오레스테이아』, 『페르시아인』 등 90편의 비극을 썼으며 현재는 7편의 비극만 전해지고 있고 작품을 통해서 인간과 신의 정의가 일치한다는 것을 노래한 비극시인이었다고 관련정보를 추가로 제공하였으면 더욱더 좋은 경우가 될 수도 있다.

1.3.3. 텍스트 내에서 아무런 설명도 하지 않고 생략 또는 삭제한 경우

TT2: 발동기 옆에는 그을음과 때에 찌든 까맣고 키가 큰 기관 수가 석탄 더미와 함께 나란히 서 있었다.(399)

TT3: 이 발동기 옆에 거무죽죽하게 때가 묻은 시커먼 장승 같은 것이 석탄 더미 옆에 꼼짝도 않고 멍청하니 서 있었는데, 그것이 바로 기관수였다.(276)

ST1: By the engine stood a dark motionless being, a sooty and grimy embodiment of tallness, in a sort of trance, with a heap of coals by his side: it was the engine-man. The isolation of his manner and colour lent him the appearance of a creature from Tophet, who had strayed into the pellucid smokelessness of this region of yellow grain and pale soil, with which he had nothing in common, to amaze and to discompose its aborigines.(255)

위 예문은 당시 빅토리아 시대 산업화의 중심에서 기계문명에 의해 붕괴되어가고 있는 농촌의 실상과 노동착취의 상징이면서 여성들이 모셔야 하는 무서운 폭군인 탈곡기에 대한 설명을 하는 부분이다. 특히, 발동기를 가지고 이곳저곳을 다니면서 일을 하는 발동기 기관사의 얼굴색과 모습을 마치 도벳(Tophet)에서 온 사람으로 비유하였음에도 TT2와 TT3에서는 이 부분이 전혀 번역되어 있지 않고 삭제된 부분이다. ST의 도벳(Tophet)은 '구약성경 예레미야서 7장31절'의 '그들은 벤 힌놈 골짜기에 도벳의 산당을 세우고 저희 아들딸들을 불에 살라 바쳤는데, 이는 내가 명령한 적도 없는 일이다'라는 것을 인용한 글로 '우상숭배에 빠진 유대인들이 아들과 딸을 제물로 불 속에 던져 넣던 예루살렘 교외의 골짜기로, 지옥의 불을 연상시키는 곳'이라는 의미를 가지고 있다. 그런데 TT2와 TT3에서는 도벳과 관련된 부분 전체를 삭제하는 번역전략을 사용함으로써 TT를 읽는 대상 독자들이 원저자의 의미를 전혀 이해할 수 없게 만들었으며 앞뒤 문맥의 연결이 안 되어서 TT 대상 독자의 충실성을 현저하게 저하시키는 결과를 초래했다.

TT3: 「너는 오늘 아침 집에 불리지 않았니?」 「뭐라구?」(192)

ST2: "You was not called home this morning." "What?"(161)

상기 예문은 테스는 에인젤의 청혼에 대해 자신의 과거로 인한 죄책감으로 청혼을 받아들이지 않았으나 에인젤의 끊임없는 구애에 결국 청혼을 받아들이는 부분이다. 특히 테스는 청혼을 받아들이고 그 지방의 관습으로 결혼하기 전 세 번 일요일에 교회에서 결혼을 예고하며 그 결혼에 이의가 없는지를 물어보는 '결혼예고'의 관습이 있는데 그 관습이 지켜지지 않자 스스로 불안함을 느낀다. 결국 이 불길한 느낌이 작품 전반의 비극과 연결되는 부분이기도 하다. 하지만 TT3은 TT 대상 독자들이 이해할 수 없는 문화적 요소인 '결혼예고'를 별도의 설명이 없이 ST를 번역하여서 TT 대상 독자에 대한 의미의 충실성을 현저하게 떨어지게 하는 결과를 초래했다.

1.4. 분석에 따른 결론

본 연구는 번역의 평가에 있어서 TT 대상 독자를 위한 정확성 제고를 위해 텍스트 내에서 설명하기 및 각주와 역주 등을 활용한 정보제공의 방법을 고찰하고 토머스 하디의 작품 『더버빌가의 테스

(Tess of the d'Urbervilles)』의 번역본 여섯 종을 살펴보았다. 텍스트 분석에서 사용한 여섯 종의 TT를 분석한 결과, 일부 번역본은 문화 간 차이가 존재하고 있는 TT 독자들의 이해력 제고를 위해서 텍스트 내에 설명하거나 역주와 각주를 넣어 설명하는 번역전략을 적용한 것으로 확인되었다. 그러나 일부 다른 번역본에는 번역가가 문장 내 정보 제공의 방법을 전혀 사용하지 않고 번역함으로써 원저자의 의도가 정확하게 번역대상 독자에게 전달되지 않는 경우도 존재했다. 특히, 하디의 작품에서 상황에 따라 가장 많이 인용되고 있는 성경의 구절과 주인공 테스와의 비교 등에 대한 부분이 일부 TT에서는 생략 또는 삭제의 전략을 사용함으로써 TT 대상 독자의 이해력 제고를 현저하게 저하시키는 결과를 가져왔다.

텍스트 분석에 사용된 김보원 역본(TT1)은 테스의 비극적인 상황들과 연결된 성경의 인용구절과 역사적 인물 그리고 특별히 종교적인 의미를 함유한 문장이 나올 경우에 텍스트 내에 역주를 넣어 원문 저자의 의도를 TT 독자에게 정확하게 전달하는 번역전략을 적용함으로써 번역대상 독자의 이해도를 높이는 결과를 가져왔다. 정종화 역본(TT6)과 김회진 역본(TT4)은 성경의 인용구절과 시인 등 고유명사 등이 나올 경우에 문장 내 각주를 삽입하여 인용문의 출처와 주요내용을 설명함으로써 원저자의 의도를 충실히 전달했다. 그리고 신대현 역본(TT5)은 성경의 구절과 고유명사 등이 나올 경우에 역주나 각주를 사용하여 설명하는 방법이 아닌 문장 내에 내용을 풀어서 외적 명시화를 함으로써 자연스럽게 TT 독자의 충실성을 제고하기 위한 번역전략을 취했다. 이와는 달리 이동민(TT2), 이진석(TT3)의 번역본은 문화의 차이가 있는 관련 정보를 제공하기 위해서 사용되는 문장 내에서 설명하기 및 각주나 역주를 활용하여 번역하는 전략을 취하지 않고 때때로 생략이나 삭제를 하여 번역했다. 결과적으로 이러한 번역의 전략은 TT 대상 독자로 하여금 원저자의 의도를 파악하기 힘들게 함으로써 작품 전체를 이해하는 데 오히려 방해가 되는 결과를 가져왔다.

모든 번역가들이 지향하는 번역은 ST 저자의 의도를 정확히 파악하여 이해하고 그 이해한 부분을 TT 독자에게 정확하게 전달하는 것이다. 그런데 문화 간 차이가 존재하는 관련 정보를 번역가 스스로가 번역전략의 일환으로 생략하거나 삭제하여 그 정확한 원저자의 메시지를 전달하지 않을 때 TT를 읽는 독자는 ST를 충분하게 이해할 수가 없을 것이다. 번역가의 의무는 원저자의 메시지가 함유되어 있는 ST를 번역대상 독자에게 충실히 전달하여 가장 자연스럽고 친근감 있게 읽기를 수행하도록 하는 것이다. 바로 이러한 번역 행위를 통해서 번역가는 문화적인 차이 등을 극복하고 마치 ST를 읽는 것과 같은 효과를 가지게 하는 것을 번역의 최대 목표로 여기는 것이다. 특히 번역가는 ST 저자와 TT 독자의 문화 사이에 존재하는 차이를 최대한 좁히기 위해서 텍스트 내에 설명하기 및 주석 등을 활용한 추가적인 정보 제공 등의 방법을 통해 원저자가 전달하고자 하는 메시지를 TT 독자에게도 온전히 전달하고자 한다. 그래서 번역가는 ST 저자의 의도를 훼손하지 않고 충실히 지키면서 동시에 TT 독자를 위한 이해도가 높은 우수한 번역 작품을 창조하고자 노력한다. 이를 위해서는 번역가 역시 끊임없는 ST 읽기를 통해 번역하는 노력이 필요하다.

번역본을 읽는
대상 독자를 위한 충실성

2.1. 의사소통으로서 번역의 기능

김순영은 "번역은 언어 코드의 전환이 아니라 문화 간 상호작용을 통해 이루어지는 종합적 의사소통"으로 정의했다. 인류의 발전을 이끌어왔던 번역 활동36)은 문화 간 상호작용을 통해 문화 간의 차이가 있는 나라들을 하나로 묶어주는 기능 또한 수행했다. "그러므로 원천 텍스트 독자들이 공유하고 있는 문화와 목표 텍스트 독자들이 공유하고 있는 문화 간의 거리가 멀면 멀수록 번역가에게 주어지는 어려움은 커질 수밖에 없다"37)라는 것이다. 이러한 번역과 의사소통과의 관계에 대해서 이승재는 "번역을 의사소통의 한

---

36) 고대에서부터 시작되어 온 번역활동에 있어서 "백 년 전에는 대부분의 번역의 분야들은 종교, 문학, 과학 및 철학 분야들이었으며, 교육을 받은 엘리트들이 주로 번역서를 읽었다 (Newmark, 1991, p.16)." 즉, 번역서를 읽는 당시 대상은 지적인 능력이 뛰어난 엘리트들이 주류를 이루었으며, 그 이후 번역은 발전을 거듭해왔고 인류의 발전을 주도하는 동력이 되었다. 현시대에서는 번역가들이 생산한 번역물을 통해 많은 지식을 쌓게 되는 것이다. 이러한 번역활동이 모든 나라들에서 광범위하게 전개되었으며, 모든 나라의 사람들이 전문 번역가들의 활동을 통해 문화 간의 차이가 존재하는 타문화를 이해하게 되었다. 특히, "인류는 다른 사람들의 발화메시지를 수용할 때 단어의 완벽한 이해를 위해 번역의 행위를 실행했다 (Steiner, 1998, p.48)."

37) 김순영, 2012, p.2.

방법이라고 전제한다면, 번역은 번역가에 의해서 신중히 선택되고 원천어와 명백한 관계를 갖고 생산된 결과물과 독자 사이의 관계이다"[38)라고 설명했다.

문학 텍스트든 비문학 텍스트든 대부분의 번역 작업은 두 개의 다른 언어 사이에서 이루어지는 행위로서 여겼으며, 번역가는 하나의 언어로 작성된 원문 텍스트를 다른 언어로 작성된 번역문 텍스트[39)로 바꾼다. 이런 형태의 번역은 러시아 출신의 미국 언어학자로 프라하학파의 창시자이며 현대 구조주의 사상에 지대한 영향을 끼친 로만 야콥슨(Roman Jakobson)이 분류한 번역의 세 가지 종류인 '동일 언어 간 번역', '異 언어 간 번역' 그리고 '기호 간 번역' 중 '異 언어 간 번역'에 해당한다.[40) 결국 번역은 "어느 언어로 표현된 텍스트를 의미가 동일한 다른 문자언어로 옮기는 작업인 것이다."[41) 일반적으로 외국어를 모국어로 옮기는 기본적인 작업인 번역이 "제도권 내에서 독자적인 학문으로 인정받고 자신의 학문적 고유한 영역을 구축하게 되기까지의 과정을 보면, 기존의 번역에 대한 연구를 평가하는 번역가 집단의 부정적인 시각"[42)으로 형성된 번역에 대한 평가가 오히려 번역을 더욱더 발전으로 이끄는 계기가 되었다. 특히, 번역비평은 ST와 TT의 비교를 통해 오역 등의 요인들을 토론의 장으로 끌어들였으며, 이러한 토론의 장이 번역가들의 책임감을 불러일으켰으며 더욱더 우수한 번역결과물을 생산하는 계기가 되었다.

---

38) 이승재, 2012, pp.137-138.
39) 본 논문에서 사용하는 원문 텍스트(Source Text)는 ST로, 번역문 텍스트(Translated Text)는 TT로, 출발어(Source Language)는 SL로, 도착어(Target Language)는 TL로 쓰고자 한다.
40) Munday, 2006, p.2.
41) 이석규 외 5인, 2002, p.16.
42) 정혜용, 2007, pp.327-328.

ST와 TT의 비교를 통해 논하는 번역비평에 대해서 이은숙은 "번역비평은 '좋은 혹은 잘못된 번역'을 말하는 데에 있어서 비평가와 독자 또는 전문 연구가들 사이에서 번역을 둘러싼 입장의 차이가 있을 수 있는데 크게 직역 중심과 의역 중심으로 나뉜다고 할 수 있다"[43]라고 언급했다. 그러나 이러한 입장의 차이에 있어서도 "직역과 의역이 여전히 모호한 것은 이 표현들을 사용하여 나타내고자 하는 것들이 매우 다양하기 때문일 것이다"라고 한다. 이 문제는 원저자의 메시지가 포함되어 있는 ST의 충실성과 TT를 읽는 대상 독자를 위해 원문이 지니고 있는 의미를 충실하게 전달하는 문제와 연관되어 있고 ST의 종류와도 무관하지 않다. 특히 번역가가 TT 대상 독자들을 위해 ST가 지닌 의미를 충실하게 전달하는 것은 목표 문화권 독자에게 원저자의 의도와 문학성을 되살려서 정확하게 전달하는 데 목적을 두고 있기 때문이다.

본 연구에서는 문학 텍스트의 평가 기준으로서 ST의 정확성을 바탕으로 TT 대상 독자들에게 원문이 지닌 의미를 얼마나 충실하게 전달하였는가를 문학번역의 사례를 통하여 살펴보고자 한다. 번역에 있어서의 중요한 것은 원저자가 전달하고자 하는 메시지를 TT 대상 독자에게 정확하게 구현하는 데 있다.

2.2. 문학번역의 이론적 배경

번역가는 문학번역인 경우 원저자의 문학적 깊이와 메시지를 잘 이해하고 번역대상 독자에게 ST 독자가 느끼는 것과 같은 효과를 전달하도록 최선의 번역행위를 수행하여야 한다. 브라이언 넬슨

---

43) 이은숙, 2011, p.111.

(Brian Nelson)은 문학작품을 번역하는 번역가는 "원작의 미학적인 수준까지 고려해서 번역해야 한다"[44]라고 정의했다. 즉, 번역가는 정보전달 텍스트를 번역하기 위해서는 지식전달의 측면에 맞게 번역해야 하지만 문학 텍스트 번역은 작가의 사상과 작가가 추구하고자 하는 바를 올바로 이해하여 번역해야 한다는 것이다. 문학작품에는 그 나라의 문화와 문화적 요소들을 함유하고 있기 때문이다. 그러므로 번역가는 원작이 지니고 있는 문학성과 함의적 요소들을 정확하게 번역해야 한다. 여기에 번역가의 어려움이 존재하는 것이다. 번역은 ST를 이해, 분석하고 최적의 등가[45]를 찾아서 ST에 부합하는 TT를 생성하는 창조적 활동이다.[46] 이러한 번역의 등가작업을 통해서 TT를 생성하는 창조적인 활동인 번역작업은 엄밀한 의미에서는 불가능하다고 여겨져 왔으나 현재까지 이뤄지고 있으며 인류 발전에 지대한 영향을 끼치고 있다. "더구나 어느 한 시대 한 지역 한 사회의 언어와 문화가 결합하여 생성된 결과물인 문학작품을 번역한다는 것은 번역가에게 있어 매우 까다롭고 어려운 일이다."[47] 그러므로 번역가는 목표 문화권 독자를 위해 최적의 번역물을 생산하는 것이므로 문학작품을 번역함에 있어서 번역의 방법을 심사숙고할 수밖에 없다.

---

44) Brian Nelson, 2010, p.3.

45) 1970년대만 해도 번역은 언어학의 하위 분야, 보다 구체적으로는 응용언어학의 하위 분야로 인식되었다. 언어학을 토대로 번역에 접근한 학자들은 번역을 전적으로 언어적인 현상으로 간주하였으며 대체로 '원문과 등가의 텍스트를 생산해내는 것'으로 번역작업을 정의했다. '등가(等價, equivalence)' 개념은 여러 학자들이 번역을 정의하기 위해 사용한 개념이지만, 학자별로 그 의미는 조금씩 다르게 정의되었다. 등가라 함은 말 그대로 '동일한 가치를 지닌다' 라는 의미이다. 번역이란 원문 텍스트와 다른 목표 텍스트로 원문이 지닌 동일한 가치를 지닌 텍스트를 생산해내는 것이라고 정의된 것이다. 이후 많은 학자들이 다양한 종류의 등가 개념을 제시했다(이향, 2008, p.14).

46) 김효중, 2004, pp.126-127.

47) 김순영, 2012, p.12.

특히, 문학 텍스트는 미학적 작용을 가장 중요시하는데 여기에 번역의 어려움이 따른다. 그래서 표현형식의 원칙이 고려되어야 하고 그 원칙에 따라 그와 비슷한 미적 작용을 일으키는 번역문의 등가를 찾아야 한다. 그리고 문학이론이 전개되는 과정에서 인용되는 작품의 단 몇 줄이라도 신중히 고려하여 번역해야 한다. 따라서 문학작품 번역에 관한 이론도 아울러 깊이 섭렵할 필요가 있다.[48] 또한 번역가가 문학성이 높은 작품을 번역하고자 할 때 작가의 문체와 문학성을 훼손하지 않기 위해 직역을 해야만 하느냐 아니면 이들을 희생하더라도 자연스러운 번역을 해야 하느냐의 딜레마에 빠지게 된다. 문학번역에서 번역가가 누리는 자유의 범위가 넓다 해도 ST의 효과를 TT의 독자에게 동일하게 일으키는 것 또한 번역가의 의무로 간주된다.[49] 이렇듯 모든 번역 가운데 문학번역이 어려운 것은 문학 텍스트가 함유하고 있는 고유한 정서를 번역본을 읽는 대상 독자에게 충실하게 전달하여 문학적 감흥을 받게 하는 것이기 때문이다.

번역가들은 문학번역의 독자 지향적 경향으로 문학성 훼손을 방지하기 위해서 우선적으로 원작의 작품을 독자로서 충분히 읽고 정확하게 이해하는 것이 무엇보다도 필수 선결 요건이다.[50] 그러므로 복잡한 구조로 이루어져 있는 문학 텍스트를 번역하는 번역가들은 무엇보다도 문학작품을 올바로 이해해야 할 필요가 있으며, SL의 내용만이 아닌 미적 요소들도 TL에 잘 반영되도록 번역을 해야 할 것이다. 이러한 원저자의 사상이 함유되어 있는 문학 텍스트를 더욱

---

48) 김효중, 1998, pp.273-276.

49) 변선희, 2002, pp.89-90.

50) 박수현, 2009, p.22.

더 발전시키기 위해서는 번역비평은 올바르게 이뤄져야 한다.

번역수준을 향상시키는 번역비평에서 큰 축을 형성하고 있는 ST의 충실성에 대해 수잔 바스넷(Susan Bassnett)은 "충실성에 대해 번역가가 원작을 읽고 이해하는 능력에 연관된 것이지 원작에 얼마나 충실한가 하는 종속적 개념에 의존하지는 않는다"[51]라고 설명했다. 포르투나토 이스라엘(Fortunato Israël)은 "원문과 번역문을 비교하게 되면 주종의 서열관계에 얽매이게 되고 번역은 '시녀'로 전락해 원문, 원저자의 말하고자 하는 바를 중점적으로 살피게 되어 결국 출발어의 특수성, 다시 말해서 충실성을 우선적으로 중시하게 된다"[52]라고 주장했다. 그리고 해석이론의 지지자이며 스페인의 번역학자인 휘르따또 알비르(A. Hurtado-Albir)는 자신의 저서에서 번역의 대상은 낱말이 아니라 낱말의 의미이며, 충실성은 ST의 저자가 말하고자 하는 바를 정확히 전달하는 '저자의 의도에 대한 충실성', TT를 읽는 독자가 사용하는 '역어에 대한 충실성', 그리고 '독자에 대한 충실성'을 주장했다.

본고에서는 휘르따또 알비르가 주장하는 세 가지 충실성 중에서 번역문을 읽는 독자에 대한 충실성의 측면에 초점을 맞추어 살펴보고자 한다. 원문 텍스트의 저자가 글쓰기를 하면서 대상으로 삼고 있는 독자와 번역물을 읽는 대상 독자는 대부분 다른 문화를 가진 다른 환경의 사람들이다. 이들은 우선 서로 다른 언어를 사용하는 사람들일 뿐만 아니라 문화적 배경과 관습이 다르고, 가지고 있는 지식도 다른 사람들이다. 그렇기 때문에 TT를 읽는 독자들을 이해시키기 위해서는 이들의 문화에 맞는 텍스트를 생산해야 하는 것은

---

51) Susan Bassnett, 1980, p.53.
52) Fortunato Israël, 2004, p.353.

당연한 것이다.[53] 즉, 작품 전체의 번역의 향방을 설정하는 번역가의 번역전략[54]은 전통적으로 원저자의 의도를 살려서 ST를 충실하게 번역하여 TT를 읽는 대상 독자들에게 정확하게 의미를 전달하는 데 그 목적이 있다. 그러므로 번역가는 ST의 충실성과 TT 대상 독자의 이해도를 제고하여 가장 충실한 번역을 창조해내려는 노력을 해야 한다. 번역가의 이러한 노력을 통해서 목표 문화권의 독자들은 원저자가 작품을 통해서 구현하고자 하는 문학성을 이해할 수 있다.

최상의 번역은 원문의 정확성을 바탕으로 충실하게 번역하여 TT 대상 독자가 원문을 읽을 때 느끼는 문학적 감흥이 원천어 독자가 느끼는 것과 같을 때이다. 그러므로 번역가는 원문의 낱말을 번역하는 것이 아니라 작품 전체에 반영된 의미를 번역하여 원저자가 전달하고자 하는 바를 정확하고 충실하게 목표 문화권의 독자에게 전달해야 한다. 번역가는 번역할 때에 "의미 변화를 수용하느냐 수용하지 않느냐의 정도는 맥락 내의 의미 변화의 중요성에 달려 있다. 정확성은 번역에 있어서 의심의 여지없이 중요한 목적이 된다"[55]라는 베이커(Baker)의 설명을 상기할 필요가 있다.

---

53) 최정화, 1998, pp.122-123 재인용.

54) 번역가들과 번역학자들 간에는 오랫동안 번역의 전략에 대해서 논쟁이 있어 왔는데, 어떤 사람들은 '축어적인(literal)' 번역을 주장하고 있는 반면에, 다른 사람들은 '자유로운(free)' 번역을 찬성한다. 또 어떤 이들은 '형식적인 등가(formal equivalence)'를 지지하는 반면, 또 다른 이들은 '역동적 등가(dynamic equivalence)'를 지지한다. 어떤 사람들은 원문 중심적인 번역을 주장하는 반면, 다른 사람들은 목표어(도착어) 중심적인 번역을 선호한다. 이처럼 다양한 의견에도 불구하고, 이상적인 번역전략은 존재하지 않는다고 말할 수 있으며, 가장 적절한 번역전략은 목표 텍스트의 제안된 기능과 번역 상황에 따라서 결정된다고 할 수 있다. 만약 원문이 문학적인 텍스트이며 또 목표 독자들이 원천 문화를 수입함으로써 그들 문화적인 포용력을 풍요롭게 하기를 원하기 때문에 번역되고 있는 것이라면, 원문 중심적인 번역이 좋은 전략이 될 수 있을 것이다(남성우, 2006, p.181).

55) Baker, 1992, p.57.

TT 독자가 지향하는 좋은 번역이란 ST의 정확성에 바탕을 두고 번역본을 읽는 독자를 위해 원문이 지닌 의미를 충실하게 전달하는 번역이다. 번역가는 ST의 의미가 과연 무엇이며 그 의미를 어떠한 번역전략을 동원하여 TT 독자의 문화에 맞는 텍스트로 충실하게 번역해야 하는지 번역할 때에 우선적으로 부딪힌다. 특히, TT 독자의 이해도 제고를 위해 번역가가 ST 문화권에는 있지만 TT 문화권에는 있지 않은 문화의 차이와 공유지식 결여를 해결하기 위해 선택하는 방법 중 하나는 텍스트 내 설명을 추가하거나 주석을 사용하여 ST 저자와 TT 독자의 공유지식 차이를 좁혀주는 것이다. 이와 같이 문장 내 관련정보 제공이 이루어졌을 때 TT 독자들은 문화적 차이를 극복하고 쉽게 문맥을 이해하고 ST 독자들이 느낀 것과 같은 친근함과 언어적 효과를 느낄 수 있다.[56] 이러한 친근함과 언어적 효과 또한 ST의 정확성에 바탕을 두고 번역되어야 한다.

번역가는 목표 문화권의 독자를 위해 원문에서 명시화하고 있는 정보를 유지하면서 거기다 새로운 정보를 텍스트 내 주석 등의 방법을 사용해 번역대상 독자들의 이해를 돕기도 한다. 특히 이와 같은 번역방법들은 원문을 존중하면서 문화가 다른 목표 텍스트 독자를 위해 그 의미를 정확하게 전달하는 것에 중점을 둔 것이다. 이와 같이 번역의 논의에 있어서 TT를 읽는 대상 독자의 이해도를 극대화시키기 위한 번역의 충실성은 단순히 단어가 지닌 의미를 중심으로 번역하는 직역과 의미 전달을 중심으로 번역하는 의역으로 구분되어 있지만, 번역을 하는 과정에서 단어의 의미를 중심으로 번역하는 직역의 방법으로는 번역할 때에 발생하는 모든 문제들을 해결하

---

56) 김순미, 2011, p.36.

기엔 역부족이다. 또한 대부분의 번역학자들은 직역을 할 경우 발생하는 문제점의 해결책으로 의역을 해야 한다고 주장은 하지만 번역에 있어서 충실성의 문제에 대한 명확한 입장을 표명하지 않는다.[57] 그러나 번역가는 이 두 가지 직역과 의역이란 이분법을 사용할지라도 ST의 저자가 의도하는 것이 TT 대상 독자에게 정확하게 전달이 안 될 경우엔 번역 대상 독자의 측면에서 새로운 관련 정보를 텍스트 내 추가하는 방법을 활용하여 문화 간 차이를 최소화하고 최적의 등가작업을 통한 완벽한 번역생산물을 구현해야 한다. 번역가는 ST의 의미를 TT 독자에게 정확하게 구현하기 위해서 오류와 번역투를 최소화해야 하며, 이를 위해 원문을 정확하게 이해해서 TT의 독자에게 자연스럽게 전달해야 하기 때문이다.[58]

지금까지 논문을 분석하기 위한 기본 틀인 이론적 배경에서는 ST의 충실성의 개념과 번역본을 읽는 대상 독자들을 위한 충실성의 개념을 살펴봤다. 문학작품을 번역함에 있어서 원문의 충실성을 바탕으로 번역 대상 독자에게 원문이 지닌 의미를 충실하게 전달하는 것은 좋은 번역이 갖춰야 하는 필수적인 조건이라고 할 수 있다. 이러한 필수조건인 충실성은 원작이 함유하고 있는 내용적 정확성만이 아니라 사회적·문화적 상황까지 고려한 의미적 정확성까지도 등가 작업을 통해 구현되어야 한다.

---

57) 허미란, 2006, p.8.
58) 이은숙, 2008, pp.89-92.

2.3. 문학번역 텍스트 분석

문학 텍스트를 번역한다는 것은 단순히 정보만을 전달하는 텍스트와는 달리 원저자의 정서, 그리고 원작이 지니고 있는 상징적 함의까지도 자연스럽게 옮겨놓음으로써 목표 문화권의 독자들이 출발어로 읽는 것과 같은 감응을 일으키게 하는 데 그 목적이 있다.

이번 장에서는 문학작품을 연구의 대상으로 살펴보았으며, 원작이 지니고 있는 문화적인 의미들을 포함한 문학성이 TT 대상 독자에게 어떻게 전달되는지를 규명하기 위해서 토머스 하디(Thomas Hardy, 1840-1928)의 원작 소설 『더버빌가의 테스(Tess of the d'Urbervilles)』 (1891)와 그 번역본 일곱 종을 분석대상으로 했다.

텍스트 분석에 사용되는 원문 텍스트 ST는 토머스 하디의 『더버빌가의 테스』(Norton & Company, 1991)이며, TT는 영미문학연구회 번역평가사업단의 『영미명작, 좋은 번역을 찾아서 1, 2』[59]에서 분석한 김보원(서울대학교, 2000), 이동민(소담, 1994), 김회진(범우사, 1981), 신대현(홍신문화사, 1992), 이호규(혜원출판사, 1991)와 영미문학연구회에서 분석대상으로 삼지 않은 이진석(청목, 1989), 정종화(민음사, 2009) 번역본을 분석대상으로 하고자 한다.[60]

---

59) 영미문학연구회는 해방 이후 남한에서 2003년 7월 31일까지 발간된 영미문학작품 36편의 완역본을 대상으로, 각 작품의 전반적인 번역현황을 정리하는 한편 각 번역본의 번역 수준과 특성을 상세히 분석·평가했다. 평가의 대상작품은 영미문학에서 주요 작품으로 평가를 받고 있고 한국 독자들에게 널리 알려진 소설작품들을 중심으로 했다. 지금까지 한국 문학작품에 대한 비평에 있어서 번역물들의 수준을 종합적으로 평가하고 공개하는 일은 영미문학은 물론이고 어떤 분야에 있어서도 전례가 없었으며 우리나라 비평사에서 큰 업적을 쌓았다고 평가할 만하다. 이러한 분석을 통하여 영미문학에서 명역과 그렇지 않은 번역이 분별되지 않고 혼재함으로써 빚어지는 혼란을 부분적으로나마 정리할 수 있었고, 많은 독자들은 출판된 번역본들 사이에서 비교적 나은 번역본을 선별할 수 있게 되는 효과를 누릴 수 있게 되었다(영미문학연구회 번역평가사업단, 2005, pp.11-15).

60) 텍스트 분석에서 사용한 번역문 텍스트는 김보원은 TT1, 이동민은 TT2, 이진석은 TT3, 김회진은 TT4, 신대현은 TT5, 정종화는 TT6 그리고 이호규는 TT7로 표기하며 이후 예문에선 인용 페이지만 인용한다.

텍스트 분석에 사용된 번역본들은 시기를 고려해서 1980년대, 1990년대와 2000년대에 출판된 작품들과 영미문학연구회에서 분석 자료로 삼지 않았던 최근에 출판된 번역본을 대상으로 했다. 이와 더불어 번역가들이 독자들의 이해를 제고하기 위해 토머스 하디에 대한 작품해설 등을 포함하여 출판함으로써 나름대로 저자의 문학성을 훼손하지 않고 원문 텍스트의 충실성을 충분히 고려하여 번역하였을 거라는 전제하에 그들의 번역 작품을 선택했다. 텍스트 분석에 사용한 4개의 예문(박사학위 논문에서 사용한 텍스트 분석사례임)은 주인공 테스의 비극적인 상황과 관련된 종교적인 내용을 문화가 다른 목표 문화권의 대상 독자에게 어떠한 방법으로 그 의미를 충실하게 전달하였는지 알아보기 위해서 선택했다.

예 1) ST) Then their sister, with much augmented confidence in the efficacy of this sacrament, poured forth from the bottom of her heart the thanksgiving that follows, uttering it boldly and triumphantly, in the stopt-diapason note which her voice acquired when her heart was in her speech, and which will never be forgotten by those who knew her. The ecstasy of faith almost apotheosized her; it set upon her face a glowing irradiation and brought a red spot into the middle of each cheek; (*Tess*, 1991: 74-75)[61]

TT1) 그러자 그들의 누이는 이 세례식의 적법성에 대해 한층 자신감을 갖고, 가슴속 깊은 곳에서부터 터져 나오는 감사의 기도를 올렸다. 그 기도소리는 너무나 씩씩하고 당당해서 목소리에 진심이 담겼을 때 나오는 폐구음전(閉口音栓)의 묵직한

---

61) 본 논문의 텍스트 분석에서 사용한 ST는 Thomas Hardy, Tess of the D'urbervilles, Ed. Scott Elledge(New York: Norton & Company Inc, 1991)에서 발췌하였으며 인용문헌은 Tess 로 표기하며 이 이후 예문에선 인용 페이지만 인용한다.

어조를 띠었고, 그녀를 아는 모든 사람들로서는 결코 잊을 수
없는 음성이었다. 무아지경의 신앙은 그녀를 거의 신격화시켰
다. 그것은 그녀의 얼굴에 빛나는 광휘(光輝)를 드러냈고 양쪽
뺨 한가운데에 홍조를 만들어 냈다.(김보원, 2000: 113)

TT2) 이 세례가 효과가 있을 거라고 확신한 테스는 정성스럽
게 감사의 기도를 올렸다. 마음 깊은 곳에서 우러나온 기도는
맑고 높게 울렸으며 믿음에 도취된 그녀의 얼굴에는 밝은 빛이
감돌았다. 두 뺨은 발그레해졌고…(이동민, 1994: 120)

TT3) 그러자 테스는 이 성례(聖禮)의 효과에 대해 자신이 생겨
신앙의 환희에 넘치자, 하느님처럼 거룩하게 보였다. 그리고 얼
굴엔 밝은 빛이 감돌고…(이진석, 1989: 114)

TT4) 그러자 테스는 이 성례(聖禮)의 효과에 대해서 자신감이
생겨 마음속에서 우러나오는 감사의 기도를 드렸다. 기도 소리
는 마음속에서 우러나오는, 한번 듣기만 하면 잊혀지지 않는
파이프 오르간의 폐구음전(閉口音栓) 같은 높은 소리로 대담하
고 승리에 도취한 듯이 울렸다. 그녀는 신앙의 황홀감에 싸여
서 마치 하느님이나 된 듯했다. 얼굴에는 밝은 빛이 떠오르고
양 볼에는 홍조가 피어났다.(김회진, 1981: 129)

TT5) 세례의 효과에 자신을 얻은 테스는 가슴에서 우러나오는
대로 감사의 기도를 했다. 자기가 하는 말에 정신을 집중할 때
우러나오는 대담하고 울리는 듯한 높은 소리로 그녀는 감사의
기도를 드리는 것이었다. 한번 들으면 잊혀지지 않을, 사람을
감동시키는 음성이었다. 믿음에 도취된 그녀의 모습은 마치 속
세를 떠난 사람처럼 얼굴에는 밝은 빛이 떠오르고, 두 뺨은 붉
게 물들었다.(신대현, 1992: 108)

TT6) 그러자 세례성사의 효능에 자신감이 넘친 아이들의 누나
는 마음속 깊은 곳에서 우러난 감사의 기도를 올렸다. 말과 마
음이 일치할 때 나오는 파이프 오르간의 디아파종 같은 그녀의
목소리는 대담하고 자신만만해져 그녀를 아는 사람이면 결코
잊을 수 없는 소리로 변해 있었다. 신앙의 희열은 그녀를 거의
신의 경지로 승화시켜 얼굴에는 환한 광채가 솟아났으며 양쪽

뺨 한가운데에는 홍조가 떠올랐다.(정종화, 2009: 1권 171-172)
TT7) 세례의 효과에 자신을 얻은 테스는 가슴에서 우러나오는
대로 감사의 기도를 했다. 정신을 집중할 때 폭발할 듯 터져나
오는 대담하고 울리는 듯한 소리로 그녀는 감사의 기도를 드리
는 것이었다. 한 번 들으면 잊혀지지 않을 가슴을 뒤흔드는 음
성이었다. 믿음에 도취된 그녀의 모습은 은혜를 받은 듯 얼굴
에는 밝은 빛이 떠오르고, 두 뺨은 붉게 물들었다. 마치 속세를
떠난 사람 같아 보였다.(이호규, 1991: 109)

상기 예문은 테스가 체이스 숲에서 알렉 더버빌에 의하여 강제로
관계를 맺고 고향 말로트로 돌아와 쏘로우라는 아이를 낳았으나 아
이가 너무 아파서 동생들과 함께 세례예식을 거행하는 부분이다. 테
스는 동생들 앞에서 거룩한 세례의식을 거행하고 그 광경을 바라보
는 동생들은 누이 테스를 거룩한 존재로 여긴다. TT1과 TT4는 다
른 TT와는 달리 세례식을 거행하는 기도소리가 마치 파이프오르간
의 묵직한 음역인 ST의 'the stopt-diapason note'를 한자어인 '폐구음
전(閉口音栓)'으로 번역 처리했다. 번역가가 "시각성(視覺性), 조어력
(造語力), 축약력(縮約力)이 뛰어나게 돋보이는 뜻글자인 한자어"[62]
표현으로 번역하였을 경우 번역본을 읽는 독자들에게 읽기에도 자
연스럽지 못한 결과를 초래하여 가독성의 효과를 떨어뜨릴 수 있다.
TT2와 TT3은 이 부분을 누락함으로써 ST에 대한 성실성마저
저하시켰다. 그리고 TT5, TT6과 TT7은 이 부분을 '대담하고 울리
는 듯한 높은 소리'와 '파이프 오르간의 디아파종 같은 그녀의 목소
리'로 처리하여 옥타브를 뜻하는 디아파종[63]을 음차 번역하는 방법

---

62) 유명우, 2000, p.235.

63) 디아파종은 옥타브를 뜻한다. '모든 현을 통해'라는 뜻의 그리스어 dia pasōn chordōn에서 유
래했다. 중세 음악에서 음계의 모든 음을 포함하는 음정을 말한다. 프랑스에서는 성악 음역

과 문장 내 자연스럽게 목표문화권의 독자를 위해 의미를 충실하게 전달하기 위하여 풀어쓰는 방식을 택했다. 번역가가 TT 독자들에게 익숙하지 않은 전문용어나 한자어를 사용할 경우 우리말답게 자연스럽고 편안함을 주기보다는 오히려 가독성을 떨어뜨리는 결과를 초래할 수 있으므로 신중을 기해야 한다. 이 대목은 사회적으로 큰 반향을 불러일으켰으며 결국 잡지 연재본에 실리지 못한 이유이기도 한 부분이다. 당시에 기독교적 질서에 대한 거센 비판과 저항은 성직자도 아닌 테스가 알렉과의 사이에서 낳은 아기에게 "슬픔"이란 이름을 부여하고 죽어가는 사랑하는 아이를 위해 동생들과 함께 세례를 주는 데서 표현된다. 당시 기독교의 관점에서 보자면 이 세례행위는 기독교에 대한 정면 도전이자 기존의 질서에 대한 저항이었던 것이다.

예 2) ST) "Three Leahs to get one Rachel", he whispered.(113)
TT1) "라헬을 얻으려고 레아 셋을 건네 줬군" 하고 그가 말했다(『성서』 「창세기」에서 야곱은 라헬과 결혼하기 위해 라헬의 언니 레아와도 억지로 결혼해야 했다-역주).(174)
TT2) "당신을 안기 위해 세 사람을 건네준 셈이야."(181)
TT3) 「한 사람을 얻고자 세 사람을 건네 준 셈이야」 하고 사나이는 속삭였다.(149)
TT4) "한 사람의 라헬을 손에 넣기 위해 세 사람의 태아를 건네준 격이로군요."(『구약성서』 「창세기」 제29장) 클레어가 낮은 소리로 말했다.(190)
TT5) "한 사람의 라헬을 얻기 위해 세 사람의 레아를 건네주었

을 가리켰으며, 소리굽쇠와 음높이를 의미하기도 했다. 오르간에서 디아파종은 스톱(stop: 같은 종류의 음색을 내는 파이프 열, 리드 열, 현의 열)을 뜻하며, '열린 디아파종'과 '닫힌 디아파종'의 2종류로 나뉜다. 열린 디아파종에 의한 파이프를 기준열(principals)이라고 한다.
http://preview.britannica.co.kr/bol/topic.asp?article_id=b05d2709a

군"_하고 그가 속삭였다.(159)

TT6) "한 사람의 라헬을 얻기 위해 세 사람의 레아를 건네 준 셈이군."* 그가 속삭였다. (1권 259)(각주 *야곱은 사랑하는 라헬과 결혼하기 위해 그녀의 언니 레아와 먼저 결혼해야 했다. 「창세기」 24장 16-30절 참조)

TT7) "한 사람의 라헬을 얻기 위해 세 사람의 레아를 건네줬소." 그가 속삭였다.(162)

위 예문은 테스와 다른 세 처녀가 일요일 아침에 멜스톡 교회의 예배에 참석하기 위해 가는 중에 비가 와서 냇물이 넘쳐 건너갈 수 없는 상황일 때 맞은편에서 걸어오는 에인젤이 이 광경을 보고 한 사람씩 건네어주면서 테스에게 하는 대화이다. TT2와 TT3은 ST의 'Three Leahs to get one Rachel'를 '구약성경 창세기' 29장 16-30절에 나오는 이삭의 아들 야곱과 외삼촌 라반의 큰딸 레아와 작은딸 라헬에 대한 관련 내용과 사랑하는 테스를 위해 다른 세 명의 여인을 건네어주었다는 에인젤의 내용과의 관련성을 무시하고 '당신을 안기 위해 세 사람을 건네준 셈이야'와 '한 사람을 얻고자 세 사람을 건네 준 셈이야'라고 번역했다. 이로 인해 TT2와 TT3은 ST가 전달하고자 하는 의미를 정확하게 파악할 수 없게 만들었다.

TT5와 TT7은 ST의 문장을 '한 사람의 라헬을 얻기 위해 세 사람의 레아를 건네주었군'으로 직역하여서 원문의 의미전달에는 이상이 없게 번역하였지만, 문장 내 레아와 라헬이 누구인지 관련 내용을 추가로 제공하는 방법들을 취하지 않음으로써 TT 대상 독자들의 이해도 제고는 제대로 이루어지지 않은 번역이 되었다. 그러나 TT1과 TT4는 문장 내에 역주와 각주를 사용하여 야곱과 레아와 라헬의 이야기를 설명하거나 출처를 제공함으로써 에인젤이 테스를 향한 사랑의 깊이가 어느 정도인지 자연스럽게 원문의 의미를 전달하였고, TT를 읽는 대상 독자들에게는 문맥을 더 깊이 이해할 수 있도록 한 충실한 번역이었다. TT6은 관련정보를 각주를 통해서 의미를 충실하게 잘 전달하였으나 관련정보가 창세기 29장 16-30절인데도 창세기 24장 16-30절(야곱의 아버지인 이삭과 레베카의 혼인 이야기)로 잘못 표기하여 번역함으로써 원문에서 인용한 성서인물에 대한 정확성의 결여로 번역본을 읽는 독자들을 오히려 혼란스럽게 만든 번역이 되었다. 번역가는 성서에 등장하는 인물이 연관된 부분들을 번역할 때에는 성서의 내용을 세심하게 살펴서 TT 대상 독자들에게 정확한 의미를 전달하는 충실한 번역을 해야 한다. 번역가가 행한 번역의 결과가 잘못된 경우에는 그 피해는 고스란히 번역본을 읽는 독자가 받기 때문이다.

예 3) ST) No prophet had told him, and he was not prophet enough to tell himself, … 중략 …. Moreover, the figure near at hand suffers on such occasions, because it shows up its sorriness without shade; while vague figures afar off are honoured in that their distance makes artistic virtues of their stains.(208)
TT1) … 중략 … 이를 그에게 가르쳐 준 예언자도 없었고 그 스스로 깨우칠 만한 예지도 없었다. 더욱이 그런 경우에 눈앞에 있는 사람은 가린 것 없이 결점이 드러나기 때문에 손해를 보지만, 멀리서 희미하게 잘 안 보이는 사람은 거리 때문에 오점도 예술적인 장점이 되어 덕을 보는 법이다.(326)
TT2) … 중략 … 테스에게 가르쳐 준 사람도 없었고, 클레어 자신도 그것을 깨닫지 못했다. 게다가 이런 경우 좋은 면보다는 나쁜 면이 더 확실하게 느껴지는 까닭에…(328)
TT3) … 중략 … 어느 예언자도 일찍이 클레어에게 말해준 적도 없었고 또한 예언자도 아닌 그가 알 까닭도 없었던 것이다. 게다가 이런 경우에 가까이에 있는 존재는 그림자도 없이 더러움을 낱낱이 드러내므로 볼꼴 없이 보이지만 반면에 먼 곳에 있는 어슴푸레한 존재는 멀리 떨어져 있는 탓으로 더러운 흠도 예술적인 미점으로서 소중히 여겨지는 법이다.(238)

TT4) … 중략 … 클레어에게 가르쳐준 예언자도 없었고, 또한 예언자도 아닌 그가 자기 자신에게 그렇게 타이를 수도 없었다. 게다가 이런 경우, 눈앞에 있는 존재는 가리워진 것 없이 나쁜 면만을 모두 드러내 보이므로 손해를 보기 쉬운 반면, 멀리 떨어져 있는 존재는 어렴풋한 모습만을 보이므로 그 결점도 예술적 아름다움으로 미화되어 덕을 보는 법이다.(346)

TT5) … 중략 … 에인젤한테 가르쳐 준 학자도 없고, 또 스스로도 깨닫지 못했다. 뿐만 아니라 그런 경우에 머리에 쉽게 떠오르는 것은 가리는 것 없이 적나라하게 드러난 나쁜 면의 인상이었다. 그러나 정체를 알 수 없게 멀리 떨어진 것은 모든 것을 흐릿하게 보이게 하므로, 결점도 아름다운 미점으로 보이게 한다.(288)

TT6) … 중략 … 어느 예언자도 그에게 말해 주지 않았으며 스스로 그런 것을 깨달아 알 수 있을 만큼 자신이 예언자도 아니었다. 더구나 이런 경우에는 가까이 있는 사람이 불리한 입장에 서게 되는데, 그것은 보호막 없이 유감스러운 모습을 그대로 노출하기 때문이다. 반면 멀리 떨어져 있어 모습이 분명하지 않은 사람이 존경되는 것은 거리가 결점을 예술적 덕목으로 승화시키기 때문이다.(2권 75)

TT7) … 중략 … 클레어한테 가르쳐 준 학자도 없고, 또 자기 자신이 깨닫지도 못했다. 뿐만 아니라, 그런 경우에 머리에 쉽게 떠오르는 것은 가리우는 것 없이 드러내진 나쁜 면의 인상이었다. 그러나 정체를 알 수 없게 멀리 떨어진 것은 모든 것을 흐릿하게 보이게 하므로 결점까지도 아름다움으로 만들어 보인다.(295-296)

상기 예문은 에인젤 클레어가 테스와 결혼하고 난 뒤 테스의 과거로 인해 서로 헤어져 있기로 합의를 하고 집에 와서 부모님과 여인의 순결에 관해서 말하는 부분이다. TT2는 다른 TT와는 달리 ST의 'Moreover, … 중략 … that their distance makes artistic virtues of their stains'를 누락했다. 특히 이 부분은 에인젤 클레어가 테스를 자신이 속한 계층보다 더 낮은 계층에 속하는 사람으로 평가하면서 테스의 과거를 듣고 테스를 위선자이자 사기꾼으로 평가하는 부분과 연결되는 부분인데 TT2에서는 아예 이 부분을 완전히 생략하여 처리하여서 선진적인 사고를 지니고 있는 에인젤의 도덕관이 무엇인지를 파악하기가 불가능하게 했다. 더욱이 TT2는 원문 텍스트의 'No prophet had told him'이 「욥기」, 「전도서」와 함께 『구약성서』의 지혜문학에 속하는 서적인 「잠언」 31장 10-31절(훌륭한 아내)에 나오는 마싸 임금 르무엘 왕의 어머니가 아들 르무엘에게 훌륭한 아내는 어떤 여인인지 가르쳐주는 부분과 연결되는 부분이다. 이 이야기의 의미는 테스는 르무엘 왕의 칭찬을 받아도 부족하지 않은 여인임에도 이러한 아내의 모습에 대해 어느 누구도 에인젤에게 가르쳐주지 않았다는 것을 설명하는 부분이다. 그런데 TT2는 이 부분에 나오는 'him'을 클레어가 아닌 테스로 처리하는 오역의 결과까지 초래하여 TT 대상 독자들에게 잘못된 의미를 전달했다. 번역가는 원문의 의미를 정확하면서도 충실하게 전달하기 위해서는 앞뒤 문맥의 의미를 면밀하게 살피고 파악해서 그 의미하는 바를 정확하게 번역본 독자들에게 전달해야 한다.

예 4) ST) In jumping at <u>publicans and sinners</u> they would forget that a word might be said for the worries of <u>scribes and</u>

pharisees; and this defect or limitation might have recommended their own daughter-in-law to them at this moment as <u>a fairly choice sort of lost person for their love</u>.(236-237)

TT1) 그들은 '세리(稅吏)'와 '죄인'들은 흔쾌히 동정하면서도 '율법학자'와 '바리새인'들의 근심을 위로해 줄 수 있는 말 한 마디는 잊어버리곤 했다. 그들의 이와 같은 결함 혹은 한계 덕분에 그들의 며느리는 이 순간 그들의 사랑을 펼칠 수 있는 <u>잃어버린 양</u>으로 당연히 선택될 수도 있었을 것이다.(370)

TT2) 독단적인 그들은 '학자'나 '위선자'들의 고민에 대해서는 냉정했지만 '세리'나 '죄 많은 사람'에 대해서는 아낌없는 동정을 베풀었으므로, 그러한 그들의 성격이 테스에게는 오히려 유리할는지도 몰랐다. '돌아온 탕자'를 용서하는 아버지와 같은 너그러움으로 그들은 분명 테스의 허물을 용서해 주었으리라.(370)

TT3) <u>죄 많은 사람</u>에게는 동정을 아끼지 않으나, <u>위선자</u>의 고민에 대해선 한마디나마 위로해 줘야 한다는 것을 잊기 쉬웠다. 그러므로 이런 허물이랄까, 옹졸한 성품이랄까, 그런 것이 오히려 이번 테스의 경우에 도움이 되어, 두 늙은이는 자기들의 며느리가 <u>길을 잘못 디딘 사람</u>치고는 똑똑한 편이어서, 자기네들의 사랑을 받을 자격이 있다고 생각했을지도 모른다.(258)

TT4) 그들은 '세리(稅吏)'나 '죄 많은 사람'에게는 동정을 쏟았으나 '학자'나 '위선자'들의 괴로움에 대해서는 한 마디 위로의 말조차 해줄 생각이 없었다. 그러므로 편협하고 고집스럽다고 할 수 있는 노부부의 그런 성격이 오히려 테스에겐 도움이 되어, 자기들의 며느리가 <u>길을 잘못 든 사람</u>치고는 훌륭한 편이어서 오히려 자기들의 사랑을 받을 만하다고 생각했을지도 모른다.(392)

TT5) 세무관리나 죄인들에겐 동정을 베푸는 그들도 <u>학자나 위선자</u>들은 거들떠보지 않는다. 그러니까 노부부의 편견과 아집이라고 할 수 있는 그런 성질이 <u>길 잃은 양</u> 같은 테스의 처지를 오히려 구원받을 만하다고 생각했을지도 모른다.(324)

TT6) '세리'와 '죄인'들을 위해서는 동정의 마음을 쏟으면서도

‘서기관’과 ‘바리새인’들의 근심을 위해서는 한마디의 위로의
말도 잊고 사는 사람들*이었기 때문에, 그들의 이런 결점 내지
한계점이 바로 이런 순간에 며느리를 그들의 사랑을 받을, 길
잃은 사람의 좋은 표본으로 만들 수도 있는 일이었다.(2권 136)
(각주 * 「마가복음」 2장 16절 참조)
TT7) 세무 관리나 죄인들에겐 동정을 베푸는 그들이지만 학자
나 위선자들은 거들떠보지 않는다. 그러니까 노부부의 편견과
아집이라고 할 수 있는 그런 성질이 테스의 처지를 오히려 구
원해 주어야 한다고 생각했을지도 모른다.(334)

위 예문은 테스가 결혼 후 에인젤과 헤어지고 홀로 생활하는 것
이 너무 힘들어서 에인젤 클레어의 아버지에게 도움을 요청하기 위
해 에민스터 사제관에 도착한다. 테스는 에인젤 형 중 한 명이 자신
이 감춰둔 장화를 거지가 버린 신발로 판단하자 에인젤 형들의 이
해할 수 없는 행위로 에인젤의 아버지를 판단하고 난 뒤 시아버지
를 만나지 않고 돌아오는 부분이다. TT2는 ST에 전혀 없는 ‘독단적
인’이라는 어휘를 임의로 첨가함으로써 에인젤의 부모의 성품을 원
문의 의도와는 전혀 상관이 없이 번역하여 정확성이 결여된 결과를
만들었다. 또한 TT2는 ‘그들의 사랑을 펼칠 수 있는 잃어버린 사람
으로’라는 의미를 지닌 ST의 ‘a fairly choice sort of lost person for
their love’를 신약성경 「루카 복음서」 제15장에 나오는 ‘두 아들을
둔 아버지의 비유’에 나오는 돌아온 탕자(The Return of Prodigal
son)64)와는 전혀 상관관계가 없음에도 인용하여 과잉번역을 함으로

---

64) ‘두 아들을 둔 아버지의 비유’에 나오는 ‘돌아온 탕자’는 신약성경 복음서 중 「루카 복음서」
15장 11-32절의 이야기이다. 루카 복음서에서 ‘양의 비유’와 ‘은전의 비유’에 곧바로 연결된
‘두 아들을 둔 아버지의 비유’는 40여 가지나 되는 예수의 비유들 가운데 그 구성이 가장 잘
짜이고 내용이 가장 뛰어나다. 두 아들 중 한 아들이 아버지한테서 자기 몫의 재산을 미리
받아가지고 머나먼 타지로 떠나 방탕한 생활로 유산을 다 탕진한다. 할 수 없이 남의 집 더
부살이로 연명을 하지만, 누구도 그를 동정하여 도와주는 사람이 없다. 아들은 그때야 비로

써 원저자의 의도를 손상시키는 결과를 초래했다.

그리고 TT1과 TT6을 제외한 다른 TT는 신약성경에서 자주 등장하는 ST의 'scribe'을 '바리새인'과 더불어 독단과 위선의 대명사인 '율법학자 또는 서기관'으로 '세리와 죄인'과 비교되는 사람들인데 단순히 학자로 평이하게 번역하여 원문이 주는 의미를 TT 대상 독자들에게 제대로 전달하지 못했다.65) 그러나 TT1과 TT6은 에인젤 아버지의 성직자로서의 품성의 의미를 살려서 원문이 전달하고자 하는 의미를 제대로 번역하였고 번역본을 읽는 독자로 하여금 에인젤의 아버지가 어떠한 품성의 소유자인지 정확하게 인지할 수 있도록 TT 대상 독자를 위한 의미의 충실성의 측면에서도 효과적으로 번역했다. 그리고 TT6은 신약성경의 4대 복음서 중 하나인 마가복음 2장 16절의 각주를 통한 관련 내용의 출처를 밝힘으로써 원문에 충실하게 섬세한 번역을 실현하였고, 번역본을 읽는 독자의 이해를 높이는 측면에서도 적절한 번역이다.

소 정신이 들어 아버지한테로 돌아가기로 한다. 멀리서 아들이 돌아오는 모습을 본 아버지는 측은한 생각이 들어 달려가 아들을 포옹한다. 그리고 아버지는 하인들을 불러 "어서 제일 좋은 옷을 꺼내어 입히고 가락지를 끼우고 신을 신겨주어라. 그리고 살찐 송아지를 끌어내다 잡아라. 먹고 즐기자! 죽었던 내 아들이 다시 살아 왔다. 잃었던 아들을 다시 찾았다"라고 말한다. 죄를 뉘우치는 아들에 대한 아버지의 지극한 사랑과 용서 그리고 포옹이며, 인간에 대한 한없는 자비로운 하느님의 애틋한 사랑에 대한 이야기이다(정태현, 2010, pp.47-63).

65) Pharisee(바리새인)는 모세의 율법과 부활, 천사, 영의 존재를 믿었다. 위선자를 비유적으로 이르는 말이다. Scribe은 '서기관'이나 '율법학자'로 표기되며 율법학자는 신약성경 시대에 모세의 율법에 정통한 전문가로서 율법을 실생활에 적용하는 의무를 가지고 있었다. 그들은 율법을 상세히 연구하고 꼬치꼬치 파고들었다. 예수는 신과 이웃을 사랑하기보다 율법에만 집착하는 그들의 태도를 비판했다. 예수는 그들을 바리새인과 같은 부류로 보고, 둘 다 독선과 위선에 가득 차 있다고 힐난했다(한국 천주교 주교회의 성서위원회, 2005, p.60).

2.4. 분석 결과

번역 사례를 토대로 분석해본 결과 번역가가 원저자와 관계없이 원문의 내용을 스스로 판단하여 번역할 경우엔 그 의미의 손실은 그대로 독자에게 전달하는 것이기에 신중히 번역해야 하며 원문의 충실성을 최대로 유지하면서 의미적 등가를 실현시켜야 한다. 그리고 일부 번역본의 번역가는 문화가 상이한 TT 독자들의 이해도 제고를 위해서 텍스트 내에 역주와 각주를 넣어 관련정보를 제공하는 전략을 활용하여 원저자가 의도하는 의미의 충실성을 최대한 존중하면서 적절하게 번역한 것으로 확인되었다. 그러나 일부 다른 번역본에는 성경 속의 사건과 인물들을 다르게 이해함으로써 오히려 번역대상 독자들을 혼란시키는 결과도 존재했다. 그뿐만 아니라 번역가가 텍스트 내 관련 정보 제공의 방법을 전혀 사용하지 않고 번역함으로써 원저자의 의도가 정확하게 전달되지 않은 경우도 많은 부분에서 나타났다. 특히, 성경의 구절과 주인공 테스와의 비교 등에 대한 원문의 부분에 대해서 생략 또는 삭제의 전략[66]을 사용한 번역본들은 TT 대상 독자의 충실성과 ST의 충실성을 현저하게 저하시키는 결과를 초래한 것으로 드러났다.

번역본 중 김보원 번역본(TT1)과 정종화 번역본(TT6)은 모든 연령층이 읽을 수 있도록 의미의 첨가, ST의 생략 또는 삭제 및 오역 등이 없이 원저자의 의도를 가장 잘 전달하였고, TT 내에 역주와 각주를 통한 역사적 인물, 성서의 구절 등을 외적으로 명시화하여 독자들이 이해하기 쉽게 설명했다. 그러나 두 번역본은 TT의 독자

---

66) 생략은 원전의 내용을 의도적으로 일부를 줄이거나 빼는 번역전략을, 그리고 삭제는 원전의 내용을 의도적으로 깎아 없애거나 지워버리는 번역전략을 의미한다(전현주, 2009, p.259).

가 이해하기 쉽지 않은 한자어를 많이 사용하여 다소 불편함이 있지만 다른 번역본들에 비해 ST의 충실성을 바탕으로 번역 대상 독자들을 위해 ST의 의미를 충실하게 전달한 작품이다. 이와는 달리 다른 TT에서는 번역가의 번역전략의 일환으로 ST의 부분들을 생략 또는 삭제하거나 내용을 임의적으로 첨가하여서 충실성이 신뢰할 수 없는 부분도 눈에 띄었다. 특히, 이동민 번역본(TT2), 이진석 번역본(TT3)과 신대현 번역본(TT4)은 어려운 용어가 들어 있는 구문은 생략하거나 앞의 구문의 의미에 포함해서 번역하는 전략을 취하여 ST의 충실성은 물론 번역 대상 독자의 충실성을 저하시키는 결과 또한 초래했다.

이와 같은 분석의 결과를 볼 때 번역가는 TT 독자를 위하여 의미를 충실하게 전달하기 위해서는 ST의 정확성을 바탕으로 번역해야 한다는 것이다.

2.5. 결론

본 논문은 번역의 평가에 있어서 중요한 축인 ST의 충실성과 번역 대상 독자를 위한 의미의 충실성 전달에 대한 이론적 배경을 중심으로 토머스 하디의 작품 『Tess of the D'urbervilles』의 번역본 일곱 종을 비교 분석했다. 이 소설은 자신의 가문이 몰락한 더버빌가의 후손임을 알고 허세만 부리는 알콜성 중독 증세를 보이는 부모 밑에서 자란 테스가 가족을 부양하기 위해 부유한 친척 알렉 더버빌을 찾아가면서 시작되는 비극을 그리고 있다. 그리고 그곳에서 테스는 알렉에게 순결을 잃고 사랑하는 연인 에인젤에게서 거부당한 후 온갖 고초를 당하고 결국 알렉을 살해하여 교수형에 처해진다는 이야기이다.

하디는 작품 전반에 주인공 테스를 통해 당시의 빅토리아조의 인습과 기독교 사상에 대해 비판을 가하고 테스 본인의 의지와는 상관없이 운명이나 유전 등 그 어떤 내재적 의지에 의해 조정되면서 비극적 상황들을 맞이하게 된다는 것을 강하게 묘사 했다. 특히, 하디의 작품 『더버빌가의 테스』에서는 전지적 작가 시점을 통해서 주인공 테스와 관련된 운명론적 슬픔과 애절함을 작품 전반에 처절하게 보여주고 있다. 하디는 전지적 작가 시점을 통해서 테스에게 다가오는 비극을 보여주면서 때로는 테스가 처한 처절한 슬픔을 성서의 내용과 결부시켜 설명하는 기법을 사용한다. 그런데 분석한 번역본 중 이동민 번역본과 이진석 번역본에서는 이러한 성서의 내용과 결부된 서술자의 부분이 누락되거나 충실하게 번역이 되어 있지 않아서 ST가 전하고자 하는 의미를 TT를 읽는 대상 독자가 정확하게 인지할 수가 없게 만들었다. 번역가는 원저자가 작품을 통해서 전달하고자 하는 ST를 TT 대상 독자에게 충실하게 전달하지 않으면 번역본을 읽는 대상 독자는 원저자가 전하고자 하는 문학적인 맛을 인지할 수가 없게 된다. 그러므로 번역가는 ST를 정확하게 이해하고 그 이해한 바를 충실하게 전달하여 TT를 읽는 대상 독자가 번역본을 통해서 문학적인 감흥을 느낄 수 있도록 해야 한다.

특히 하디의 작품과 같은 문학 텍스트를 번역함에 있어서 번역가들은 원문에 함유되고 있는 원저자의 의도를 정확히 파악하여 TT 대상 독자에게 전달하는 것은 무엇보다도 중요한 과제이자 의무이다. 원저자의 의도가 함유되어 있는 "문학 텍스트의 번역은 아무리 정확하고 충실하게 번역이 이루어졌다 하더라도 그 결과물이 독자들에게 문학 텍스트로서의 정서적 감흥을 불러일으키지 못한다면 결코 잘된 번역이라 할 수 없다."[67] 그리고 문학 텍스트 번역은 외국작품을 직접적으로 읽기 힘든 독자들을 위한다는 점도 있지만, 비교문학의 시각에서 외국문화가 그대로 함유되어 있는 외국문학작품을 우리의 문화적인 이해로 옮기는 것이기에 더욱더 힘들며 고통스러운 것일 수 있기 때문이다. 언어와 문화는 시대의 흐름에 따라 변화하고 다양화될 수 있기 때문에 그러한 변화에 따라 TT도 변화해야 하는 것이 당연한 시대적 사명일 것이다.[68] 번역가는 이러한 시대적 흐름에 역행해서도 안 되는 것이다.

문학작품을 번역함에 있어서 번역가는 다양한 번역의 방법을 수립해서 원작이 지니고 있는 메시지를 정확하고 충실하게 TT를 읽는 독자에게 전달하여서 TT를 읽는 독자로 하여금 ST를 읽는 것과 같은 동일한 효과를 느끼게 하는 것이다. 이를 위해서 번역가 자신역시 원작이 지니고 있는 문학성을 손상시키지 않고 우수한 번역본을 구현하기 위해 노력을 기울여야 할 것이다. 그리고 문학작품을 번역하는 번역가는 어떠한 번역의 방법을 추구하는가에 따라서 그 번역의 결과물은 다양하게 생산할 수 있지만 무엇보다도 소중한 것은 원작을 훼손하지 않으면서 TT 독자들의 이해도 제고를 위한 번역의 방법을 선택해서 실현시켜야 한다. 번역가들이 이러한 번역의 방법을 택하여 번역을 할 때 우리의 번역문학은 더욱더 풍성하게 발전하게 될 것이기 때문이다.

---

67) 김순영, 2010, p.94.
68) 이은숙, 2011, p.122.

◆ 03 ◆

문학번역의 연구

3.1. 문학 텍스트의 정의

문학 텍스트의 경우에는 원저자의 메시지가 함축되어 있는 표현적 텍스트이어서 비문학작품 텍스트와는 달리 번역하기가 훨씬 복잡하다. 문학 텍스트는 정보전달에 중점을 두는 비문학 텍스트와는 달리 문학 텍스트만이 지니고 있는 특수성을 전제하고 이야기하지 않으면 자칫 혼동이 생길 수 있다. 말하자면 발터 벤야민(Walter Benjamin)의 유명한 주장과도 같이 문학 텍스트에서 전달해야 하는 이른바 의미는 미끄럽고 유동적이고 포착하기 어려운 어떤 것이다.[69]

이와 같이 문학 텍스트의 번역은 다른 여타 텍스트들과는 달리, 원문 텍스트와 번역문 텍스트 간에 존재하는 상이한 언어적 체계뿐만 아니라 문화적인 차이 등 여러 상이한 점들로 인하여 원저자가

---

69) 발터 벤야민은 "의미는 결코 개별적 단어나 문장과 같은, 상대적인 독립성에서 찾아지지 않는다. 오히려 의미는 끊임없이 유동(遊動)하다가, 때가 되면 모든 다양한 의도의 모드들이 만들어내는 조화 속에서 순수한 언어로서 모습을 나타낸다"라고 주장했다. 또한 그는 "문학창작과 달리 번역의 자리는 언어의 숲 한가운데 있는 게 아니라 바깥에 서서 숲이 무성한 산마루를 바라보고 있는 곳에 있다. 번역은 숲속으로 들어가지 않고 숲속을 향해 외친다. 메아리가 울려 퍼져 낯선 언어로 되어 있는 작품을 자국어로 공명하게 해줄, 바로 그 표적의 한 점을 겨냥하는 것이다"라는 비유를 통해서 텍스트의 의미가 번역가의 읽기를 통해 재구축되는 과정의 메커니즘을 훌륭하게 묘사했다(김선형, 「문학번역의 이론과 실제 그리고 평가-번역가의 입장에서」, 『영미문학연구회』, 2008, pp.65-66 재인용).

독자들에게 전하고자 하는 메시지를 쉽사리 제 모습을 확연하게 드러내 보이지 않고 오히려 언어의 촘촘한 그물망 속에 숨어 있기 마련이다. 따라서 이러한 특성을 가지고 있는 문학 텍스트를 번역하려는 번역가는 원문 텍스트와 번역문 텍스트에 대한 풍부한 지식을 갖추고 있어야 하는 것은 물론이거니와, 그렇게 내재하고 있는 것을 눈치채고 표출시키는 능력도 갖추고 있어야 한다. 이러한 특징은 문학번역을 평가하는 주된 잣대로 사용해왔던 원문 텍스트의 '충실성(faithfulness)'과 번역문을 읽는 독자들을 위한 '가독성(readability)'이라는 두 가지 기준이 과연 어디에 근거하고 있는 것인지 다시 한번 생각해볼 여지를 남기는 질문이기도 하다.

한 번역가가 번역을 수행할 때, 혹은 연구자가 번역결과물을 평가할 때 원문 텍스트에 대한 충실성을 가장 큰 주안점으로 삼는다면, 이 '충실성'이란 과연 원문 텍스트를 이루는 수많은 요소들 중 어떤 요소에 대한 충실함을 가리키는가? 또한 번역문 텍스트의 '가독성'을 주안점으로 내세울 때 우리가 그 주체로 삼는 독자의 상, 독자의 '가독' 수준은 어느 것이며, 그리고 무엇을 기준으로 설정되는 것인가? 결국, 한 작품의 번역이 어느 정도의 완성도를 갖추고 있느냐 하는 평가는 원문 텍스트가 말하고자 하는 바를 번역가가 얼마만큼 이해하였고, 어떠한 번역의 전략을 세워 어디에 중점을 두어 번역하였는가라는 '번역비평'의 차원을 벗어나서는 결코 이루어질 수 없는 일이다.[70]

---

70) 제임스 홈스(James Holmes)는 번역비평이란 기본적으로 번역 텍스트의 '해석' 및 '평가'를 포괄하는 개념이라 설명하며 비평가의 주관성이 개입할 가능성을 염려했다. 그리고 제레미 먼데이(Jeremy Munday)는 번역비평이란 '학생들의 번역물 점검'과 '출판번역물의 검토'를 포괄하는 번역물의 평가라고 정의했다(전현주, 『번역비평의 패러다임』, 한국학술정보, 2008, pp.28-29 재인용).

이를 충분히 논하지 않고서는 '충실성'과 '가독성'이라는 개념은 사용하는 이가 의미하고자 하는 바에 따라 얼마든지 다양한 기준으로 사용될 수 있으며, 심지어 동일한 번역의 예 혹은 번역전략을 놓고서도 정반대의 평가로 작용할 수 있을 위험을 무릅쓰게 되는 것이다.[71]

본 연구에서는 문학번역의 연구에 있어서 충실성과 가독성으로 양분되는 번역 이론들이 실제로 번역본들에 어떻게 적용되었는지, 어떤 관점으로 평가될 수 있는지 고찰해보기로 한다.

3.2. 이론적 배경

현대 인류는 물질문명의 안이함에 젖어 물질만능주의를 추구하고 있는 경향이 짙다. 따라서 전통적 가치관은 전도되고 인간 중심의 인본주의는 무너졌다. 이러한 상황에서 인간성을 승화시키기 위해서 문학작품은 중요한 역할을 수행한다. 문학작품 번역의 필요성은 바로 여기에 있다. 번역은 원문 텍스트를 이해, 분석하고 번역등가를 찾아서 원문 텍스트에 상응하는 번역문 텍스트를 생성하는 창조적 활동이다.[72] 이러한 번역의 등가작업을 통해서 번역문 텍스트를 생성하는 창조적인 활동인 번역작업은 엄밀한 의미에서는 불가능하나 과거부터 이뤄지고 있다. 김순영은 "더구나 어느 한 시대 한 지역 한 사회의 언어와 문화가 결합하여 생성된 결과물인 문학작품을 번역한다는 것은 번역가에게 있어 매우 까다롭고 어려운 일이다"라고 주장한다.[73] 그러므로 문학작품을 번역하기 위해 중요한 것은 원문 텍

---

71) 김희진, 「문학번역의 충실성 개념 재고-『이상한 나라의 앨리스』에 나타난 음성적 언어유희의 한국어와 프랑스어 번역을 중심으로」, 『통번역학연구』, 제13권 2호, 2010, pp.83-84.

72) 김효중, 『새로운 번역을 위한 패러다임』, 푸른사상, 2004, pp.126-127.

73) 김순영, 「한영 문학번역에서 문맥과 문화적 암시정보(cultural subtext)의 처리」, 『통역과 번역』,

스트와 번역문 텍스트 사이에 존재하는 문화적인 차이를 극복할 수 있는 최적의 등가를 찾아내서 옮기는 작업이 우선적으로 필요하다.

번역이란 원문에 함유되어 있는 모든 구성요소를 있는 그대로 번역문 텍스트를 읽는 독자들을 위해 구현해주어야 하는데, 이것은 불가능하므로 원문과 번역문의 차이를 최소화하는 최적의 등가를 찾아 표현해주는 것이 무엇보다도 중요하다. 특히, 문학 텍스트는 미학적 작용을 가장 중요시하는데 여기에 번역의 어려움이 따른다. 그래서 표현형식의 원칙이 고려되어야 하고 그러한 원칙에 따라 그와 비슷한 문학적 감흥을 일으키는 번역문의 등가를 찾아야 한다. 이러한 미학적 특성을 고려한 번역인 문학번역의 중요성은 더욱더 중요시되는 것 또한 사실이다. 그러나 문학이론서에서 취급되는 작품은 문제작인 경우가 많으므로 문학이론서를 번역할 때 작품번역에 있어서 각별한 주의를 요하며, 번역가는 무엇보다도 원작을 정확하게 이해해야 하는 것이 필요하다. 그리고 문학이론이 전개되는 과정에서 인용되는 작품의 단 몇 줄이라도 신중히 고려하여 번역해야 한다. 따라서 문학작품 번역에 관한 이론도 아울러 깊이 섭렵할 필요가 있다.[74] 이렇듯 번역에 관한 논의는 원문 텍스트에 깊이 있게 녹아 있는 원저자의 의미를 어떻게 구현시키는가에 중심을 두고 있으며, 문학번역인 경우에는 원저자의 문학성이 깊이 함유되어 있는 원문 텍스트의 충실성으로 집결되면서 번역가가 엄격하게 글자 그대로의 번역을 해야 하느냐 아니면 원문 텍스트가 말하고자 하는 의미를 중심으로 번역본을 읽는 독자들 중심으로 번역해야 하느냐의 문제가 논란의 대상이 되어왔다.

제14권 1호, 2010, p.12.

[74] 김효중, 『번역학』, 민음사, 1998, pp.273-276.

문학번역의 독자 지향적 경향으로 번역가들이 독자들에게 친숙하지 않은 어휘와 구문을 사용할 경우 출발어의 문체적 특성이 도착어에 잘 반영되지 않으면서, 문학성의 훼손이 야기될 수 있다. 이러한 문학 텍스트의 문학성 훼손을 방지하기 위해서 원저자가 전달하고자 하는 메시지를 잘 파악해야 하고, 다양하고 적절한 어휘와 구문을 사용함으로써 저자의 스타일을 번역본을 읽는 독자들의 언어인 도착어에 잘 반영하도록 해야 할 것이다. 또한 문학작품은 작가만이 가지고 있는 사상을 표출하는 주관적이고 개인적인 세계에서 비롯되는 것이어서 엄밀한 의미에서는 객관적인 지시대상 근거를 갖지 않는다고도 할 수 있다. 그러므로 번역가들이 문학작품을 번역할 때에는 무엇보다도 독자의 입장에서 원저자의 세계를 충분히 이해해야 하며, "작가의 개인적인 독서와 삶의 체험, 지식, 문화 특유의 서술체계에 대해 공유된 지식에 의거해야 한다. 번역가는 우선 원작의 작품성을 충분히 이해하는 것이 무엇보다도 필수 선결 요건이다."[75] 이렇듯 원저자의 사상이 표출되어 있는 문학 텍스트가 복잡한 구조로 이루어져 있기 때문에, 번역가들은 텍스트 외적 요소에 대한 치밀한 분석을 통해 작품을 올바로 이해해야 할 필요가 있으며, 출발어의 내용만이 아닌 미적 요소들도 도착어에 잘 반영되도록 번역을 해야 할 것이다. 문학번역에 있어서 원문 텍스트에 대한 단순한 직역의 경우에는 타문화의 이해와 감동을 전달하는 효과가 줄어들 수 있기 때문에 유념해야 한다.[76] 원저자의 의미가 함유되어 있는 문학 텍스트를 번역하는 번역가는 무엇보다도 원작에 대한 정확한 이해

---

75) 박수현, 「댄 브라운의 『다빈치 코드』 번역 연구-충실성과 문학장르의 특징을 중심으로」, 부산 외국어대학교 석사학위논문, 2009, p.22.

76) 최진혁, 「문학번역의 언어 내외적 접근-『프랑켄슈타인』 번역 사례를 중심으로」, 한국항공대학교 석사학위논문, 2008, p.16.

가 선행되어야 하며 그렇게 이해한 바를 어떠한 방법으로 번역문 텍스트를 읽는 독자들에게 작품의 내용이 실제로 일어나는 것처럼 번역해야 할지 고심을 해서 번역해야 한다. 여기에 번역가의 어려움이 존재하는 것이다. 이러한 고심이 없이 단순히 번역을 하는 경우에는 문학적인 기쁨을 전달할 수도 없고 오히려 원저자가 전하고자 하는 문학성마저 훼손하는 경우를 가져올 수 있다. 이러한 번역가의 어려움은 번역비평의 중요한 축으로 자리 잡고 있는 원문 텍스트에 대한 충실성과 번역문 텍스트에 대한 가독성과 연결되어 있다.

번역에는 하나의 옳은 번역만이 존재하는 것이 아니기 때문에 이상적인 좋은 번역이란, 원저자의 문학적 정서가 구현되어 있는 원작에 보다 더 충실하면서 동시에 번역문 텍스트를 읽는 도착어 독자들이 편안하면서도 자연스럽게 읽을 수 있는 번역이라 할 수 있다. 그러므로 번역가들은 번역을 하면서 원문 텍스트의 충실성과 번역문 텍스트를 읽는 도착어 독자들을 위한 가독성을 모두 고려한 번역을 하기 위해 끊임없는 노력을 기울여야 한다. 이 충실성과 가독성의 개념은 직역과 의역의 관계처럼, 번역가가 번역을 함에 있어서 자신의 번역전략에 따라 선택할 수 있는 선별적인 대상이 아니라 반드시 실현해야 하는 것으로 두 개념이 상하의 관계가 아니라 선후의 관계에 있다고 할 수 있다. 다시 말해서 원문 텍스트에 대한 충실성이 우선적으로 보장이 되고 그다음에 가독성의 문제가 해결되어야 한다는 것으로, 만약 충실성이 전제되지 않은 가독성의 실현은 원작이 존재하는 번역 작품이 아니라 새로운 창작 작품이 되는 것이기 때문이다.[77] 즉, 문학작품을 번역하는 번역가는 충실성과 가독성 모두를 숙고하여서 제대로 표현하는 것이 번역가의 의무이자

---

77) 김경희, 「문학번역에서의 충실성 문제」, 『통역과 번역』, 제12권 1호, 2010, pp.23-24.

사명이다. 번역가는 어느 것 하나라도 대충해서는 안 되며 어느 측면만을 더욱더 강조해서 다른 측면을 경시해서도 안 되므로 항상 원저자의 의미가 함유되어 있는 원문을 정확하게 전달하는 충실성과 번역문 텍스트 대상 독자가 자연스럽게 읽을 수 있는 가독성을 지니고 있는 번역물을 생산하기 위해서 노력해야 하는 것이다.

이처럼 원저자의 메시지가 함유되어 있는 원문 텍스트의 의미를 손상하지 않고 전달하는 '충실성'과 번역문 텍스트를 읽는 대상 독자들에게 편안하면서도 자연스럽게 읽히게 하는 '가독성'에 대해 수잔 바스넷(Susan Bassnett)은 "충실성에 대해 번역가가 원작을 읽고 이해하는 능력에 연관된 것이지 원작에 얼마나 충실한가 하는 종속적 개념에 의존하지는 않는다"라고 설명하였고,[78] 루이스 켈리(Louis Kelly)는 번역이론의 역사를 세부적으로 조사하며 17세기 말에 이르러서야 '충실성'의 개념을 원저자의 단어를 따르기보다는 오히려 의미의 충실함을 중심적 가치로 인식했다. 그리고 '충실한 번역(faithful translation)'에 대해서 피터 뉴마크(Peter Newmark)는 다음과 같이 설명했다.

> 목표언어의 문법구조에 적절하도록 번역하면서 원천 텍스트의 정확한 의미를 재현하려는 번역방법이라고 표현했다. 문화와 밀접한 관련이 있는 어휘는 소리 나는 대로 그대로 옮겨 '음차 번역'하고, 원천 텍스트에 쓰인 원천언어가 원천언어 내의 문법이나 어휘의 쓰임에서 잘 쓰지 않는 표현이라 하더라도 그대로 옮겨주며, 원저자의 의도와 원저자가 쓴 텍스트의 실현에 전적으로 충실해야 한다고 설명한다.[79]

---

78) Susan Bassnett-McGuire, *Translation Studies,* Methuen, London, 1980, p.53.

79) 이은숙, 「문학번역 평가의 문제: 충실성과 가독성을 중심으로」, 『통역과 번역』, 제10권 2호, 2008, p.86 재인용.

그는 원작을 번역하는 번역가는 원저자의 의미가 함유되어 있는 원문 텍스트를 충실하게 번역하여야 하고, 원천어의 문화적인 성격의 어휘가 번역문 텍스트 독자에게 낯설게 느껴질 경우에는 소리나는 대로 음차 번역해서 원저자가 전하고자 하는 메시지를 정확성을 가지고 전달하는 것이 중요하다고 강조했다. 호레이스(Horace)와 키케로(Cicero)는 "번역을 통하여 그들 자신의 모국어와 문학을 풍부하게 만든다는 기본적인 원칙 때문에 '충실함'을 더욱 엄격하게 의식하여 출발어에 가깝도록 하기보다는 도착어로 쓰인 번역의 미학적 가치 판단의 기준"을 역설했다.[80] 그리고 원문 텍스트의 충실성에 대해서 포르투나토 이스라엘(Fortunato Israël)은 "원문과 번역문을 비교하게 되면 주종의 서열관계에 얽매이게 되고 번역은 '시녀'로 전락해 원문, 원저자의 말하고자 하는 바를 중점적으로 살피게 되어 결국 출발어의 특수성, 다시 말해서 충실성을 우선적으로 중시하게 된다"라고 주장했다.[81] 이러한 원문 텍스트의 충실성과 목표 텍스트의 가독성의 논쟁에 대해 슈톨제(Stolze)는 다음과 같이 주장했다.

---

80) Susan Bassnett-McGuire, 앞의 책 pp.43-44.

81) Fortunato Israël, 이향·편혜원·김도훈 역, 『통번역과 등가』, 한국문화사, 2004, p.353.

초기의 번역가들은 더욱이 그들의 방법론을 세웠지만, 하나의 특수한 언어사용으로서 번역행위를 이론적으로 파악하고 학문적으로 기술하는 것은 아직도 성공하지 못하고 있다. 번역활동에 대한 수많은 의견들은 근본적으로 항상 설득력 있게 이론적으로 입장을 설명하지 못하고, '충실한 번역'과 '자유로운 번역' 사이의 근본적인 논쟁의 주위를 맴돌고 있다.[82] 대체적인 규칙으로서 사람들은 오랫동안 그리고 학교의 외국어 수업에서 부분적으로 오늘날까지 다음과 같이 가르치고 있다: '가능한 한 축역을 하고 필요한 만큼 자유롭게 번역하라.'[83]

즉, 작품 전체의 번역의 향방을 설정하는 번역가의 번역전략은 전통적으로 '충실한 번역'과 '가독성을 고려한 번역'으로 나눌 수 있다. 이 두 가지 번역전략은 시대와 이론에 따라 서로 우위를 점하기 위하여 경쟁하며 분화하여 현대의 번역이론은 '가능한 한 충실한 번역'을 하지만 필요에 따라 '자유로운 번역'을 권장하는 상호 보완적인 번역전략으로 발전했다. 가령 베누티(Venuti)는 번역 텍스트가 목표 문화에서 읽히는 전형적인 경향을 다음과 같이 설명했다.

번역 텍스트는 장르를 막론하고 유창하게 읽히며, 원문 텍스트의 언어적 특성이나 문체상의 특성이 두드러지지 않고 그대로 반영되어(transparent), 원문 텍스트 작가의 개성이나 의도 혹은 원문 텍스트에 함유되어 있는 의미를 그대로 반영한 듯한 느낌을 줄 때, 대부분의 출판 관계자, 비평가 그리고 독자로부터 용인할 수 있는(acceptable) 텍스트로 평가받는다. 이러한 텍스트

---

82) "고대 번역이론의 대표자인 키케로는 가장 오래된 번역의 이분법인 '자유스러운 번역/충실한 번역'의 방법을 도입했다(김효중, 앞의 책, 2004, pp.178-179)." 그러나 "키케로와 호레이스 둘 중 어느 누구도 그들이 선호하는 번역의 접근방식을 묘사하기 위해서 '충실한' 번역과 '자유스러운' 번역의 용어를 사용하지는 않았다(Mona Baker, ed, *Routledge Encyclopedia of Translation Studies*, Routledge. London, 1998, p.87)."

83) 박용삼, 『번역학 역사와 이론』, 숭실대학교출판부, 2003, pp.105-106 재인용.

는 번역문 텍스트가 아닌 원문 텍스트의 외관(appearance)을 지니고 있다.[84]

베누티가 지적한 '유창하게 읽히며'는 '가독성'을, '원문 텍스트 작가의 개성이나 의도 혹은 원문 텍스트의 의미를 그대로 반영'은 정확성을 뜻한다. 이러한 충실성과 가독성에 대한 비평에 대한 평가기준은 명확한 경계가 없이 주관적인 판단과 양식에 따라 이루어지는 경향이 있다. 따라서 비평가는 이 두 가지 기준의 객관성 여부 및 양극화의 폐해 등을 항상 염두에 두어야 한다.[85] 이와 같이 번역의 적용 방법은 어느 한쪽에 더욱더 많은 중심을 두고 번역할 수가 없기 때문이다. 번역은 "가독성만을 중시한 나머지 원문을 얼버무려서 새로운 창작번역물을 읽게 해서도 안 되며, 반대로 원문의 충실성만을 고려한 나머지 독자가 제대로 이해하지 못한다면 번역을 하는 원래의 목적도 상실하게 될 것이다. 번역은 외국어로 된 원문 텍스트를 읽고 이해할 수 없는 사람들을 위한 행위"[86]이기 때문이다.

번역가는 원문 텍스트 내용의 정확성 전달을 바탕으로 번역본을 읽는 독자에게 자연스러우면서도 편안함을 줄 수 있는 번역 생산물을 제공할 때 가독성은 높아지는 것이다. 그러나 원문 텍스트에 대한 충실성은 높지만 그 번역본이 독자들에게 자연스럽게 읽히지 않는다면 그것은 결코 최상의 번역 생산물이라고 할 수 없다. 또한 번역본을 읽는 대상 독자들의 편안함을 우선적으로 생각하여 유려하게 번역하였으나 원문에 대한 충실성이 제대로 전달되지 않는다면

---

84) Jeremy Munday, 정연일·남원준 역, 『번역학 입문』, 한국외국어대학교출판부, 2006, p.208.
85) 전현주, 앞의 책, pp.152-155.
86) 이은숙, 앞의 논문, 2008, p.88.

그것 또한 최상의 번역물이 될 수가 없다. 즉, 원문 텍스트의 충실성과 번역문 텍스트의 가독성은 상충하는 번역의 방법이 아니라 상호 보완적이면서 같이 가야 하는 것이다. 번역본을 읽는 독자들은 이러한 번역의 방법이 실현되어 있는 최상의 문학작품을 읽을 때 원문 텍스트를 읽는 독자들이 경험하였던 문학적 감흥을 느낄 수 있다. 번역가는 이러한 문학적 효과를 전달하기 위해서 원문 텍스트의 충실성을 높이면서 동시에 번역문 텍스트의 가독성을 제고하는 좋은 번역물을 생산하기 위하여 끊임없는 노력을 기울여야 한다.

다음 장에서는 원문 텍스트와 번역문 텍스트를 충실성과 가독성의 관점에서 분석하고자 한다.

3.3. 텍스트 분석

번역이라는 것은 번역가들에 의해 정의가 다양하게 이루어지겠지만 원문의 의미를 정확하고 충실하게 번역문 텍스트를 읽는 독자들을 위해 자연스러운 표현을 구현하는 데 그 목적이 있다. 원작자의 의도를 정확히 파악하여 얼마나 충실하게 원문 텍스트를 옮기느냐, 등가작업을 실현하여 목표 문화권의 독자를 위해 얼마나 자연스럽게 가독성을 제고하느냐는 번역의 질을 결정하는 중요한 판단기준이어서 어떤 것도 간과해서는 안 될 것이다. "하지만 번역가는 원문 텍스트의 성격에 따라 정확성과 가독성 중 어느 쪽에 무게를 두어야 할지를 선택해야 한다."[87] 이러한 관점에서 오래전부터 번역의 개념에 있어서 많은 논쟁의 중심에 서 있는 것이 바로 충실성과 가독성이다. 이러한 논쟁의 중심 부분은 원문 텍스트의 충실성이 우선

---

87) 최정화, 『통역 번역사에 도전하라』, 넥서스, 2001, p.199.

이냐 아니면 번역문 텍스트 독자들을 위한 가독성이 더 우선시되어야 하느냐에 있다. 그리고 이러한 번역의 부분에 중요한 역할을 수행하는 것은 전적으로 번역가의 판단에 달려 있다. 번역가는 번역할 때에 이와 같은 번역의 중요성에 대해서 항상 신중하게 인지하면서 번역에 임하여야 한다.

본 연구에서는 원작자의 의도가 함유되어 있는 문학 텍스트를 연구의 대상으로 살펴보았는데 독자에게 널리 알려진 문학작품에 대한 여러 번역본을 비교하여 검토할 수 있는 장점을 우선적으로 고려했다. 원작이 내포하고 있는 어휘적인 의미, 문법적인 구조, 문화적인 의미들을 포함한 문학성이 번역문 텍스트 대상 독자에게 어떻게 전달되는지를 살펴보기 위해서 영미문학연구회의 번역평가사업단에서 분석한 문학작품을 분석대상으로 했다.

영미문학연구회는 해방 이후 남한에서 2003년 7월 31일까지 발간된 영미문학작품 36편의 완역본을 대상으로, 각 작품의 전반적인 번역현황을 정리하는 한편 각 번역본의 번역 수준과 특성을 상세히 분석·평가했다. 평가의 대상작품은 영미문학에서 주요작품으로 평가를 받고 있고 한국 독자들에게 널리 알려진 소설작품들을 중심으로 했다. 지금까지 한국 문학작품에 대한 비평에 있어서 번역물들의 수준을 종합적으로 평가하고 공개하는 일은 영미문학은 물론이고 어떤 분야에 있어서도 전례가 없었으며 우리나라 비평사에서 큰 업적을 쌓았다고 평가할 만하다. 이러한 분석을 통하여 영미문학에서 명역과 그렇지 않은 번역이 분별되지 않고 혼재함으로써 빚어지는 혼란을 부분적으로나마 정리할 수 있었고, 많은 독자들은 출판된 번역본들 사이에서 비교적 나은 번역본을 선별할 수 있는 효과를 누릴 수 있게 되었다. 영미연이 연구대상으로 삼은 충실성과 가독성이라는 명역의 기준으로 한 분석결과를 보면, 전체적으로 표절본이 매우 높은 비중을 차지하고 있으며 표절을 제외하고도 번역의 정확성이나 가독성 측면에서 믿고 추천할 만한 번역본이 그다지 많지 않았다.[88]

이번 장에서는 토머스 하디(Thomas Hardy, 1840-1928)의 원작 소설 『더버빌가의 테스(Tess of the d'Urbervilles)』(1891)와 그 번역본 일곱 종을 원문 텍스트 내용의 정확성을 바탕으로 충실성과 가독성의 관점에서 분석했다.

텍스트 분석에 사용되는 원문 텍스트(ST)는 토머스 하디(Thomas Hardy)의 『더버빌가의 테스』(Norton & Company, 1991)이며, 번역본(TT)은 영미문학연구회 번역평가사업단의 『영미명작, 좋은 번역을 찾아서 1, 2』[89]에서 분석한 김보원(서울대학교, 2000), 이동민(소담, 1994), 김회진(범우사, 1981), 신대현(홍신문화사, 1992), 이호규(혜원출판사, 1991)와 영미문학연구회에서 분석대상으로 삼지 않은 이진석(청목, 1989), 정종화(민음사, 2009) 번역본을 분석대상으로 했다.[90]

---

88) 영미문학연구회 번역평가사업단, 『영미명작, 좋은 번역을 찾아서 1』, 창비, 2005, pp.11-15.

89) 영미문학연구회 평가사업단은 총 32편의 테스 번역본을 대상으로 번역문이 원문을 정확하게 이해하고 적절하게 번역되었는가를 판단하는 충실성의 측면과 번역문이 우리말답게 어색하지 않고 자연스럽게 구사되었는가를 판단하는 가독성의 측면을 기준으로 평가했다. 영미연에서 검토한 총 32편의 번역본 중 김보원(2000) 번역본은 번역본 가운데 현재로서는 유일하게 추천할 만하다. 김보원 역본은 가장 최근의 번역본답게 기존 출간본들을 꼼꼼히 참조하여 잘못 옮긴 부분을 수정했고, 특히 정확하고 세련된 우리말을 구사하여 정확성과 가독성 양면에서 과거 판본에 비해 번역상태가 현격하게 개선되었다(영미문학연구회 번역평가사업단, 앞의 책 p.392).

90) 텍스트 분석에서 사용한 번역문 텍스트는 김보원은 TT1, 이동민은 TT2, 이진석은 TT3, 김회진은 TT4, 신대현은 TT5, 정종화는 TT6 그리고 이호규는 TT7로 표기하며 이후 예문에선 인용 페이지만 인용한다.

ST: "I wish for no better, sir", said she <u>with something of dignity</u>. For a moment---only for a moment---when they were in the turning of the drive, between the tall rhododendrons and conifers, <u>before the lodge became visible</u>, <u>he inclined his face towards her as if</u>---but, no: he thought better of it; and let her go.(Thomas Hardy, 1991, p.30)[91]

TT1: "저도 더 바라지 않습니다." <u>다소 위엄을 갖추며</u> 그녀가 말했다. 잠시-아주 잠시 동안-바깥채 건물이 눈에 들어오기 전에, 그들이 키 큰 철쭉과 침엽수 사이의 진입로 모퉁이에 이르렀을 때, <u>그는 고개를 그녀 쪽으로 숙이고 마치</u>-그런데, 아니었다. 그는 생각을 고쳐먹고는 그녀를 보내 주었다.(김보원, 2000, p.45)
TT2: "저도 그 이상은 바라지도 않아요." 그녀는 <u>더버빌 가문의 자손답게</u> 위엄 있는 목소리로 말했다. 두 사람이 <u>붉은 벽돌로 된 문지기의 집이 아직 보이지 않는</u>, 철쭉꽃과 침엽수 사이의 길다란 차도의 모퉁이까지 왔을 때, <u>알렉은 테스에게로 얼굴을 기울이고 키스를 하려다가</u> 아직은 안 된다고 마음을 고쳐먹은 듯 그녀를 그대로 보내 주었다.(이동민, 1994, pp.54-55)
TT3: 「저는 그 이상을 바라지도 않아요」 하고 테스는 <u>정색을 하며</u> 말했다. 잠시 동안-정말 순간적으로-둘이 <u>문지기네 집이 아직 안 보이는</u> 석남화(石南花)와 침엽수 사이에 길게 뻗은 차도가 구부러진 곳에 이르자 <u>사나이는 마치 무어라도 할 듯이 테스한테로 얼굴을 기웃하더니</u> 아냐 안 돼 하고 생각을 돌리며 그냥 돌려보냈다.(이진석, 1989, p.52)
TT4: "전 그 이상 더 바라지 않아요." 그녀는 <u>품위 있게</u> 말했다. 잠시 동안… 정말 잠시, 그들이 <u>문지기 집이 보이지 않는</u>, 높다란 석남화와 침엽수 사이의 꼬부라진 마찻길에 이르렀을 때 <u>그는 마치 무슨 짓이라도 할 듯이 테스 쪽으로 몸을 기울였다</u>. 그러나 그는 안 된다고 마음을 고쳐먹은 듯 테스를 그냥 보

---

91) 본 논문의 텍스트 분석에서 사용한 ST는 Thomas Hardy, *Tess of the D'urbervilles*, Ed. Scott Elledge, Norton & Company Inc., New York, 1991에서 발췌하였으며 인용문헌은 Tess로 표기하며 이후 예문에선 인용 페이지만 인용한다.

냈다.(김회진, 1981, p.58)

TT5: "저는 그 이상 더 바라지 않아요." 그녀는 <u>약간 위엄을 보이면서</u> 말했다. 두 사람이 높다란 석남화와 침엽수 사이의 <u>문간채가 아직 보이지 않는</u> 마차길 모퉁이에 이르렀을 때 잠깐 동안-아주 잠깐 동안-알렉은 키스라도 하려는 듯이 그녀 쪽으로 얼굴을 기울였다. 그러나 안 된다 하고 생각을 고쳐먹은 듯 그녀를 그대로 보내주었다.(신대현, 1992, p.50)

TT6: "그건 나도 바라지 않아요." 그녀가 <u>약간 위엄 어린 목소리로</u> 말했다. 한순간, 단 한순간, <u>경비실이</u> 나타나기 전 키가 큰 철쭉나무와 침엽수 사이의 진입로가 꺾어지는 지점에서 <u>그가 얼굴을 그녀 앞으로 내밀었다.</u> 마치… 그러나 아니었다. 그는 마음을 바꿔 그녀를 그냥 가게 내버려 두었다.(정종화, 2009, 1권 pp.74-75)

TT7: "저는 그 이상 바라지 않아요." 그녀는 <u>약간 위엄을 보이면서</u> 말했다. 두 사람이 높다란 석남화와 침엽수 사이의 <u>문간채가</u> 아직 보이지 않은 찻길 모퉁이에 이르렀을 때, <u>알렉은 키스라도 하려는 듯이 그녀 쪽으로 얼굴을 기울였다.</u> 그러나 생각을 고쳐먹은 듯 그녀를 그대로 놓아 주었다.(이호규, 1991, p.46)

상기 예문은 테스가 트란트릿지의 알렉의 집에 갔을 때 알렉이 탐욕스럽게 테스에게 다가서는 모습이며, 이 만남이 결국 테스를 비극으로 빠지게 만드는 계기가 되는 부분이다. TT2를 제외한 다른 모든 번역문 텍스트에서는 원문 텍스트 'before the lodge became visible'를 '바깥채 건물이 눈에 들어오기 전에, 문지기 집이 보이지 않는 또는 문간채가 아직 보이지 않은'으로 번역함으로써 원문 텍스트의 충실성과 번역문 텍스트의 가독성을 제고하는 번역을 하였으나, TT2에서는 'lodge'의 의미인 '오두막, (공원, 대저택의 정문 옆에 있는)관리인 주택, 수위실'의 개념을 벗어난 '붉은 벽돌로 된 문지기의 집이 아직 보이지 않는'으로 처리하여 '붉은 벽돌로 된'이라는 원문 텍스트와는 상관이 없는 의미를 첨가하여 번역했다. 특히 번역가는 작품『더버빌가의 테스』에 나오는 붉은색은 테스의 비극성을 상징하는 색채여서 번역할 때에 임의대로 첨가하여 번역할 경우 번역본을 읽는 독자에게 비극을 상징하는 하나의 암시로 생각할 수 있음으로 신중히 번역에 임하여야 한다.

이와 더불어 TT2는 다소 위엄을 갖추고 말했다는 의미를 가진 원문 텍스트 'said she with something of dignity'를 테스가 아버지 존처럼 이전에 몰랐던 몰락한 가문의 신분임을 내세워 자신을 드러내 보이는 것처럼 '그녀는 더버빌 가문의 자손답게 위엄 있는 목소리로 말했다'라고 번역 처리한 것 또한 원문 텍스트가 지니고 있는 정확성을 벗어난 번역이다. 그리고 'dignity'의 개념을 외적 명시화의 효과인 것처럼 '더버빌 가문의 자손답게'라고 문장 내에 첨가한 부분으로 인해 원문 텍스트의 의미를 벗어난 번역의 결과를 초래할 수 있음으로, 오히려 원문이 지니고 있는 의미를 살리기 위해선 문장 그대로 직역하여서 '자존심을 지니고, 자존심을 갖고'로 번역하는 편이 적절한 표현일 것이다. 이와 더불어 모든 번역문 텍스트들은 원문 텍스트의 'I wish for no better, sir'를 '저는 더 이상 바라지 않아요'로 번역하면서 'sir'를 생략하였으나 테스가 집안의 생계를 꾸려가야 하는 실질적인 가장으로서 머나먼 친척인 알렉의 집에 방문해서 처음으로 대면하는 부분이므로 상대방에 대한 경어를 사용하여 '저는 더 이상 바라지 않아요, 나리'로 번역을 하는 것이 번역본을 읽는 대상 독자들을 위한 가독성을 제고함으로써 더 자연스럽다.92)

---

92) 한국인들은 존칭어가 언어생활에 깊이 뿌리내리고 있어서 대화할 때 존칭어 사용은 대화주체나 대화의 상황 등 다양한 환경에 따라 존칭어를 두루 사용하고 있다. 그러나 영어에는 존칭어가 상대적으로 제한되어서 영어 원문에서 특별히 명시적으로 표현하지 않은 경우 한국어 번역문에서는 대화의 상황에 따라 적절하게 존칭어로 전환해야 한다. 존칭어는 사회 문화

TT2, TT5와 TT7은 원문 텍스트의 'he inclined his face towards her as if'를 '알렉은 키스라도 하려는 듯이 그녀 쪽으로 얼굴을 기울였다'로 번역하여 알렉이 처음 보는 테스에게 키스라도 하려는 행위로 여겨서 '키스'라는 부분을 명시화하여 번역하였으나 원문 텍스트가 지니고 있는 부분 그대로 직역하여 번역하는 것이 훨씬 더 성실한 번역이다. 그리고 TT2, TT6과 TT7을 제외한 다른 번역문 텍스트는 원문 텍스트의 'For a moment---only for a moment---'를 '잠깐 동안-아주 잠깐 동안-'으로 줄표(-)를 사용하여 번역했다. 그러나 줄표 사용은 우리말에서도 삽입이나 추가적인 설명 또는 해설, 전환이나 생략 따위에 사용되지만 엄밀하게 말하면 한국어 고유의 것은 아니어서 가독적인 측면에서는 부자연스럽게 여겨진다. 오히려 원문 텍스트의 형태를 존중하여 원문 텍스트에 있는 줄표를 그대로 번역하면 글의 흐름을 방해하고 때에 따라서는 내용이 분산되는 경우가 발생할 수 있음으로 자연스럽게 전체 문장 속으로 삽입하는 것 또한 고려해서 번역에 임해야 한다.[93]

ST: ···for since her eyes last fell upon it she had learnt that the serpent hisses where the sweet birds sing, and her views of life had been totally changed for her by the lesson.(pp.58-59)

TT1: 왜냐하면 그 풍경을 마지막으로 본 뒤로 그녀는 예쁜 새가 노래하는 곳에는 독사가 혀를 날름거린다는 사실을 배웠고,

적인 차이로 발생하므로 번역할 때 특히 유의해야 할 부분이다. 영한 번역에서 특히 화자 간의 사회적 신분과 나이를 고려하고 문맥상황에 적합한 존칭어를 고려해서 번역에 임해야 한다. 번역가는 번역문을 읽는 대상 독자를 고려해서 사소한 부분이라 하더라도 정확하게 번역하여야 한다(이은숙, 『번역의 이해』, 동인, 2009, p.105).

93) 이근희, 『번역의 이론과 실제』, 한국문화사, 2005, p.156.

그 교훈에 따라 그녀의 인생관은 완전히 바뀌어 있었기 때문이었다.(p.89)

TT2: 고향에 있을 때는 철없는 소녀였지만, 이제 그녀는 새가 아름다운 소리로 지저귀는 곳에는 독사가 숨어 있다는 <u>삶의 쓰라린 진실을 아는</u> 성숙한 여인으로 변해 있었다.(p.96)

TT3: 왜냐하면 요전에 <u>이곳 풍경을 마지막으로 본 뒤로는</u> 아름다운 새들이 지저귀는 곳에도 독사가 항상 도사리고 있다는 것을 배웠고, 바로 이런 교훈으로 그녀의 인생관이 아주 달라졌기 때문이다.(p.91)

TT4: 왜냐하면 테스는 저번에 <u>이 경치를 본 후로</u> 아름다운 새들이 노래하는 곳에도 독사가 숨어 있다는 사실을 배웠고, <u>이런 교훈에 의해</u> 그녀의 인생관은 아주 달라져 있었기 때문이다.(p.104)

TT5: <u>마지막으로 이 경치를 본 뒤에</u> 그녀는 새가 아름다운 소리로 지저귀는 곳에는 독사가 숨어 있다는 교훈을 얻었고, <u>그로 인해</u> 그녀의 인생관은 완전히 바뀌어져 버렸기 때문이다.(p.88)

TT6: <u>그 세계를 마지막으로 본 이후</u> 그녀는 감미로운 새들이 노래하는 곳에는 뱀이 도사리고 있다는 사실을 알게 되었으며, <u>그 교훈 덕택에</u> 그녀의 인생관이 완전히 바뀌게 되었다.(1권 p.138)

TT7: <u>그녀가 마지막으로 이 경치를 본 뒤로는</u>, 새가 아름다운 소리로 지저귀는 그 이면에는 또 다른 음모가 숨어 있다는 무서운 사실도 알았고, <u>그로부터</u> 그녀의 인생관은 완전히 바뀌어져 갔다.(p.88)

상기 예문은 테스가 트란트릿지 알렉의 집에서 양계장 일을 하면서 생활하다가 체이스 숲에서 알렉에게 육체적 순결을 상실하고 난 뒤 집으로 돌아가는 부분이다. 위 예문의 TT2를 제외한 다른 번역문 텍스트에서는 원문 텍스트 'for since her eyes last fell upon it'를 '그 풍경을 마지막으로 본 이후'로 처리하였음에도 불구하고 TT2는 이 부분을 누락하였으며, 오히려 원문 텍스트에도 없는 '고향에 있을 때는 철없는 소녀였지만'이란 부분을 번역문 텍스트에 첨가하는 번역의 전략을 취했다. TT2가 임의적으로 첨가하여 '고향에 있을 때는 철없는 소녀였지만'으로 번역함으로써 문맥의 흐름으로 볼 때 테스가 알렉에 의한 순결성의 상실과는 무관하게 고향에 있을 때와는 다르게 성숙한 여인으로 변모했다는 의미가 더 지배적일 수 있다. 이러한 성숙의 의미는 한 여성이 어떠한 사건으로 인하여 변모되는 것이 아니라 세월이 흘러서 외적인 성숙으로 변모했다고 여길 수 있기에 소설을 번역할 경우엔 그러한 부분도 세심하게 신경을 써서 정확성을 기해 번역해야 한다.

이렇게 번역가가 원문 텍스트의 의미의 정확성을 벗어날 수 있는 첨가를 할 경우 작품 전체의 구성을 왜곡시킬 수 있음으로 원문이 전하고자 하는 의미를 정확하게 번역하여야 한다. 이와는 달리 다른 번역문 텍스트는 'her views of life had been totally changed for her by the lesson'을 '그 교훈에 따라 그녀의 인생관은 완전히 바뀌어 있었기 때문이었다'로 번역 처리하여 테스가 순박한 처녀에서 전혀 다른 여인으로 변모하는 상황설명을 하였으나, TT2는 이 부분을 생략하는 번역전략을 취함으로써 그녀가 어떠한 교훈으로 인하여 다른 여성의 모습으로 변모하게 되었는지에 대한 설명이 없어서 원저자가 전달하고자 하는 의미를 훼손하는 결과를 초래했다. 테스의 비극성은 보이지 않는 거대한 비극의 메커니즘으로 몰아넣는 우연이란 요인과 연관된 것이며 그 우연이 주는 비극을 통해 성숙한 여성으로 변모하게 되므로 원문 텍스트가 함유하고 있는 원문의 문학성과 정서를 잘 살려서 번역본을 읽는 독자에게 정확하게 전달해야 하는 부분이다.

ST: <u>Tess's words, as echoed from Angel Clare, had made a deep impression upon him, and continued to do so after he had left her.</u> He moved on in silence, as if his energies were benumbed by the hitherto undreamt-of possibility that his position was untenable. <u>Reason had had nothing to do with his whimsical conversion, which was perhaps the mere freak of a careless man in search of a new sensation, and temporarily impressed by his mother's death.</u>(p.254)

TT1: <u>에인절 클레어를 흉내내어 테스가 전해 준 이야기는 그에게 깊은 인상을 남겼고, 그녀를 떠난 뒤에도 계속 남아 있었다.</u> 지금까지는 상상도 못했던 일이지만, 그는 자신의 상태가 흔들릴 수도 있다는 가능성을 깨닫고는 온몸의 감각을 상실한 듯 힘을 잃고 말없이 걸어갔다. <u>그의 변덕스런 회개는 이성과는 아무런 관계도 없었고, 그것은 어쩌면 어머니의 죽음에서 일시적으로 충격을 받아 새로운 자극을 찾고 있던 경솔한 사나이의 단순한 변덕일지도 몰랐다.</u>(p.399)

TT2: 테스가 들려준 에인절 클레어의 이단적인 사상은 그에게도 커다란 감동을 주어 테스와 헤어진 뒤에도 그 감동의 여운이 좀처럼 사라지지 않았다. 꿈에도 생각 못한 일이지만 자신의 열렬한 신앙도 언젠가는 깨어질 불안한 것일 뿐이라는 생각이 들자 온몸에 맥이 풀려 그는 터벅터벅 걸었다. <u>원래 그의 개심은 이성의 판단에서가 아닌 일시적인 감정에서 비롯된 것이었다. 그것은 어머니의 사망으로 인해 새로운 자극을 필요로 하는 감정적인 변화였던 것이다.</u>(p.398)

TT3: <u>그의 가면적인 개심은 아무 분별없는 인간의 한낱 장난에 지나지 않았고 또한 때마침 어머니를 여의고, 한때 감동한 탓이었을 것이다.</u>(p.276)

TT4: <u>에인젤 클레어의 말을 그대로 흉내 내어 말하던 테스의 말은 알렉에게 깊은 감명을 주었고, 테스의 곁을 떠난 후에도 그 감명이 사라지지 않았다.</u> 지금까진 꿈에도 생각지 못한 일이었지만 자기 신앙도 언제 깨어질지 모르는 불안한 상태에 있다고 깨닫자, 그는 온몸의 힘이 빠져버린 듯 맥없이 잠자코 걸었다. 그의 일시적인 회개는 애당초부터 이성이 끼어들었던 것은 아니었다. 그것은 아마도 새로운 감각을 찾아 헤매는 경솔한 사람의 일시적인 장난에 지나지 않았고, 어머니의 죽음에서 받은 충격 탓이었을 것이다.(p.422)

TT5: 에인젤 클레어에게서 메아리쳐 오는 것 같은 테스가 들려준 말은 그에게 깊은 감명을 주었고, 테스와 헤어진 뒤에도 그 감명은 쉽사리 사라지지 않았다. 자신의 신앙심을 지킬 수 없을지도 모른다는 생각지도 않던 일이 생겼으므로, 그는 온몸의 정열이 마비된 듯 묵묵히 걸었다. 그의 일시적 계산은 원래 이성이 개재하지 않은 것이었다. 그것은 새로운 자극을 찾아헤매는 인간의 일시적인 장난에 지나지 않으며, 모친의 사망으로 인한 충격의 결과였던 것이다.(p.348)

TT6: 에인젤 클레어의 생각을 반복한 테스의 말은 그에게 깊은 인상을 남겼으며 그녀 곁을 떠난 다음에도 계속 머리를 떠나지 않았다. 그동안 지켜 온 자신의 입장이 확실한 것이 아닐지도 모른다는 생각지도 못했던 가능성 때문에 전신이 마비되는 것을 느끼면서 그는 말없이 걸었다. 그에게 있어서 갑작스러운 개종은 이성적 판단과 아무 상관이 없었다. 그것은 어머니의 죽음 때문에 잠시 충격을 받아 새로운 감각의 만족을 찾던 경솔한 남자의 단순한 변덕에 불과할지도 몰랐다.(2권 p.176)

TT7: 에인젤 클레어에게서 메아리쳐 오는 것 같은, 테스가 들려준 말은 그에게 깊은 감명을 주었고, 테스와 헤어진 뒤에도 그 감명은 쉽게 떠나지 않았다. 자신의 신앙심을 지킬 수 없을지도 모른다는, 생각지도 않던 일이 생겼으므로 그는 온몸이 마비된 듯 무거운 기분으로 묵묵히 걸었다. 그의 일시적 개심은 원래 이성(理性)이 개재하지 않은 것이었다. 그것은 새로운 자극을 찾아 헤매는 인간의 일시적 충동에 지나지 않았으며, 모친의 사망으로 생긴 결과였던 것이다.(p.359)

상기 예문은 알렉이 테스를 만나기 전 어머니의 죽음으로 자극을 받아 회개하고 전도하는 중에 테스를 만나서 설교하기로 해놓고도 가지 못하고 약속을 어기는 부분이다. TT2는 다른 번역문 텍스트와 달리 테스가 알렉에게 에인젤에게서 들었던 엄격한 논리적 삼단논법의 말(또는 이야기)을 했던 부분을 포함한 원문 텍스트 'Tess's words, as echoed from Angel Clare'를 '이단적인 사상'으로 왜곡 번역했다. 번역가의 의도적인 의미 변환을 통해 번역이 추구하는 원작에 대한 의미상 왜곡으로 인하여 독자에게 정확한 의미전달을 불가능하게 했다. 또한 그러한 테스의 말로 깊은 인상을 주었음에도 TT2는 원문 텍스트의 'a deep impression'을 '커다란 감동 및 감동의 여운'으로 번역하여 원문이 주고자 하는 의미적 충실성을 저하시키는 결과를 가져왔다. 그러나 TT3은 다른 번역본과는 다르게 어머니의 죽음으로 인한 알렉의 일시적인 회개와 변심 등의 부분과 연결되는 의미를 함축한 원문 텍스트 'Tess's words, … 중략 … that his position was untenable'를 번역가가 의도적으로 누락함으로써 원작이 전달하고자 하는 의미가 번역본을 읽는 독자에게 제대로 전달이 되지 않아서 앞뒤 문맥연결이 단절되는 결과를 가져오게 했다. 그러나 TT2와 TT3을 제외한 다른 번역문 텍스트는 원작자의 의도를 포함하고 있는 원문 텍스트의 충실성과 번역문 텍스트를 읽는 독자를 위한 가독성을 제고하는 번역을 했다.

하디는 등장인물들을 통해 종교에 대한 자신의 견해를 피력한다. 이 대목도 알렉의 개심을 통해 하디가 자신의 종교관을 표출하는 부분이다. 하디는 방탕한 생활을 하다 '개심(改心)'하는 알렉을 통해 "종교 행위를 한순간에 희화(戲畫)화해 기독교 신앙과 당대의 종교 행태에 대한 뿌리 깊은 회의와 불신을 여실히 드러내면서 알렉을 거의 인격파탄자로 전락시키고 만다."[94] 이와 더불어 하디는 테스가 죽어가는 아이 쏘로우에게 세례를 주는 모습과 신부에게 장례식을 부탁하는 대화 등 사회적으로 문제를 야기할 수 있는 당시의 종교관에 대한 저항의 모습을 보여준다. 이러한 종교적인 부분에 대해 번역가는 원작이 전달하고자 하는 메시지를 충실하게 번역하여 독자가 작품 속에 흐르고 있는 원작자의 종교관 등 작품 전체에 대해 정확하게 이해할 수 있도록 해야 하는 것이다.

ST: His had been a love "which alters when it alteration finds." He had undergone some strange experiences in his absence; he had seen the virtual Faustina in the literal Cornelia, a spiritual Lucretia in a corporeal Phryne; he had thought of the woman taken and set in the midst as one deserving to be stoned, and of the wife of Uriah being made a queen;…(p.291)

TT1: 그의 사랑은 "다른 사랑을 찾으면 변하는"(셰익스피어 소넷 116번-역주) 사랑이었다. 떠나 있는 동안 그는 몇 가지 이상한 경험을 겪었다. 그는 이름만 코넬리아(로마의 유명한 호민관 티베리우스 그라쿠스의 어머니로 현모양처의 대명사 같은 인물-이하 역주) 같은 여인에게서 실질적으로 포스티나(로마 황제 마르쿠스 아우렐리우스의 방탕한 아내)를 보았고, 음탕한 여인 프리니(악명 높은 희랍의 창녀)에게서 고상한 루크레시아(왕자에게 강간당하고 자살로 정절을 지킨 로마의 여인)를 발견했다. 그는 사람들 앞에 끌려나와 돌에 맞아 죽게 되어 있던 여인(간음하다 들킨 여인. 『성서』「요한복음」8장)을 생각했고, 왕후가 되었던 우리아의 아내(다윗왕에게 몸을 빼앗겼으나 나중에 그의 왕후가 된 밧세바)를 생각했다.(p.457)

---

94) 토머스 하디, 김보원 역, 『더버빌가의 테스』, 서울대학교출판부, 2000, p.499.

TT2: 그는 자신의 사랑이야말로 '<u>다른 대상을 찾으면 변하는</u> <u>사랑</u>'이 아닌가 하고 스스로 반성해 보기도 했다.(p.453)

TT3: (삭제)

TT4: 자기의 사랑이야말로 '<u>다른 대상을 찾으면 변하는 사랑</u>' (<u>셰익스피어의 소네트에 나오는 시구</u>)이었다고 할 수 있을 것이다. 그는 멀리 고향을 떠나 있는 동안 여러 가지 것들을 겪었다. 그는 명색만의 <u>코넬리아</u>(<u>로마의 장군 티베리우스 그라쿠스의 아내로서 현모양처였음</u>) 같은 여인한테서 실제로 <u>포스티나</u> (<u>마르쿠스 아우렐리우스 황제의 애처</u>)같은 여자를 보았고, <u>피리니</u>(<u>그리스 미모의 창녀</u>)같은 관능적인 여인에게서 정신적인 여인 <u>루크레티아</u>(<u>타르키니우스 코라티누스의 아내로서 왕자에게 강간당하고 자살하여 정절로 유명함</u>)를 보았다. 그는 간음하다 들켜 돌에 맞아 죽어야 한다고 군중들 앞에 끌려나온 <u>여인</u>(『<u>신약성서</u>』「<u>요한복음</u>」<u>제8장 11절에 나오는 간음한 여자</u>)과 왕후가 된 <u>우리야의 아내</u>(『<u>구약성서</u>』「<u>사무엘 후서</u>」<u>제11장 3절에 나오는, 다윗 왕에게 몸을 빼앗긴 바세바</u>)를 생각했다.(p.483)

TT5: 에인젤의 사랑이야말로 '다른 대상을 찾으면 변하는' 사랑이었다. 고국을 떠나 있는 동안 그는 여러 가지 기구한 경험을 했다. 그는 명목상의 <u>코넬리아</u> 같은 여인한데서 실질상의 <u>포스티나</u>를 보았고, <u>피리니</u> 같은 육체적인 여인에게서 정신적인 여인 <u>루크레티아</u>를 발견했다. 간음하다 들켜 돌에 맞아죽을 뻔했던 여인, 그리고 왕후가 된 <u>우리야의 아내</u>를 생각했다. (pp.396-397)

TT6: 그동안 그의 사랑은 '<u>변화가 왔을 때 변절하는</u>'*사랑이었다. 그는 고국을 떠나 있는 동안 이상한 일을 이것저것 경험했다. 그는 사실상의 <u>파우스티나</u>**를 엄밀한 의미에서의 <u>코르넬리아</u>***에게서 발견했고, 정신적인 <u>루크레티아</u>****를 육체파 <u>프리네</u>*****에서 보았다. 그는 군중 앞에 끌려나와 돌을 맞아 죽게 된 <u>여인</u>******을 생각했고, 또 <u>우리야의 아내</u>*가 왕비가 된 것도 생각했다.(2권 pp.258-259)(각주 *셰익스피어의 「소네트」 116번에서 시인은 '변화가 왔을 때 변절하는 것은 사랑이 아닌 것'이라고 노래했다.**로마의 마르쿠스 아우랠리우스 황제의 부정했던 처. ***로마의 개혁 정치가 티베리루스 셈프로니우스 그라쿠스의 아내로 현모양처의 대명사. ****로마의 귀족 루시우스 타르키니우스 콜라티누스의 아름답고 정절 높은 아내. *****그리스의 탕녀. ******예수가 구해 준 간음한 막달라 마리아. 「요한복음」 8장 3-11절 참조. *밧세바는 우리야의 아내였으나 다윗 왕과 은밀히 내통하였으며 우리야가 암살된 후 왕비가 되었다)
TT7: 에인젤의 사랑이야말로 '다른 대상을 찾으면 변하는' 사랑이었다. 고국을 떠나 있는 동안 그는 기구한 여러 가지 경험을 했다. 그는 명목상의 코넬리아 같은 여인한테서 실질상의 포스티나를 봤고, 피리니 같은 육체적인 여인에게서 정신적인 여인 루크레티아를 발견했다. 간음하다 들켜 돌에 맞아 죽을 뻔했던 여인, 그리고 왕후가 된 우리야의 아내를 생각했다.(p.413)

상기 예문은 에인젤 클레어가 테스에게서 과거를 듣고 화가 나서 혼자서 브라질로 떠나가고 난 뒤 돌아와 테스를 찾아다니는 부분이다. 에인젤은 테스의 과거 행동만을 판단하여 테스와 결별하게 된 것을 후회하며 진정한 사랑이란 무엇인가를 생각하며 사람을 평가함에 있어서 행위보다는 의지로, 밖으로 드러난 사실보다는 내면의 바탕으로 평가하지 못했는가를 깊이 숙고하는 부분이다. 특히 이 부분에 있어서 TT1, TT4와 TT6은 테스의 행위와 의지를 셰익스피어의 소나타와 로마의 황제의 처와 구약성서와 신약성서에 나오는 여인의 행위를 비교하여 나타내는 원문 텍스트 'a love "which alters when it alteration finds." … 중략 … and of the wife of Uriah being made a queen'을 번역문 텍스트에서 '다른 사랑을 찾으면 변하는 사랑, 코넬리아 같은 여인에게서 실질적으로 포스티나를 보았고, 음탕한 여인 프리니에게서 고상한 루크레시아를 발견했다. 그는 사람들

앞에 끌려나와 돌에 맞아 죽게 되어 있던 여인을 생각했고, 왕후가 되었던 우리아의 아내를 생각했다'로 번역하면서 고유명사와 역사적 인물들에 대한 부분은 문장 내 관련 사항을 역주와 각주로 설명하여 원문 텍스트의 충실성과 번역본을 읽는 독자를 위한 가독성의 효과를 최대한 살리기 위해 번역했다.

이 대목은 에인젤이 남성 중심의 순결 이데올로기에 구속되어 있는 자기의 모습을 발견하고 새롭게 변모하는 부분이다. 에인젤이 속해 있던 "당대의 중산층, 혹은 교양 계층 전체에 팽배해 있던 특정한 성의식, 혹은 여성관의 반영이라고 할 수 있다. 이 성의식은 여성들을 가정이라는 울타리를 지키는 정숙의 화신인 양 섬기면서 다른 한편으로는 순결 혹은 정조라는 절대의 가치를 최고의 미덕으로 섬기도록 강요하는 남성 위주의 여성관"이 팽배한 시기였다.[95] 하디는 이러한 당대의 여성의 순결성에 대해 역사적인 인물들과의 비교를 통해 순결한 여인이란 어떤 기준으로 평가되어야 하는지 이의를 제기한다. 그러나 TT2, TT3은 이 부분에 대해서 생략 또는 삭제의 번역 기법을 도입하여 번역함으로써 번역문 텍스트 독자로 하여금 에인젤이 테스에 대해 고민했던 문제가 무엇인지를 선명하게 알 수 없게 만들었으며 앞뒤 문맥의 연결이 안 되어서 원문이 전하고자 하는 메시지가 정확하게 번역본을 읽는 독자들에게 효과적으로 전달되지 않는 결과로 이어졌다. 또한 TT5와 TT7은 단순히 인물들에 대한 음차 번역을 통하여 별도의 설명 없이 처리해서 독자로 하여금 작품에 나오는 인물들이 누구인지 의문으로 남게 하는 결과를 가져왔다.

---

95) 김보원 역, 앞의 책, p.515.

3.4. 결론

본 연구에서는 문학번역을 평가하는 데 논란의 중심에 위치하고 있는 충실성과 가독성에 중심을 두고 연구했다. 텍스트 분석은 영미의 고전문학작품에 국한되었지만 영미문학연구회의 번역평가사업단(2005년)에서 비교·분석한 번역본과 최근에 출판되어 나온 번역본을 연구 대상으로 고찰하였으며, 원문의 형태보다는 내용적인 측면을 바탕으로 분석했다.

소설 『더버빌가의 테스(Tess of the d'Urbervilles)』는 테스의 아버지 존이 트링엄 신부를 통해서 자신의 가문이 몰락한 더버빌가의 후손이라는 것을 알고 허세만 부리면서 가족을 부양하는 것에 소홀하게 되자 존의 딸 테스가 가족을 부양하기 위해 트란트릿지에 살고 있는 가짜 친척 알렉 더버빌을 찾아가면서 시작되는 비극을 그리고 있다. 그리고 체이스 숲에서 테스는 알렉에게 정조를 상실하게 되고 탈보테이즈 낙농장에서 만난 사랑하는 연인 에인젤과 결혼하고 난 뒤 과거를 고백하여 거부당한 후 온갖 시련을 당한다. 그 후 테스는 브라질에서 돌아온 에인젤을 만나고 난 뒤 알렉을 살해하여 사형에 처해진다는 내용이다. 하디는 『더버빌가의 테스』를 통해 19세기의 빅토리아조의 인습과 당시 순결 이데올로기 등에 대해 비판을 가하고 주인공 테스 자신의 의지와는 별개로 우연, 유전 등 인간의 의지로는 어찌할 수 없는 그 어떤 힘에 의해서 비극적 상황들에 직면하게 된다는 것을 강렬하게 재현했다.

특히 소설 『더버빌가의 테스』에서는 서술자의 시점(전지적 작가 시점)을 통해서 비극적인 슬픔이 작품 전반에 묘사되고 있다. 하디는 서술자를 통해서 테스에게 닥칠 비극을 암시하기도 하고 빅토리아조의 농촌사회의 구조와 피폐함, 그리고 테스의 비극이 테스와는 상관없이 조상으로부터 내려오는 유전적 특징 등과 연관되었음을 보여준다. 그런데 분석한 번역본 중 이동민 번역본과 이진석 번역본에서는 이러한 전지적 작가 시점의 부분이 누락되거나 애매모호하게 번역이 되어 있어서 원문이 전하고자 하는 의미를 번역본을 읽는 독자가 정확하게 파악할 수가 없게 만들었다. 번역가는 작가가 서술자를 통해서 등장인물들의 심리적 갈등 등을 생생하게 구현하고 있기에 원문의 구조를 정확히 이해하여 성실하게 번역을 하여서 번역본을 읽는 독자가 작품 전체에 흐르는 원작자의 의도를 정확히 파악할 수 있게 해야 한다. 전지적 작가 시점에서의 서술자의 직접적인 논평은 상황을 확실하게 규명하기도 하고 혹은 여러 해석의 가능성을 열어두기 때문이다. 그리고 작가는 서술자를 통해 자신이 독자에게 전달하고자 하는 의도를 피력함으로써 독자로 하여금 소설의 이해에 적극적으로 참여하게 한다.[96]

이러한 전지적 작가 시점들을 함유한 소설이 출판된 지 100년이 지난 지금까지도 작품의 내용적인 부분에 있어서 웨섹스 소설의 특징이라 할 수 있는 지역적인 맛을 느낄 수 있는 표현들이 독자들의 가독적인 측면을 고려한 한국의 구수한 사투리 등을 동반한 표현으로 실감나게 번역이 되어 있지 않아서 아쉬움이 남는다. 번역가들은 고전 작품이라 하더라도 시대가 변해가고 있음으로 원저자의 의미는 훼손하지 않으면서 번역본을 읽는 독자들을 고려해 현시대를 살아가는 사람들이 구사하는 언어적 표현으로 번역하는 것도 중요하다고 여겨진다.

---

96) 고영란, 『소설 『테스』의 전지적 작가 시점과 영화 <테스>의 클로즈업』, 수원대학교출판부, 2005, p.82.

이러한 함축적이고 복합적인 형태로 구성되어 있는 문학작품을 번역하는 번역가는 원문 텍스트가 지닌 언어적 측면뿐만 아니라 언어 외적인 측면까지 고려하여 번역문 텍스트를 받아들이는 대상 독자층에 맞는 다양한 번역전략을 수립해야 한다. 원저자의 의도가 함유되어 있는 "문학 텍스트의 번역은 아무리 정확하고 충실하게 번역이 이루어졌다 하더라도 그 결과물이 독자들에게 문학 텍스트로서의 정서적 감흥을 불러일으키지 못한다면 결코 잘된 번역이라 할 수 없다."97) 번역가는 원문 텍스트가 함유하고 있는 그 민족이 지닌 정서를 잘 표현해서 독자들이 문학적 기쁨을 느낄 수 있도록 해야 한다. 독자들은 문학작품을 통해서 타문화에 대한 문학적 경험과 정서적 감흥을 느끼길 원하기 때문이다. 그러나 번역가에 있어서 가장 어려운 것 중 하나는 이러한 문학적 감흥과 깊이 연관되어 있는 문화적인 정보를 적절하게 옮기는 것이고, 원문과 번역문 사이에 존재하는 문화적인 차이를 최소화하기 위해 복잡하면서도 고된 작업을 수행하는 것이다. 그러나 문학작품은 언어적 내용보다는 형식을 중시하는 표현구조로 형성되어 있어서 번역하기가 참으로 어렵다. 이렇게 어렵고도 복잡한 문학 텍스트를 번역본을 읽는 독자들이 자연스럽게 읽게 하기 위해서는 원문의 형태를 살리면서 원저자가 주장하고자 하는 바를 옮기는 것도 번역가의 중요한 과제이기도 하다.

---

97) 김순영, 「김동인의 『감자(Potatoes)』 영역본 분석: 문체 번역을 중심으로」, 『통역과 번역』, 제12권 1호, 2010, p.94.

♦ 참고문헌 ♦

고영란, 「워더링 하이츠의 영화화와 멜로드라마」, 『문학과 영상』, 2, 문학과 영상학회, 2002.
_____, 「소설 『테스』의 전지적 작가시점과 영화 <테스>의 클로즈 업」, 『수원대학교 논문집』, 23, 2005.
곽세, 「Tess of the D'urbervilles에 나타난 비극의 상징과 요인」, 충남대학교 교육학 석사학위논문, 1992.
권미선, 「번역, 모순된 작업」, 『번역비평』 창간호, 고려대학교출판부, 2007.
근대 영미소설학회, 『19세기 영국소설 강의』(서울: 신아사), 1999.
김경희, 「문학번역에서의 충실성 문제」, 『통역과 번역』, 12(1), 2010.
김기주, 「老舍의 『月牙兒』과 『陽光』 상관성 연구」, 석사학위논문(숙명여자대학교 교육대학원 중국어교육전공), 2007.
김명균, 「아동문학번역의 충실성과 가독성 연구-루이스 캐롤의 『이상한 나라의 앨리스』를 중심으로」, 『신영어영문학』, 2009.
_____, 「번역본을 읽는 대상 독자를 위한 충실성 연구」, 『통번역학 연구』, 제17권 1호, 2013.
김명균·김경식, 「문학번역의 연구-토머스 하디의 『더버빌가의 테스』를 중심으로-」, 『인문과학연구』, 제19집, 2013.
김명균·김동균, 「생명공학과 윤리-메리 셸리의 『프랑켄슈타인』을 중심으로」, 『신영어영문학회』, 2017.
김명균·심용보, 「번역비평: 번역대상 독자를 위한 번역전략」, 『신영어영문학』, 제52집, 2012.
김명균·유재성, 「老舍의 『月牙兒』과 토머스 하디의 『더버빌가의 테스』에 관한 비교연구-비극적인 삶의 요인을 중심으로」, 『인문연구』, 제60호, 2010.

김명균·허상문, 「소설『더버빌가의 테스』와 영화 <테스> 및 드라마 <더버빌가의 테스> 비교연구-테스의 비극적 요인을 중심으로-」, 『영어영문학연구』 제35권 3호, 대한영어영문학회, 2009.

김서정, 『멋진 판타지』, 굴렁쇠, 2002.

김선형, 「문학번역의 이론과 실제 그리고 평가-번역가의 입장에서」, 『안과 밖』, 영미문학연구회, 2008.

김숙희, 「Tess of the D'Urbervilles에 나타난 순결과 비극의 문제」, 조선대학교 석사학위논문, 1997.

김순미, 「정보성 차이를 극복하기 위한 효과적인 정보 제공 방법-관련성 이론 중심으로」, 『번역학연구』, 12:1, 2011.

김순영, 「『이상한 나라의 앨리스』를 통해 본 언어유희의 번역」, 『번역학연구』, 제8권 2호, 2007.

_____, 「김동인의『감자(Potatoes)』영역본 분석: 문체 번역을 중심으로」, 『통역과 번역』, 12:1, 2010.

_____, 「한영 문학번역에서 문맥과 문화적 암시정보(cultural subtext)의 처리」, 『통역과 번역』, 14:1, 2012.

김욱동, 『번역인가 반역인가』, 문학수첩, 2007.

김의진, 「『月牙兒』와『陽光』에 나타난 여성의 비극」(가톨릭대학교 인문과학연구소), 제12호, 2007.

김한성, 「번역태도의 자국화와 이국화: 일본어 소설『고도』의 영역 및 한역 비교분석」, 『번역학연구』, 제12권 1호, 2011.

김효중, 『번역학』, 민음사, 1998.

_____, 『새로운 번역을 위한 패러다임』, 푸른사상, 2004.

김희진, 「문학번역의 충실성 개념 재고-『이상한 나라의 앨리스』에 나타난 음성적 언어유희의 한국어와 프랑스어 번역을 중심으로」, 『통번역학연구』, 제13권 2호, 한국외국어대학출판부, 2010.

나영균 외, 『제인오스틴에서 앨리스워커까지, 영미여성소설의 이해』, 민음사, 1994.

남성우, 『통번역의 이해와 수행』, 한국문화사, 2006.

류현주, 「로만 야콥슨의 번역이론과 영상번역: 우리말 사용 실태를 중심으로」, 『번역학연구』, 한국번역학회, 9(4), 2008.

_____, 「문학번역비평-오만과 편견」, 『통번역학연구』, 제13권 1호, 2009.

_____, 「비평 담론에서의 "낯설게 하기"와 "이국화"」, 『영미어문학』, 제92호, 2009.

문학과 영상학회, 『영미문학 영화로 읽기』, 동인, 2001.

박경서, 「Si-Fi와 『프랑켄슈타인』: 과학과 과학자의 반(反)생명윤리 의식」, 『신영어영문학』, 제55집, 2013.

박수현, 「댄 브라운의 『다빈치 코드』 번역 연구-충실성과 문학장르 의 특징을 중심으로」, 석사학위논문(부산외국어대학교 통역 번역대학원), 2009.

박용삼, 『번역학 역사와 이론』, 숭실대학교, 2003.

박윤철, 「영화자막에서 시각기호에 의한 축소번역: 영상번역 중심으로」, 『번역학연구』, 8-1, 한국번역학회, 2007.

_____, 「자막번역의 생략과 삭제」, 『번역학연구』, 9(4), 한국번역학회, 2008.

박준석, 「老舍 『月牙兒』 小考」, 『중국어문논총』(고려대학교 중국어문 연구회), 제2집, 1989.

박지영, 「더어버빌가의 테스에 나타난 비극성」, 석사학위논문(군산 대학교 교육대학원), 2003.

변선희, 「문학번역의 열린 특성」, 『통역번역연구소 논문집』 제6집, 2002.

선이미, 「『이상한 나라의 앨리스』에 나타난 자국화와 이국화 번역연 구」, 석사학위논문(부산외국어대학교 통역번역대학원), 2009.

손길연, 「『Wuthering Heights』와 『Jane Eyre』에 나타난 자아추구」, 『우암논총』, 청주대 대학원, 1997.

손정희, 『소설, TV드라마를 만나다』, 푸른사상, 2008.

송수진, 「토마스 하디의 『더버빌가의 테스』 영한 번역 연구」, 성균

관대학교 번역대학원, 2002.

송진, 「캐럴의 환상문학에 나타난 욕망과 언어」, 한남대학교 석사학
위논문, 2004.

시공디스커버리총서, 『루이스 캐럴-이상한 나라의 앨리스와 만나다』,
시공사, 2001.

신덕봉, 「더버빌가의 테스에서의 경제적 압박과 성적억압」, 석사학
위논문(전남대학교 대학원 영어영문학과), 2002.

신승환, 「인간 생명을 다루는 생명과학의 범위와 윤리적 쟁점」, 『가
톨릭 신학과 사상』, 제41권, 2002.

심규세, 『토마스 하디 소설의 이해』(서울: 한국외국어대학교출판
부), 2002.

쓰지 유미, 이희재 역, 『번역가 산책』, 궁리, 2001.

앤드류 샌더즈, 정규환 역, 『옥스퍼드 영문학사』, 동인, 2003.

양영수, 『산업사회와 영국소설』, 동인, 2007.

양윤정, 『황금빛 오후의 만남-루이스 캐럴의 판타지동화 앨리스의
세계』, 열음사, 2006.

영미문학연구회 번역평가사업단, 『영미명작, 좋은 번역을 찾아서 1』,
창비, 2005.

_____, 『영미명작, 좋은 번역을 찾아서 2』,
창비, 2005.

오윤호, 「새로운 인간 종의 탄생과 진화론적 상상력-『프랑켄슈타인』
과<트랜센던스>를 중심으로」, 『대중서사연구』, 제20권 제3
호, 2014.

우에노 료, 『현대 어린이문학』, 햇살과나무꾼 역, 사계절, 2003.

劉麗雅, 「蔡萬植과 老舍의 小說에 나타난 女性의 悲劇的 삶에 관한
比較硏究」, 『中國學論叢』(한국중국문화학회), 제1권 제1호,
1992.

유명우, 「한국의 번역과 번역학」, 『번역학연구』, 제1권 창간호, 2000.

유재성, 「노사(老舍)의 작품세계-단편소설을 중심으로-」(경북외국어
테크노대학), 2005.

윤수진, 「특수한 경우: '낯섦'을 '낯설게' 번역하기」, 『번역비평』, 창간호, 고려대학교출판부, 2007.

윤천기, 「텍스트의 충실성의 문제: 폴란스키의 『테스』와 하디의 『더 버빌가의 테스』」, 『신영어영문학』, 42, 신영어영문학회, 2009.

이근희, 『번역의 이론과 실제』, 한국문화사, 2005.

이보영 편저, 『비극적 소설을 중심으로 본 토마스 하디 연구』, 예림기획, 2003.

이석규 외 5인, 『우리말답게 번역하기』, 역락, 2002.

이수웅, 『노사(老舍) 생애와 문학』(서울: 건국대학교출판부), 1994.

이승재, 「문화층위와 문화소: 번역에 대한 문화적 접근」, 『번역학연구』, 13:1, 2012.

이유선, 『판타지문학의 이해』, 역락, 2005.

이은숙, 「문학번역 평가의 문제: 충실성과 가독성을 중심으로」, 『통역과 번역』, 10(2), 한국통역번역학회, 2008.

_____, 『번역의 이해』, 동인, 2009.

_____, 「문학번역평가에 대한 고찰: 충실성을 중심으로」, 『통역과 번역』, 제13권 2호, 2011.

이일범 편저, 『영상예술의 이해』, 신아사, 1999.

이향, 『번역이란 무엇인가』, 살림, 2008.

이향만, 「소설 각색영화와 비평의 패러다임: 미국 소설 영상 읽기」, 『문학과 영상』, 2, 문학과 영상학회, 2003.

이형식·정연제·김명희, 『문학텍스트에서 영화텍스트로』, 동인, 2004.

이혜승, 「외국인에 의한 한국 문학번역 고찰」, 『통역과 번역』, 제12권 1호, 2010.

이희재, 『번역의 탄생』, 교양인, 2009.

장민호, 「번역과 언어의 경제: 영화번역을 중심으로」, 『국제회의 통역과 번역』, 6-2, 한국통역번역학회, 2004.

_____, 「영화번역에서의 텍스트 축소와 메시지 변화」, 『국제회의 통역과 번역』, 9-1, 한국통역번역학회, 2007.

_____, 『번역과 자막』, 한국문화사, 2008.

장정희, 『토마스 하디와 여성론 비평』, L.I.E, 2007. 장정희 · 조애
    리, 『페미니즘과 소설읽기』(서울: 동인), 1998.

전봉주, 「제인 오스틴의 영화적 재생산-<오만과 편견>」, 광운대학
    교 박사학위논문, 2007.

전성기, 『佛韓 번역 대조 분석』, 어문학사, 1996.

_____, 「번역비평과 해석」, 『불어불문학연구』, 72집, 한국불어불문
    학회, 2007.

_____, 「인문학 번역과 번역 문법」, 『번역비평』, 창간호, 고려대학
    교출판부, 2007.

전헌호, 「번역의 이론」, 『가톨릭사상』, vol.29, 대구가톨릭대학교출
    판부, 가톨릭사상연구소, 2003.

전현주, 「번역비평에 대한 비평적 분석」, 세종대학교대학원 박사학
    위논문, 2007.

_____, 『번역비평의 패러다임』, 한국학술정보, 2008.

전혜선, 「토마스 하디의 『더버빌가의 테스』와 로만 폴란스키의 <테
    스>: 빅토리아시대 여성성을 중심으로」, 광운대학교 석사학
    위논문, 2005.

정혜용, 「번역비평 규범으로서의 가독성과 충실성 개념」, 『프랑스문
    화예술연구』, 제20집, 2007.

_____, 「번역문학 비평을 위하여」, 『한국번역비평학회』, 고려대학교
    출판부, 2007.

조성원, 「번역평가 기준으로서의 '충실성'과 '가독성'에 대하여-영
    미문학연구회 번역평가사업에 대한 소고」, 영미문학연구회,
    2007.

주 후이링, 「돈 · 여성 · 남성: 『초승달(月牙兒)』의 주제 분석」, 『젠
    더와 사회』(한양대학교 여성연구소), 제7권, 2008.

진교훈, 「생명공학의 발전과 생명윤리」, 『환경과 생명』, 제9권, 2002.

최기심, 「더버빌가의 테스에 나타난 삶의 비극적 요인」, 석사학위논문
    (순천대학교 교육대학원 영어교육전공), 2002.

최의식, 「문학번역의 이론과 실제-발자크의 『고리오 영감』을 중심으로」, 홍익대학교 대학원, 2008.

최정화, 『통역번역입문』, 신론사, 1998.

_____, 『통역 번역가에 도전하라』, 넥서스, 2001.

최진혁, 「문학번역의 언어 내외적 접근-『프랑켄슈타인』 번역 사례를 중심으로」, 한국항공대학교 석사학위논문, 2008.

추재욱, 「19세기 과학소설에 재현된 의과학 발전양상 연구-『프랑켄슈타인』에 나타난 생명과학 실험을 중심으로」, 『의사학』, 제23권 제3호, 2014.

피사레바 라리사, 「한국 현대시의 러시아어 번역의 문제」, 『한국번역비평학회』, 가을호, 고려대학교출판부, 2007.

한국천주교 주교회의 성서위원회, 『공동 번역 성서』, 한국천주교중앙협의회, 2005.

한인경, 「번역에서의 등가에 대한 연구-그 개념과 구현양상을 중심으로」, 서울대학교대학원 석사학위논문, 2000.

허미란, 「영한번역의 충실성과 가독성 연구-The Great Gatsby를 중심으로」, 부산외국어대학교 통역번역대학원, 2006.

허상문, 『영국소설의 이해』, 우용, 2001.

_____, 『주제별로 보는 우리 생애 최고의 영화』, 영남대학교출판부, 2009.

황선길, 『문법파괴 영상번역』, 범우사, 1999.

Anonymous. "The Literature/Film Reader: Issues of Adaptation." *Literature/Film Quarterly* 36.3. 2008.

Baker, Mona. *In Other Words*. London and New York: Routledge, 1992.

_____. (ed) *Routledge Encyclopedia of Translation Studies*. London & New York: Routledge. 1998.

_____. 『말 바꾸기』, 곽은주·최정아 외 2인 역, 한국문화사, 2005.

_____. 편집, 한국번역학회 역, 『라우트리지 번역학 백과사전』,

한신문화사, 2009.

Bassnett-McGuire, Susan. *Translation Studies*. London: Methuen and Co. Ltd, 1980.

_____. 『번역이란 무엇인가』, 김지원・이근희 역, 한신문화사, 2004.

Bronte Emily. Wuthering Heights (A Norton Critical Edition, Third Edition, 1990).

Bronte, Emily. Wuthering Heights Edited by Linda H. Peterson. 2nd Ed. 2003.

Carroll, Lewis. *Alice in Wonderland*. Ed. Donald J. Gray. New York: Norton & Company Inc., 1992.

Caulfield, Timothy and Brownsword Roger. "Human dignity: a guide to policy making in the biotechnology era?" *Nature Reviews Genetics*, 7 (January 2006).

Corrigan, Timothy. *Film and Literature: An Introduction and Reader*. New Jersey: Prentice-Hall, 1999.

Dara Rossman Regaignon. "Instructive Sufficiency: Re-Reading the Governess through *Agnes Grey*", *Victorian Literature and Culture* (2001).

Fierz, C. L. "Polanski misses: A Critical Essay Concerning Polanski's Reading of Hardy's Tess", *Literature/Film Quarterly*, 27.2(1999).

Gilbert, Sandra and Gubar Susan. *The Madwoman in the Attic*. Trans. O-Bok Park. Seoul: E-Who, 2009.

Gussow, Adam. "Dreaming Holmberry-Lipped Tess: Aboriginal reverie and spectatorial desire in Tess of the D'urbervilles." Studies in the Novel. 32.4(2000).

Harbinson, Christopher. "Echoes of Keats's 'Lamia' in Hardy's Tess of the D'Urbervilles." Notes and Queries. 49.1, 2002.

Hardy, Thomas. *Tess of the D'urbervilles,* ed. Scott Elledge, New

York: Norton & Company Inc. 1991.

Ingham, Patricia. *The Language of Gender and Class.* London and New York: Routledge, 1996.

Israël, Fortunato. 『통번역과 등가』, 이향 · 편혜원 · 김도훈 역, 한국 문화사, 2004.

Jackson, R. *Fantasy: The Literature of Subversion.* London: Methuen and Co. Ltd. 1981.

Koller, Werner. 『번역학이란 무엇인가』, 박용삼 역, 숭실대학교출판부, 1990.

Kramer, Dale. *Critical Essays on Thomas Hardy: The novels.* Boston: G. K. Hall & Co. 1990.

Lassen, Jesper, Gjerris Mickey, and Sandøe Peter. "After Dolly-Ethical limits to the use of biotechnology on farm animals." *Theriogenology*, 65 (2006).

Laurence, Raw. "Adaptation Studies: Its Past, Present, and Future." *Literature/Film Quarterly*, 36-1, 2008.

Mae-Wan Ho. *Bad Science.* Trans. He-Gyung Lee. Seoul: Dangdae Publishing Co, 2005.

Mitchell, Sally Ed. *Victorian Brian* (New York: Garland Inc., 1988).

Munday, J. 『번역학 입문』, 정연일 · 남원준 역, 한국외국어대학교 출판부, 2006.

_____. *Introducing translation Studies*, Routledge, London and New York, 2008.

Nelson, Brian. "Preface: Translation Lost and Found", Australian Journal of French Studies, Victoria: Vol. 47, Iss.1. Jan-Apr 2009.

Neubert, A. & Shreve, G. M. *Translation as Text*, The Kent State University Press, Kent, Ohio, 1992.

Newmark, Peter. *About Translation*, Multilingual Matters Ltd,

Clevedon, 1991.

Nida, E. A.,『언어 간 의사소통의 사회언어학』, 송태효 역, 고려대
학교출판부, 2002.

Nishimura, Satoshi. "Language, Violence, and Irrevocability: speech
acts in Tess of the D'urbervilles." Studies in the Novel.
37.2(2005).

Nord, Christiane.『번역행위의 목적성』, 정연일·주진국 역. 한국외
국어대학교, 2006.

Schulte, Rainer & Biguenet John.『번역이론: 드라이든에서 데리다
까지의 논선』, 이재성 역, 동인, 2009.

Shelley, Mary. *Frankenstein*. Second Edition: Pearson Longman,
2007.

Steiner, George. *After Babel - aspects of language & translation*,
Oxford University Press, Oxford, 1998.

Strong, Jeremy. "Tess, Jude, and the Problem of Adapting Hardy"
Literature/Film Quarterly, 34.3(2006).

Stubbs, Patricia *Women and Fiction: Feminism and the Novel
1880-1920* (London: The Harvester Press, 1979).

Venuti, L. *The Translator's Invisibility*. Routledge, Londonand
New York, 1995.

_____. *The Translator's Invisibility*. Routledge, London, 2008.

Widdowson, Peter. *On Thomas Hardy: Late Essays and Earlier*.
Basingstoke: Macmillan, 1998.

老舍,『老舍文集』(共16卷) (중국: 人民文學出版社, 1980-1991).

樂黛云,「比较文学的名与实」,『比较文学原理』(중국: 湖南文艺出版
社, 1988).

曾广灿等编,『老舍研究资料』(上) (중국: 北京十月文艺出版社, 1985).

黄东涛,『老舍小识』(홍콩: 世界出版社, 1979).

참고사이트

http://100.naver.com/100.nhn?docid=149591

www.bbc.co.uk/tess/

http://www.online-literature.com/austen/

http://www.online-literature.com/dickens/

http://www.online-literature.com/shelley_mary/

https://ko.wikipedia.org/wiki/%EC%B0%B0%EC%8A%A4_%EB%8B%A4%EC%9C%88

http://www.online-literature.com/carroll/

http://www.unesco.or.kr/about/side_03_view.asp?articleid=16&page=1&SearchItem=&searchStr=&Gubun=&Cate

Wikipedia, "Charles Robert Darwin." 08 September 2017

https://ko.wikipedia.org/wiki/%EC%B0%B0%EC%8A%A4_%EB%8B%A4%EC%9C%88

http://www.online-literature.com/shelley_mary/

http://dongascience.donga.com/news.php?idx=25416

https://ko.wikipedia.org/wiki/%EB%B9%85%ED%86%A0%EB%A6%AC%EC%95%84_%EC%8B%9C%EB%8C%80

http://www.online-literature.com/bronte/

http://www.online-literature.com/carroll/

http://preview.britannica.co.kr/bol/topic.asp?article_id=b05d2709a

텍스트분석 텍스트

American Film, <Tess>, 1979.

BBC Drama, <Tess of the D'urbervilles>, 2008.

Carroll, Lewis. 『이상한 나라의 앨리스』, 손영미 역, 시공사, 2001.

_____. 『이상한 나라의 앨리스』, 심상우 역, 계림, 2005.

_____. 『이상한 나라의 앨리스』, 이동민 역, 소담, 1993.

_____. 『이상한 나라의 앨리스』, 최용준 역, 열린책들, 2007.

_____.『이상한 나라의 앨리스』, 최인자 역, 북폴리오, 2005.
Hardy, Thomas.『더버빌가의 테스』, 김보원 역, 서울대학교출판부, 2000.
_____.『더버빌가의 테스』, 김회진 역, 범우사, 1981.
_____.『더버빌가의 테스』, 신대현 역, 홍신문화사, 1992.
_____.『더버빌가의 테스』, 유명숙 역, 문학동네, 2011.
_____.『더버빌가의 테스』, 이동민 역, 소담, 1994.
_____.『더버빌가의 테스』, 이진석 역, 청목, 1989.
_____.『더버빌가의 테스』, 이호규 역, 혜원출판사, 1991.
_____.『더버빌가의 테스』, 정종화 역, 민음사, 2009.
http://www.online-literature.com/dickens/

김명균(金明均)

약력

대구외국어대학교 영어통번역전공 교수 퇴임
(부총장 겸 총장직무대행 역임)
경남대학교 영어학과 외래강사 역임
현) 영남대학교 영어영문학과 외래강사
　　동국대학교 경주캠퍼스 영어영문학과 외래강사
　　조선대학교 외래강사

저서

- (러시아 전래동화)쉽게 읽는 러시아어
- (번역연습을 위한)시사영어1
- 번역연구, 번역비평의 충실성과 가독성을 중심으로

논문

- 아동문학번역의 충실성과 가독성연구 -루이스캐롤의『이상한 나라의 앨리스』를
  중심으로- (신영어영문학회, 2009.2. 42집)
- 소설『더버빌가의 테스』와 영화〈테스〉및 드라마〈더버빌가의 테스〉비교연구
  (대한영어영문학회, 2009.8. 제35권 3호)
- 토마스 하디의 소설『더버빌가의 테스』의 영화화와 자막연구
  (한국번역학회, 2009.9. 제10권 3호)
- 老舍의『月牙兒』과 토마스 하디의『더버빌가의 테스』에 관한 비교연구
  (영남대학교 인문과학연구소, 2010.12. 제60호)
- 문학번역의 가독성 연구: 토마스 하디의『더버빌가의 테스』를 중심으로
  (한국현대영어영문학회, 2011.11. 55권 4호)
- 영한문학번역 평가에 있어서 충실성 연구
  (대구가톨릭대학교 인문과학연구소, 2011.12. 제16집) 외 다수

영국 문학과
번역

초판인쇄 2019년 04월 19일
초판발행 2019년 04월 19일

지은이 김명균
펴낸이 채종준
펴낸곳 한국학술정보㈜
주소 경기도 파주시 회동길 230(문발동)
전화 031) 908-3181(대표)
팩스 031) 908-3189
홈페이지 http://ebook.kstudy.com
전자우편 출판사업부 publish@kstudy.com
등록 제일산-115호(2000. 6. 19)

ISBN 978-89-268-8796-7 93740